Ullstein Sachbuch

Milton Mezz Mezzrow
Bernard Wolfe

Jazz-Fieber

Mit einem Nachwort von
Henry Miller

populäre Kultur

Populäre Kultur
Lektorat: Hans-Joachim Neumann
Ullstein Sachbuch Nr. 36527
im Verlag Ullstein GmbH,
Frankfurt/M – Berlin
Titel der amerikanischen
Originalausgabe:
Really the Blues
Übersetzung: Ursula von Wiese

Umschlagentwurf:
Hansbernd Lindemann
Foto: Ullstein Bilderdienst
Copyright © der Übersetzung
1956 by Verlag »Die Arche«, Zürich
Alle Rechte vorbehalten
Printed in Germany 1986
Gesamtherstellung:
Ebner Ulm
ISBN 3 548 36527 2

Juni 1986

CIP-Kurztitelaufnahme
der Deutschen Bibliothek

Mezzrow, Milton Mezz:
Jazz-Fieber / Milton Mezz Mezzrow;
Bernard Wolfe. Mit e. Nachw. von
Henry Miller. [Übers. von Ursula von
Wiese]. – Frankfurt/M; Berlin:
Ullstein, 1986.
  (Ullstein-Buch; Nr. 36527: Ullstein-
  Sachbuch: Populäre Kultur)
  Einheitssacht.: Really the blues ‹dt.›
  ISBN 3-548-36527-2
NE: Wolfe, Bernard:; GT

INHALT

All den Tänzern, Schauspielern und Jazzmusikern, die über den Harlemer «Stroll» bummeln. [Keep scuffling]

All den Insassen in all den Häusern mit vielen Zellen, wo sie mit Wanzen kämpfen. [Short time, boys]

All den Süchtigen und Berauschten in verlausten Kemenaten.
[R.I.P.]

Für Bessie Smith, Jimmy Noone, King Oliver, Louis Armstrong, Zutty Singleton, Johnny Dodds, Sidney Bechet und Tommy Ladnier. [Grab a taste of millenium, gate]

ERSTER TEIL

EIN KIND NOCH

1899–1923

When I was nothin' but a child,
When I was nothin' but a child,
All you men tried to drive me wild...

Als ich ein Kind noch war,
als ich ein Kind noch war,
wollten Männer mir schon den Kopf verdrehn...

BESSIE SMITH
[RECKLESS BLUES]

ERSTES KAPITEL

Weine nicht, Mama

O B ich das Konservatorium besucht habe? So ein Witz! Ich habe das Saxophonspiel in der Besserungsanstalt von Pontiac gelernt.

Pontiac nannte man allgemein «die Schule», weil dorthin lauter Kinder geschickt wurden. Ich war in vielen solchen Schulen, die man auf keiner anerkannten Liste des Eltern- und Lehrer-Verbandes finden würde. Ich glaube, dort lernte ich mehr als ein Kletteraffe am Trapez. Die ersten Kenntnisse erwarb ich mir in drei Gefängnissen und in vielen Billardsälen, meine Höhere Schule waren Lokale, in denen Marihuana geraucht wurde, und mein Universitätsstudium spielte sich in mehr Freudenhäusern, «Speakeasies» und Tanzkneipen ab, als polizeilich erlaubt sind. Pontiac war für mich nur ein Kindergarten.

Pontiac liegt dreißig Jahre zurück. Ich bin jetzt sechsundvierzig und in recht guter Form, abgesehen von leichten Magenbeschwerden und einer kleinen Neurose vor dem Frühstück. Was man mir in den Denkkasten getrichtert hat, nützt mir nicht viel. Ich fuße immer noch auf der Musik, die ich in der Besserungsanstalt aufgeschnappt habe; sie war mir Fibel, Katechismus und Bibel in einem.

Mehr als einmal wurde ich der Musik untreu, sündigte und saß meine Zeit ab. Zu andern Zeiten geriet ich so stark in den Bann des Opiums, daß ich Klarinette und Saxophon an den Nagel hängte und mich von der Welt zurückzog. Schlimm. Aber stets kroch ich aus dem Nebel, holte mir mein Instrument und begann wieder zu blasen. Ich kehrte immer zur Musik zurück. Ich war zum Jazzmusiker geboren, wie die Gerechten für die Kirche auserwählt sind.

Ich war im Kittchen, und ich hatte mein Päckchen zu tragen; doch alles in allem war das Leben gut zu mir. Augenblicklich stehe ich oben. Den andern Burschen aus dem Viertel von der Division- und Western-Avenue ist es weniger gut ergangen: Bow Gistensohn geriet mit seinem besten Freund in einen Bandenkrieg und landete im Leichenschauhaus; auch Mitter Foley, der Bow daran glauben ließ, endete dort. Was Emil Burbacher anbelangt, so kam er irgendwie mit dem Gesetz in Konflikt und erhielt zwanzig Jahre Zuchthaus. Diese Burschen führten kein gesundes Leben.

Ich machte es richtig, wenn man's bedenkt. Trotz Gefängnis, trotz Rauschgiften und schlechten Zeiten ist meine Haut unversehrt geblieben. Heute habe ich in der ganzen Welt Freunde von der Lenox Avenue bis Java und zur Südsee. Früher stand ich im Schatten; aber jetzt bin ich auf der Sonnenseite. Wenn ich meine Klarinette zur Hand nehme, zündet der Funke immer noch, und das ist ein angenehmes Gefühl. Die liebe alte Fortuna meinte es entschieden gut mit mir, als sie mir im Gefängnis von Pontiac das alte Blechsaxophon in die Hand legte.

In Pontiac wurde mir der Blues beigebracht – ich meine den Blues, den echten Blues, den ich vom Scheitel bis in die Fußspitzen fühlte. Und in Pontiac lernte ich auch Jim Crow[1] persönlich kennen, einen mörderischen Gesellen, der einem mir nichts dir nichts die Kehle durchschnitt. Wir verließen den Speisesaal in zwei Reihen; die Farbigen marschierten nach der einen Seite des Zellenblocks, und wir marschierten nach der andern, und Jim Crow schwang das Zepter, stolzierte um uns herum und grinste wie ein Iltis. Auf dem Gefängnishof erlebte ich meinen ersten Rassenaufruhr. Das setzte mir so zu, daß ich völlig aus dem Gleichgewicht geriet und elender daran war als ein Schwein, das an Kolik leidet.

1] Unter «Jim Crow» versteht man Rassenunterscheidungen, insbesondere die Trennung von Weißen und Negern. Der Ausdruck bezeichnet sowohl die Weißen, die sich überlegen fühlen und den Negern keine Rechte einräumen wollen, als auch die Farbigen, welche diesem Rassenwahn zum Opfer fallen. [Anmerkung der Übersetzerin]

Jim Crow ließ sich nicht mehr verdrängen, ich sah ihn immerzu vor mir.

Aber dort in Pontiac hatte ich zum erstenmal Gelegenheit, in einer wirklichen Band mit zusammenstimmenden Instrumenten zu spielen, noch dazu in einer gemischten Band, wo Neger und Weiße nebeneinander saßen und um die Wette rote Köpfe bekamen. In diesen Monaten erhielt ich eine gute Dosis von der Fähigkeit der Farbigen, Körper und Seele zusammenzuhalten, indem man sich mit der Musik alles vom Herzen redet. Ich hörte den Blues zum erstenmal; er wurde in leisen, traurigen Liedern morgens, mittags und abends gesungen. Die Farbigen sangen sie in ihren Zellen, und sie sangen sie auf dem Hof, wo die Arbeitsgruppen Kohlen schaufelten.

Ich habe in den vergangenen dreißig Jahren an vielen Orten musiziert, von Al Capones «Roadhouses» bis zu Swinglokalen an der 52. Straße in New York, in Pariser Nachtlokalen, an der Harvard-Universität, auf den Washingtoner Gesandtschaften und in den Salons der Park Avenue, ganz zu schweigen von den unzähligen Bierspelunken. Es ist dieselbe Musik, die ich in Pontiac lernte. Die Sprache ist mir geblieben.

Junge, weißt du überhaupt, wie man in jener Frühzeit zum Jazz kam? Weißt du, wie man jahrelang die Mädchen in den Bordellen beobachtete, den hinter den Gitterstäben stöhnenden Zellengenossen lauschte, dem Rhythmus horchte, den die Räder auf den Straßen klapperten – und dann plötzlich ergriff man ein Instrument und erzählte die ganze Geschichte in Musik? Das will ich erklären. Und wie man sich durch das Niemandsland zwischen den Rassen kämpfte, einen Bogen um Jim Crow schlagend, der seines Weges ging. Und wie es war, als er zum Ziel gelangte. All das will ich erzählen. Hör also gut zu. Dies ist eine Geschichte, die sich in den Vereinigten Staaten von Amerika zutrug.

Ich wurde in einer winddurchbrausten Nacht 1899 geboren, zusammen mit dem zwanzigsten Jahrhundert...

MAN glaube ja nicht, ich sei zum Verbrecher geboren. Ich gehörte nicht zu den zerlumpten Elendskindern, die in der Gosse aufwachsen. Nichts dergleichen. Meine Familie war so ehrbar wie ein Sonntagmorgen; sie wimmelte von Ärzten, Juristen, Zahnärzten und Apothekern, und alle bemühten sich sehr, aus mir einen braven Bürger zu machen. Fast wäre es ihnen auch gelungen. Das Gesetz angelte mich erst, als ich sechzehn Jahre alt war.

Die Straßen im nordwestlichen Viertel von Chikago waren wie ein Magnet für mich; aller Honig in einem Bienenkorb hätte uns Kinder nicht im Hause festhalten können. Es war etwas in der Luft, das von großen Erlebnissen flüsterte, die man nicht versäumen wollte. Auf den Gehsteigen drängten sich große Spieler und Spekulanten, aufgeputzt wie hohe Herrschaften mit ihren brillantbesetzten Spazierstöcken; Mädchen, von denen man allerhand vernahm, trippelten kühl die Avenue auf und ab; Polizisten patrouillierten in großen, mit Waffen gefüllten Wagen. Alles und jedes konnte sich im Nordwestviertel ereignen – und gewöhnlich war das auch der Fall.

Unsere Bande schlug ihr Hauptquartier am «Corner» auf, dem Kreuzpunkt der Division- und Western-Avenue, nachdem Emil Glick dort seinen Billardsaal eröffnet hatte. Wir trieben verrückte Dinge miteinander. Sooft wir der Schule und dem Elternhaus entschlüpfen konnten, verlangte es uns danach, uns auszutoben, bevor die Sonne unterging. Wir fingen Streit an und stibitzten in Schokoladegeschäften. Auf einem leeren Grundstück saßen wir stundenlang um ein Feuer, rösteten Kartoffeln und gaben streunenden Katzen und Hunden Mundharmonika-Konzerte. Manchmal stiegen wir auf einen Lastwagen und machten eine Gratisfahrt nach St. Louis oder Kap Girardeau im Staat Missouri. Die Mädchen liefen vor uns davon – wir galten als die wildeste Bande jenseits der Hölle. In der Schule kauten wir Tabak und benutzten die Tintenfässer als Spucknapf. Die meisten von uns entwendeten dem Vater ein Gewehr oder einen Revol-

ver und streiften mit grellgewürfelter, tief in die Stirn ge-
drückter Mütze wie Desperados durch die Straßen und Gassen. Es machte uns Spaß, auf Spatzen und auf die porzel-
lanen Isolatoren der Telegraphenstangen zu schießen.

Es brauchte nur «Püppchen» oder «Judenbengel» aus den
Reihen einer feindlichen Polen- oder Irenbande geflüstert zu
werden, und schon ging es los mit den Fäusten. Einmal behagte es Leo «Bow» Gistensohn nicht, daß ihn ein Polizist
im Humboldt-Park «Bübchen» nannte. Als nächstes hatte
Bow ihn im Schwitzkasten und schwang ihn vom Boden.
Der Polizist zog seine Pistole und gab es Bow in den Bauch;
aber Bow lockerte seinen Griff nicht einmal. Mit der Kugel
im Bauch, Blut hervorsprudelnd wie ein Hahn Wasser, hob
er den zentnerschweren Polizisten glatt über den Kopf und
warf ihn in den See. Die Kugel wurde ihm herausoperiert, und
er blieb am Leben, wahrscheinlich dem Polizisten zum Trotz.

Mit fünfzehn Jahren brodelte ich von Tatkraft. Irgend
etwas stapelte sich in mir; aber ich konnte es nicht erklären.
Alles, was ich im Nordwest-Viertel sah und hörte, die Bala-
laika-Saiten, die mein Vater zu klimpern pflegte, die Töne,
die wir unseren Mundorgeln entlockten, die Bandenkämpfe
und die Billardsäle, die Revolver, die wir uns in die Tasche
stopften, und mit denen wir zum Spaß aufeinander zielten,
Bow Gistensohn, Murph Steinberg, Emil Burbacher und
der Negerjunge Sullivan, die quietschenden Mädchen – all
das spukte und tanzte mir im Kopf herum. Die ganze Zeit
summte und pfiff ich vor mich hin und versuchte das Durcheinander zu entwirren. Wenn wir am «Corner» herumlungerten, bewegten sich meine Finger, als ob ich Klavier oder
Balalaika spielte, vielleicht auch ein Saxophon, irgend etwas,
das die richtige Tonfolge ergeben hätte, wenn man es mit
viel Gefühl herausarbeitete. Manchmal klopfte ich mit dem
Fuß aufs Pflaster oder trommelte mit zwei Stöcken auf einem
Abfalleimer, wobei ich den Takt einhielt wie Sullivan, wenn
der Geist über ihn kam. Es packte mich meistens so stark, daß
ich nicht stillzusitzen vermochte. Es war mir, als müßte ich

aus der Haut fahren, auf einer Lokomotive in den Raum hinaussausen – irgend etwas, nur nicht am Fleck bleiben.

Mädchen interessierten mich noch nicht, und Mädchen hätten auch gar nicht geholfen. Es war weitaus mehr als der erwachende Geschlechtstrieb, was mich in diese Spannung versetzte. Ich suchte eine neue Sprache, die mir lautes Schreien erlaubt und mich zu Ruhm und Glanz getrommelt hätte. Mir fehlte ein Vokabularium. Ich ertastete mir den Weg zur Musik, wie sich ein kleines Kind zum Sprechen durchringt.

Musik war meine Sprache. Vor Pontiac wurde mir das nicht klar; aber instinktiv war ich auf dem richtigen Wege.

EIN großer, glänzender Studebaker brachte mich in die Besserungsanstalt. In dieser Pracht kam Sammy O'Brien eines Nachmittags zum «Corner» gerollt. Er forderte mich auf, mit ihm zu fahren.

Sammys Nase war so groß und gebogen, daß sie die Sonne von seinem Gesicht abhielt und sich an Wäscheleinen festhakte. Wir sagten immer zu ihm: «Sammy, wenn deine Nase voller Münzen wäre, hätten wir viel Geld.» Sammy hatte sich recht und schlecht vom New Yorker Ghetto durchgearbeitet, verrichtete alle möglichen Arbeiten in der Kneipe und schlief nachts auf dem Billardtisch. Er paßte nicht ganz hinter das Steuer des Studebakers.

Damals waren Automobile noch etwas Neues, und es machte uns einen Mordsspaß, in anderer Leute Wagen herumzukutschieren. Wir kannten alle Marken, und wir wußten, daß Autos keine Schlösser hatten, sondern daß es nur eines Standardmodells von einem Zündschlüssel bedurfte, um die Räder rollen zu lassen. Jeder von uns hatte die Taschen vollgestopft mit einer Sammlung von Schlüsseln – Bosch, Remy und Delco. Wir konnten das Auto des Herrn Soundso nehmen, wann wir nur Lust hatten.

Während wir herumfuhren, fragte ich Sammy, wie er zu diesem Wagen gekommen sei, und er sagte, er sei von einem berühmten Arzt als Chauffeur angestellt worden; aber später bekannte er, daß Emil Burbacher das Auto vor einer Kirche stibitzt hatte. Das weiche Polster fühlte sich hart an, ehe die Worte aus seinem Munde waren. Als der Wagen vor einer Gruppe Polizisten hielt, die auf eine Straßenbahn warteten, fühlte ich die hölzerne Gefängnisbank unter mir. Sammy warf einen einzigen Blick auf die Polizisten, flüchtete und überließ mich meinem Schicksal.

«Wem gehört das Auto, Junge?» fragte einer der Polizisten.

Ich antwortete, es gehöre mir.

«Natürlich», sagte er. «Deshalb steht die Nummer hier auf meiner Liste als gestohlener Wagen.»

«Das kann ich Ihnen erklären», erwiderte ich recht flink. «Mein Vater fuhr mit dem Auto heute morgen zur Kirche, und ich hatte heute nachmittag eine Verabredung mit meinem Schatz. Also nahm ich es und fuhr zu ihr. Ich bin gerade erst von ihr weggefahren und wollte nach Hause.»

Der Polizist war nicht in gläubiger Stimmung. Er hielt es für angezeigt, mit mir zum Posten hinüberzufahren, um meine Aussage nachzuprüfen. Ich lenkte den Wagen, als ob die Reifen aus Seifenblasen bestünden; der Mann sollte nicht merken, daß ich noch nie im Leben chauffiert hatte.

Ich hatte keine Lust, das Gefängnis kennenzulernen, und überlegte mir die ganze Zeit, wie ich mich aus der Patsche ziehen könnte. Wenn ich über die Bordschwelle hinauffuhr, würde der Polizist natürlich nach dem Steuer greifen anstatt nach seinem Schießprügel, und dann konnte ich Fersengeld geben. Ich dachte es mir ganz genau aus, mit so klopfendem Herzen, daß ich nicht einmal den Motor hörte. Als ich den Plan fixfertig im Kopf hatte, wartete ich nur eine passende Stelle ab, schwenkte jählings ein und rannte auf den Gehsteig – und da befand ich mich gerade vor dem Polizeibüro, knietief in Metallknöpfen.

Drinnen fragte mich der Wachtmeister nach meinem Namen, und ich antwortete: «Milton Mezzrow.» Eine Minute später telephonierte er mit dem Straßenverkehrsamt und schrieb etwas auf einen Zettel. Indem ich den Hals reckte, konnte ich die Worte entziffern: «Edward Mikelson, Logan-Boulevard 2715, kein Telephon.» Der Wachtmeister fragte mich spöttisch nochmals nach meinem Namen.

«Jetzt will ich Ihnen die Wahrheit sagen», erwiderte ich und schluchzte, als ob ich das Spiel für verloren hielte. «Ich heiße Milton Mikelson und wohne Logan-Boulevard 2715. Ich wollte es Ihnen vorhin nicht sagen, weil ich Angst hatte, mein Vater könnte mich verprügeln, wenn ich das Auto nicht wiederbekomme. Deshalb gab ich einen falschen Namen an. Bitte lassen Sie mich heimgehen – ich verspreche Ihnen, ich will es nicht wieder tun.»

Der Wachtmeister blickte zu dem Polizisten hinüber, dann wieder auf den vor ihm liegenden Zettel. «Der Name stimmt», sagte er. «Anscheinend ist der Junge O. K. Hör zu, du, scher dich hier weg und spiel deinem Vater keinen Streich mehr, sonst sperren wir dich das nächstemal ein.»

«Vielen Dank», sagte ich mit aufrichtiger Dankbarkeit. Ich machte, daß ich davonkam, und wollte gerade in den Studebaker steigen, als ich etwas vernahm, das mein Herz in die Hosen sinken ließ. Jemand rief mich bei meinem richtigen Namen.

«He, Mezzrow, was treibst du denn in diesem Stadtteil?» Es war ein Leutnant, den ich aus meiner Gegend kannte. Er kam mit breitem Lächeln auf mich zu, höchst erfreut, mich so wohlhabend zu sehen. Und auf der Treppe des Polizei-Amts stand der Polizist, der mich hierher gebracht hatte.

«Wie heißt der Junge, Herr Leutnant?» fragte der Polizist. Mir schwante wieder Unheil.

«Mezzrow», gab der Leutnant Bescheid. «Er stammt ja aus meinem alten Revier. Kannte ihn schon vor Jahren, als ich die Division-Straße abpatrouillierte.»

«Soso», sagte der Polizist und packte mich am Kragen. «Diesen Vogel wollen wir wieder in den Käfig stecken.»

Fünf Minuten später war ich mit zwei Betrunkenen zusammen eingesperrt.

MEINE Ausbildung nahm sogleich ihren Anfang. Im Bezirksgefängnis, wo ich auf meinen Prozeß warten mußte, teilte ich die Zelle mit einem Deutschen namens Schneider, der sich als ausländischer Kriegsgefangener ausgab. Vor seiner Verhaftung hatte er bei der Geldschrankfabrik Humboldt gearbeitet. Er faßte eine Vorliebe zu mir, und in knapp einer Woche lehrte er mich, rein zum Zeitvertreib, alle Geheimnisse des Geldschrankknackens und die Kunst, Schlüssel zu verfertigen, die für jedes Schloß paßten. Ich fand nie die Zeit, mich mit diesem Gewerbe abzugeben; aber der Unterricht erwies sich später als nützlich, als ich dauernd meine Wohnungs- und Hotelzimmerschlüssel verlor.

Bei meiner Verhandlung gab es eine lange Diskussion zwischen dem Richter und meinem Onkel, dessen Anwalt mich vor Gericht vertrat. Die Vertretung war nicht von Pappe. Die drei gerieten in ein Kuddelmuddel und entschieden, daß es gut für mich wäre, wenn mir eine Dosis Besserungsanstalt-Medizin verabreicht würde. Ein paar Tage später saß ich in dem Zug, der mich nach Pontiac in die «Schule» brachte.

Ich war nicht so einsam und verlassen, wie ich dachte. Neben mir saß, durch Handfesseln traulich mit mir vereint, Emil Burbacher, der wegen eines Autodiebstahls zur Besserungsanstalt verurteilt worden war. Bow und Murph gehörten schon, wie ich erfuhr, zu den besten Schülern in Pontiac, weil sie in ein Schokoladengeschäft eingebrochen waren und Mundorgeln hatten mausen wollen. Es war gar nicht wie ein Gefängnisaufenthalt, sondern eher so, als wäre der «Corner» nach Pontiac übergesiedelt; nur Emil Glicks Spieltische blieben zurück.

Nach der Abnahme der Fingerabdrücke und einer allgemeinen Untersuchung wurde mir der Kopf so kahl geschoren, daß eine Fliege auf meinem Schädel ausgerutscht wäre und sich den Hals gebrochen hätte. Mich kümmerte dabei nur, wie ich wohl meine Freunde finden würde.

Das machte übrigens keine Mühe. Die Nachricht von dem «Neuen» verbreitete sich durch unterirdische Kanäle, und schon am zweiten Tage drückte mir einer der «Politiker» [so wurden die Verbindungsleute genannt] ein gefaltetes Blatt Toilettepapier in die Hand. Es war ein Brieflein von Murphy, der mir schrieb: «Ich bin im Orchester. Versuch auch einzutreten.»

Als ich ein paar Tage später mit den Anstaltsleitern eine Unterredung hatte, überzeugte ich sie geradezu, ich sei der Impresario der Chikagoer Oper, der aus Versehen hierher gelangt war. So kam ich in den Zellenblock, der die Orchestermitglieder beherbergte. Hier sah ich Murph wieder. Er war Trompeter, weckte uns jeden Morgen mit Geschmetter und schickte uns abends auf gleiche Weise zu Bett.

Im Musiksaal lernte ich Professor Scott kennen, einen recht freundlichen, gemächlichen Mann. Er erwärmte sich sogleich, als er hörte, daß ich Klavier spielen und Noten lesen konnte.

«Ich spielte früher in Arthur Pryors Orchester Soloposaune», erzählte er mir. «Schau, Milton, wir haben hier ein ganz gutes Orchester; aber zwei Instrumente fehlen uns sehr, weil die Buben sie nicht lernen wollen, nämlich Flöte und Piccolo. Also, du hast mich gefragt, ob du Saxophon lernen könntest, und so will ich ein Geschäft mit dir machen. Du lernst Flöte, und ich gebe dir auch Saxophon-Unterricht. Schwer ist das nicht, denn die Fingerführung ist ungefähr dieselbe.»

Ich schwitzte bei der Flöte, als ob es eine übergroße Tuba wäre, und nach meinen täglichen Übungen stürzte ich mich auf das Altsaxophon. Ich glaube, ich blies genügend Luft in die beiden Instrumente, um einen Zeppelin aufzublasen. Die Klarinetten waren allesamt anderen Insassen zugewiesen worden; aber damals interessierten sie mich noch nicht.

Es war ein gemischtes Orchester. Die beiden Negerjungen hatte ich besonders gern; der eine hieß Yellow und war Trompeter; der andere, King, spielte Althorn. Die beiden organisierten in Pontiac unsere Jam Sessions, die ersten, bei denen ich mitmachte. Herrschaft, es war herrlich, Murphys Ausdruck zu sehen, wenn in Yellows Cornett der Wind loswehte. Mich packte es ebenso. Er spielte aus dem Mundwinkel; die linke Backe blies sich dabei auf wie ein Luftballon, und wenn er Blues spielte, warf er uns wirklich um. Nachdem wir uns angefreundet hatten, erzählte er mir von den Zirkuskapellen, bei denen er überall im Süden mitgewirkt hatte, obwohl er keine einzige Note lesen konnte.

Nach der Orchesterprobe verzog ich mich mit Murph, Yellow, einem Baßspieler und dem Althornisten King in einen Winkel, und dann begannen wir zu improvisieren, alle geschriebene Musik vergessend, einfach dem Instinkt freien Lauf lassend. Der Blues kam Murph und mir so natürlich, und wir spielten allmählich so gut, daß der Professor nicht in seinem Zimmer bleiben konnte, wenn er uns hörte. Sehr bald widmete er sich uns ganz besonders.

Bow war es nicht vergönnt, dem Orchester beizutreten; wegen seiner Größe und Körperkraft war er der Arbeitsabteilung zugewiesen worden. Gerade hinter dem Eisenbahngeleise, das am Musiksaal vorbeiführte, befand sich das Elektrizitätswerk, und hier hielten die Kohlenwagen und wurden ausgeladen. Es warf einen wirklich um, wenn man den Jungen beim Ausladen zusah. Die beste Schaufelmannschaft bestand aus drei Burschen, die im Gefängnis das Kommando führten – ein Farbiger namens Georgia, ein Weißer namens Joe Kelly und der große Bow persönlich. Sie hielten den Schnelligkeitsrekord, und sie hatten es gern, wenn wir den Blues in mittlerem Tempo spielten, so daß sie mit ihren Schaufeln Takt halten konnten. Wir begleiteten sie stundenlang hintereinander, langsam und gemächlich spielend, während sie schaufelten und laut sangen. Ihre Schaufeln fuhren mit einem langen Zischen in den Kohlenhaufen, und wenn sie sie hervorzogen, brummten sie: «Ho.» Den ganzen Tag ging es so: «Ssssch... ho... ssssch... ho...»

Oft gesellte sich Professor Scott mit seiner Posaune dazu, wenn wir Blues spielten. Was für einen wundervollen Ton hatte der Mann! Als er hörte, wie Murph sich bemühte, Yellows Flexionen und ausgehaltene Töne nachzuahmen, kam ihm ein Einfall. Eines Tages erschien er im Musiksaal mit einem Zugcornett, das wir anstaunten, weil wir so etwas noch nie gesehen hatten. Murph konnte sich Yellows Technik nicht zu eigen machen, und der Professor meinte, daß er die Flexionen und ausgehaltenen Töne besser treffen würde, wenn er das Zugcornett benutzte, weil es den Vierteltönen und bestimmten Noten etwas Schärfe verleiht, wie es beim Blues sein muß. Der Professor sah, wie unsere Augen strahlten, als Yellow seine herrlichen Phrasen spielte, und sein väterliches Gemüt freute sich. Yellow improvisierte eine Phrase und ließ uns dann einige Töne wie eine untermalende Orgel spielen, indem er rief: «He, du machst das hier.» Der Junge war wirklich ein Hexenmeister, obwohl er nie Unterricht genossen hatte.

Eines Morgens rief uns der Professor ganz aufgeregt in sein Privatzimmer, wo in einem Winkel ein Grammophon stand.

«Woher haben Sie das?» fragte Yellow fassungslos.

Der Professor hieß uns mit einer Handbewegung schweigen und legte eine Platte auf. Die Musik, die wir hörten, elektrisierte uns alle. Es war der «Livery Stable Blues» der Original Dixieland Jazz Band, der heute ein Sammlerstück ist. Menschenskind, wie erregte mich Larry Shields Klarinette, die da durch die Musik webte, und die subtile Trompete, die fast ein wenig an Yellow erinnerte. Es verlieh uns den Mut der Überzeugung, so etwas auf einer Platte zu hören – wenn man auf einer Platte aufgenommen wird, sagten wir uns, muß man groß sein, und hier war einer, der nicht halb so gut spielte wie Yellow. Wir verbrachten dann viele Vormittage damit, das Stück zu lernen; Professor Scott verteilte die Partien auf die verschiedenen Instrumente; aber wir bekamen es nie richtig heraus.

ABEND für Abend lagen wir in unserer Zelle auf der Maisstrohmatratze und lauschten dem Blues, der von der Negerabteilung herüberdrang. Ich las oder lag bloß auf meiner

Pritsche und schaute zur Decke empor, wenn irgend jemand eine traurige Melodie anstimmte, die immerzu wiederholt wurde, bis der ganze Block trunken war. Einen farbigen Jungen überfiel die Schwermut[1], und plötzlich begann er zu singen:

If I hadn't drunk so much whisky,
Hätte ich nicht so viel Whisky getrunken,
Wouldn't be layin' here on this hard flo,
Dann läg' ich nicht hier auf dem harten Brett,
Ooooohhhh, ain't gonna do it no mo-o,
        will es nie wieder tun,
Ooooohhhh, ain't gonna do it no more.
        will es nie wieder tun.

Diese Lieder und die rhythmischen Zurufe, die sie begleiteten, schlugen immer eine Saite in mir an. Die tonalen Flexionen und die Geschichte, die sie erzählten, vermischt wie die Farben auf einem Gemälde, die Art, wie die Silben stets richtig gesetzt wurden, die Abwandlungen der Wörter, die sich der Melodie anpaßten – all das frappierte mich wie einen Philosophen die Entdeckung einer Wahrheit. Die paar einfachen Riffs[2] öffneten mir die Augen mehr für die Philosophie der Neger, als es ein soziologisches Lehrbuch vermocht hätte. Sie munterten mich sofort auf und erwärmten mein Herz für diese Burschen. Wenn ich da lag, bedrückte mich oft die Schwermut; aber das Gewicht wurde mir von der Brust genommen, wenn jemand zu singen begann. Dieses Volk wußte wirklich, wie die Melancholie zu bekämpfen war.

Der Weiße ist ein verwöhntes Kind, und wenn ihn Wehmut befällt, wird er neurotisch. Der Neger hingegen hat nie etwas besessen und erwartet nichts; also lächelt er, wenn er traurig wird, und sagt: «Herr, ich bin zufrieden. Ich will nichts anderes als etwas Salat im Garten pflanzen und ihn

---

1] «Blues» bedeutet auch Schwermut. [Anmerkung der Übersetzerin]
2] Riff: Rhythmisch prägnantes, meist im Begleitsatz ostinat verwendetes kurzes Motiv.

essen.» Der Weiße kann meistens nicht so empfinden. Wenn es ihm schlecht geht, wird er böse, steigert sich in Kampfstimmung hinein und schlägt zu. Er bildet sich ein, daß ihm Unrecht geschehen sei, weil er sich unglücklich fühlt, und er möchte es an einem andern auslassen. Der Neger kann das Unglück mit einem Lachen abschütteln und mit einem traurigen, jedoch nicht allzu traurigen Lied. Leicht gesagt, er sei leichtsinnig und oberflächlich. So erklären sich viele Weiße diese Eigenschaft der Neger; aber das ist nicht richtig. Der Neger wird selten mürrisch, verkniffen und böse, weil seine Philosophie tiefer reicht, und weil er klar sieht. Vielleicht fehlen ihm die tönenden Worte, um sein Denken zu erklären. Er drückt es in Musik aus. Dort findet man die Erklärung, wenn man sie wirklich sucht.

In Pontiac lernte ich etwas sehr Wichtiges – daß es nicht viele Menschen auf der Welt gibt, die so viel feines Empfinden und einfache Achtung vor dem Mitmenschen haben wie die Neger. Wenn ich in der Reihe marschierte, niedergedrückt und verlassen, rief Yellow oder King oder einer, den ich nicht einmal kannte, mir lächelnd zu: «Na, Kleiner, was ist denn?» und sogleich wurde mir wohl zumute. Ich traf nicht viele Weiße mit diesem richtigen Instinkt und dem einfachen freundlichen Gefühl, das im gegebenen Augenblick wie ein Stärkungsmittel wirkt. Was aus ein paar gewöhnlichen Worten und einem Lächeln überspringt, das bewahrte mich in jenem Gefängnis oft davor, auf die Schattenseite des Lebensweges zu geraten. Ich hatte den Negerjungen viel zu danken. Sie lehrten mich nicht nur ihre schöne Musik, sie vermittelten mir auch Wohlbefinden.

Jim Crow machte sich im Musiksaal und bei der Arbeitsmannschaft selten bemerkbar; aber er stand in der Nähe und wartete seine Zeit ab. Als er sich schließlich zeigte, kam er wie eine tolle Ratte daher.

Am Samstagnachmittag und sonntags durften wir auf dem Hof Ball spielen und die arg benötigte frische Luft schnappen.

Auf dem Hof bildeten sich zwei Gruppen – die Farbigen und Weißen, die zusammenhielten, und die Weißen aus dem Süden, die uns immer verhöhnten, wenn wir an ihnen vorbeigingen. Mitter Foley, Joe Kelly, Johnny Fredricks, Georgia, Big Six, Yellow und Bow waren die Anführer unserer Gruppe. Die andere Gruppe wurde von ekelhaften, miesen Kerlen angeführt, die immer böse dreinblickten und nie ein freundliches Lächeln hatten. Sie hießen alle Texas und Tennessee, als ob sie Ausschnitte aus einem Atlas wären und keine Menschen aus Fleisch und Blut.

Die eigentliche Ursache der Feindschaft zwischen den beiden Gruppen war die Tatsache, daß Big Six, ein Neger, einen Weißen als «Tante» hatte. Die Burschen aus dem Süden hatten auch ihre «Tanten», haufenweise, aber sie nahmen es übel, daß sich ein Neger dasselbe herausnahm wie ein Weißer. Ob Knabe oder Mädchen, die Südländer wünschten im Liebesleben eine Grenze zwischen Schwarz und Weiß zu ziehen.

Als Big Six eines Nachmittags mit seinem Freund im Hof herumging, scharten sich die Südländer um ihn und fielen über ihn her. So fing es an. Zuerst war es nur der übliche Faustkampf; doch binnen zwei Minuten war es ein Rassenkrieg, an dem sich alle Jungen auf dem Hof beteiligten. Die Wärter ließen ihre Pfeife schrillen und gaben Pistolenschüsse in die Luft ab; viele Messer kamen zum Vorschein, ehe die Schlacht beendet war, und sie wurden benutzt. Als sich der Aufruhr endlich gelegt hatte, gab es viel Hackfleisch, blutende Nasen und gebrochene Glieder. Lange Zeit wurden uns alle Vorrechte genommen, und es herrschte Schweigegebot. Die Rädelsführer kamen in den Karzer.

Gleich nach diesem Aufruhr landete ich mit Dysenterie im Lazarett, und ich war nahe daran, den Geist aufzugeben. Es waren nicht nur Bazillen, die mich so krank machten – mein Nervensystem war in einer solchen Verfassung, daß man eine Weile an meinem Aufkommen zweifelte. Während ich im Krankensaal im Bett lag, starrte ich die ganze Zeit auf die weißen Wände und sah die gemeinen Mördergesichter der Südländer vor mir, wie sie mit ihren Messern auf Big Six und die andern losgingen. Es hätte nicht schlimmer sein können, wenn es mir gegolten hätte. Ich fühlte mich diesen Negerjungen so verbunden, daß es war, als hätte ich einen Angriff auf meine eigene Familie miterlebt.

Mir wurde nun klar, was der amerikanische Bürgerkrieg eigentlich bedeutete. In Chikago hatte ich viele hitzige Kämpfe gesehen, aber nie etwas so Schlimmes. Die Tennessees und Texases wollten jeden Neger umbringen, den sie in die Finger bekommen konnten – das las man von ihren Gesichtern ab. Noch nie hatte ich solch mörderischen Haß gesehen.

Als es mir wieder gut ging, sprach ich mit Yellow und King im Musiksaal darüber. Nach dem, was ich von ihnen hörte, wollte ich niemals die Mason-Dixon-Linie[1] gelten lassen, und mit einer einzigen Ausnahme habe ich es auch nie getan.

«Menschenskind», sagte Yellow, «im Süden wird man mir nichts dir nichts aufgefressen, wenn man eine schwarze Haut hat.»

King war etwas gemäßigter und gebildeter; er sagte nur: «Milton, in meiner Heimat konnte ich nicht einmal auf dem Bürgersteig gehen; denn jeder vorbeikommende Weiße hätte mich hinuntergestoßen.»

Als ich ihm von meinem Freund Sullivan in Chikago erzählte, dem Negerjungen, der die ganze Zeit mit uns zusammen gewesen war und in unserer Mannschaft Baseball gespielt hatte, machte er große Augen, und ein ganz glücklicher Ausdruck verbreitete sich auf seinem Gesicht. Er warf mir einen ähnlichen Blick zu wie ein Maler, der glaubt, man könne sein Bild nicht verstehen, und dann feststellt, daß man alles

1] Die südliche Grenzlinie Pennsylvaniens, die in der Geschichte der Vereinigten Staaten als eine der Grenzen zwischen dem Norden und dem Süden berühmt wurde. Mit dem Ausdruck «Mason-Dixon-Linie» bezeichnet man die Trennung zwischen Negern und Weißen. [Anmerkung der Übersetzerin]

darauf erfaßt hat, jeden Pinselstrich. King und ich verstanden einander.

Während ich noch im Lazarett lag, besuchte mich meine Mutter. Sie weinte, als sie mit Richter Graves, dem Anstalts- leiter, hereinkam.

«Weine nicht, Mama», sagte ich. «Du hast ja keine Ahnung, sonst würdest du nicht so weinen. Hier ist es herrlich; ich lerne Flöte, Piccolo und Saxophon spielen, und ich bin gern hier. Wir werden gut behandelt, und außerdem sind Murph, Bow und Emil hier; ich bin also nicht allein. Ich habe mir bloß den Magen verdorben, und ich werde bald wieder gesund sein.»

Ich war zu unbefristetem Anstaltsaufenthalt verurteilt worden – ein bis zehn Jahre. Als mein Fall wiederum zur Sprache kam, wurde die Frist auf ein Jahr festgesetzt. Richter Graves sagte zu mir: «Milton, weißt du, warum du mit einer so leichten Strafe davongekommen bist? Wegen deines gu- ten Benehmens, als dich deine Mutter besuchte.»

An einem kalten Februartag im Jahr 1918 gab man mir einen in der Anstalt verfertigten Anzug, drückte mir eine Fahrkarte in die Hand und wies mich an, zum Bahnhof von Pontiac zu gehen und den Zug nach Chikago zu nehmen.

Diese Reise erinnerte mich an eine andere Eisenbahnfahrt, die ich einmal mit Murph und Bow gemacht hatte, aber nicht bequem im Wagen, sondern auf den Puffern. Wir hatten uns Photos von einem Schiffsunglück verschafft, die wir verkau- fen wollten. Als wir, verstaubt, schmutzig und sonnver- brannt, in Kap Girardeau unserem Gewerbe nachgingen und uns in einem Restaurant erlaben wollten, wurden wir mit den Worten hinausgewiesen: «Woher kommt ihr denn? Hier werden keine Nigger bedient.» Sooft wir später in einer Kleinstadt ein Schild mit der Aufschrift «Neger, laß die Sonne nicht auf deinen Kopf scheinen» sahen, fühlten wir uns getroffen, obwohl wir nicht wußten, wieso und warum.

Dieses Erlebnis begann mir viel zu bedeuten, als ich von Pontiac nach Hause fuhr. Wir waren Juden; aber in Kap Girardeau hatte man uns als Neger bezeichnet. Jetzt wurde mir auf einmal klar, daß ich dieser Ansicht zustimmte. Das hatte ich in Pontiac gelernt. Dort hatten mich die Südländer «Negerfreund» genannt. Richtig. Ich war mit den farbigen Jungen nicht nur befreundet – ich gehörte zu ihnen, ich fühlte mich ihnen näher als den Weißen, und ich wurde sogar genau wie sie behandelt. Ich dachte daran, daß der Rabbiner einmal, als Sullivan in Chicago mit mir in unsere Synagoge ging, zu ihm sagte, Moses, König Salomon und die Königin von Saba seien allesamt schwarz gewesen, vielleicht früher die ganze Welt. Das tat mir damals gut, weil Sullivan ein so guter Baseballspieler war. Ich fand es richtig, daß man mich aus dem Restaurant in Kap Girardeau hinausgeworfen hatte. Ich gehörte zur andern Seite.

Als ich daheim anlangte, wußte ich, daß ich von nun an fest zu den Negern halten würde. Sie waren meines Schlages. Und ich wollte ihre Musik lernen und sie für den Rest meines Lebens spielen. Ich wollte Musiker werden, ein Negermusiker, wollte der Welt den Blues offenbaren, wie es nur Neger vermögen. Ich wußte nicht, wie ich das anfangen sollte; aber mein Entschluß stand fest.

In der «Schule» waren die Probleme, die mir am meisten zu schaffen gemacht hatten, gelöst worden. Grün kam ich dorthin, schokoladebraun ging ich daraus hervor.

ZWEITES KAPITEL

Nicht zu weit abseits

DER Erste Weltkrieg war in vollem Gange. Eines Tages sah ich auf dem Michigan-Boulevard eine große Rekrutenparade, die in jedermanns Herzen Vaterlandsliebe entflammt hätte. Die Marinekapelle, die den Zug anführte und einen Marsch von Sousa spielte, mußte an die fünf hundert Instrumente umfassen. Die Trompetenfanfaren und das Stöhnen der Posaunen fuhren mir in die Glieder, und sowie ich die Saxophone erspähte, kam mir ein glänzender Gedanke. Am Abend desselben Tages erklärte ich meinen Eltern, daß ich zur Marine gehen wollte – dort konnte ich richtig Saxophon lernen, und ich wollte mich von allen abirrenden Kugeln fernhalten.

Die ganze Nacht träumte ich davon. Ich sah mich schon in einer schnittigen Uniform blasend durch die Straßen ziehen, während die jungen Mädchen aufgereiht standen und mir Augen machten. Der Feind war nirgends zu erblicken.

In aller Frühe stürzte ich zum Aushebungsbüro, um auf Staatskosten Musiker zu werden. Aber als mir der Arzt bei der Untersuchung das Hörrohr auf die Brust setzte, schüttelte er den Kopf. «Sie müssen zu Hause bleiben, Söhnchen», sagte er. «Sie haben ein leichtes Herzgeräusch.»

Das war ein harter Schlag. Meine Mutter fiel beinahe in Ohnmacht, als ich ohne Matrosenanzug zurückkam; aber sie erholte sich rasch und kochte einen großen Topf Borscht für ihren heimkehrenden Helden. Nach dem Empfang, den sie mir bereitete, hätte man meinen können, ich wäre mit dem deutschen Kaiser in der Westentasche aus dem Kriege zurückgekehrt. An diesem Abend begab ich mich zum «Corner», um meinen alten Zivilposten im Billardzimmer wiederaufzunehmen.

Zuerst machte ich mich in Emil Glicks Lokal nur allgemein

nützlich, half Bälle auflesen und überwachte die Tafel; doch bald wurde ich befördert. Als nämlich die Prohibition kam, hatte jeder Niemand plötzlich Geld, und jeden Abend wurde an unserem Billardtisch um hohe Summen Crap gespielt. Ich wurde zum Ausguck ernannt und mußte draußen nach den Hütern des Gesetzes ausspähen. Wenn sich ein Polyp zeigte, klopfte ich mit einem Schlüssel ans Fenster, und flugs war ein Billardtournier in vollem Schwung; Zuschauer reihten sich hinter den Spielern und gaben ihren Senf dazu. Ich bekam zwei Dollar für die Stunde, dazu hin und wieder eine Ohrfeige von einem Gesetzeshüter.

Tausenddollarscheine wanderten jeden Abend in Glicks Lokal wie Wechselmünzen herum; die Bank mußte bekanntermaßen über 25 000 Dollar verfügen. Viele Männer, die hier herumwimmelten, waren ehrliche Arbeiter, eher Spieler als Verbrecher, und infolgedessen gab es bei uns keine Schießereien oder Schlägereien mit tödlichem Ausgang. Die Kundschaft bestand größtenteils aus jüdischen Transporteuren, Zuschneidern, Taxichauffeuren, aus braven Leuten, die ihr halbes Leben damit verbrachten, Klabiasch, Pinokel und Tarok zu spielen. Aber seit sie ihren bürgerlichen Beruf an den Nagel gehängt hatten und sich dem Alkoholschmuggel widmeten, verdienten sie Unsummen. Einer von ihnen kam groß in die Zeitung, als er an einem Abend 7000 Dollar in 43 000 verwandelte und das Hotel Boulevard am South-Michigan-Boulevard kaufte. Ein paar Wochen später bildete er wieder Schlagzeilen, diesmal nach einer Polizeirazzia. Unter seiner Leitung war das Hotel ein Freudenhaus geworden.

Inzwischen waren auch Bow und Emil Burbacher aus der «Schule» entlassen worden und tauchten wieder am «Corner» auf. Murph war nach seiner Freilassung einer Zirkuskapelle beigetreten und zog irgendwo im Lande herum. Eines Abends erzählte Bow von einigen Whiskyfässern, die er in der Nähe im Keller eines Billardcafés entdeckt hatte. Der Haken bestand darin, daß er das Schloß an der Kellertür nicht aufbringen konnte. Emil und ich gingen mit ihm hin; ich wollte nur zeigen, was ich im Bezirksgefängnis von dem alten Schneider gelernt hatte. Ich öffnete das Schloß mit einem Stiefelknöpfer, und Bow trug ein Zweihundert-Liter-Faß ganz allein zu einem Taxi. Im «Bucket of Blood», einem Café an der Madison-Straße, verkauften wir den Saft für fast zweihundert Dollar.

Ungefähr zu dieser Zeit schneite Sid Barry aus New York herein und beteiligte sich an Emil Glicks Geschäft. Dieser Mann war ein geborener Spieler und ein Techniker der Schnellbereicherung – er konnte Gold ausfindig machen wie ein Wildschwein die Trüffeln. Er beschaffte sich eine Apothekerlizenz, weil nur Apotheker Alkohol verkaufen durften. Eine Kiste Whisky von bester Marke wurde dem Apotheker für 23 Dollar geboten; aber für die Schmuggler und Schankwirte sprang der Preis auf 123 Dollar.

Einmal bekam Sid ganz gesetzmäßig eine Ladung von hundert Whiskykisten, und da wurde er so zittrig wie ein Geleepudding. Diese Kisten wurden staatlich kontrolliert; aber Sid hätte sich eher die Kehle durchgeschnitten, als sie zum gesetzlichen Preis zu verkaufen. Er kam eines Abends in den Billardsaal und sagte: «Kommt, Burschen, ihr sollt mich verprügeln. Macht einen Krüppel aus mir, reißt mir die Kleider vom Leibe und schlagt mir die Nase blutig.»

Die Leute nahmen ihn beim Wort; abwechselnd versetzten sie ihm Kinnhaken, schlugen ihm die Augen blau und beulten ihm mit einem Billardqueue den Kopf aus. Dann erhob sich Sid torkelnd, bedankte sich bei seinen Freunden und schwankte zur Polizeistation, wo er jammernd schilderte, wie ihn ein paar Gauner durchgewalkt und all seinen Whisky gemaust hatten. Hernach verkaufte er das edle Naß zu Schmuggelpreisen. Für eine blutende Nase, zwei blaue Augen und einige Beulen am Denkkasten steckte er zehntausend ein.

Mir machte es großen Spaß, mit all den berühmten Spielern und Wagehalsen auf du und du zu stehen, und das leichtverdiente Geld lief mir nicht weg. Aber ich wollte mich nicht zu sehr von meinem Ziel entfernen, und während wir umherschweiften, hielt ich in allen Lokalen nach meiner Musik Ausschau. Und auf diese Weise fand ich sie endlich.

GEORGE Turner war es, der Spieler, der mich ins Südviertel und in meinen Himmel brachte. Als wir eines Abends nach einem Crapspiel in einem Lokal ein Gläschen tranken, bat George den Kellner um den Schlüssel zu dem Klavier im Hinterzimmer. Ich achtete nicht weiter darauf, als er verschwand. Damals hatte jede Bierkneipe ein elektrisches Klavier, manchmal mit Zimbeln und Trommeln, das automatisch jede eingelegte Rolle abspielte. Ich dachte, George wollte das übliche Programm ablassen.

Aber eine Minute später sauste ich in das Hinterzimmer. George hatte das Klavier aufgeschlossen und spielte Blues, als ob er im Süden geboren wäre. Wo hatte er das gelernt? Meiner Ansicht nach mußte er im Gefängnis gewesen sein. Es schien keinen anderen Ort zu geben, wo man solche Musik aufschnappen konnte.

In hypnotisiertem Zustand stand ich neben der alten Klappermühle. Diese Musik berauschte mich – ich hätte mich diesem Manne nicht näher fühlen können, wenn er mein eigener Vater gewesen wäre. Als er fertig war, fragte ich ihn, woher er den «Sweet Baby Blues» kenne. Er war über meine Blues-Besessenheit so gerührt, daß er beinahe vom Klavierschemel fiel.

«Magst du diese Musik wirklich, Milton?» sagte er. «Komm, ich bringe dich an einen Ort, wo du viel davon hören wirst.»

Zu fünft kletterten wir in ein Taxi und fuhren zum Negerviertel auf der Südseite.

Als erstes gingen wir ins Café «De Luxe» an der Ecke der 35. Straße und der State Avenue, über einem Billardlokal, das denselben Namen trug. Wir mußten draußen Schlange stehen, weil es keinen Platz mehr gab; aber endlich gab der Oberkellner oben ein Zeichen, und der Portier ließ uns ein.

Als wir uns in der Nähe des Orchesters niederließen, kreiste gerade ein rothaariges Mädchen mit weißer Haut auf dem Tanzboden und sang: «I takes a long, tall, brown-skin gal to make a preacher his Bible lay down.» [«Ein großes, schlankes Mädchen mit brauner Haut muß es sein, damit ein Priester seine Bibel niederlegt.»] An der Art, wie sie es erklärte, merkte ich genau, was dem Priester zu schaffen machte. Gleich darauf sang sie einen noch packenderen Blues:

Leave me be your side track, poppa,
Till your main line comes,
Leave me be your side track, poppa,
Till your main line comes,
I can do better switchin'
Than your main line ever done.

Laß mich dein Nebengeleise sein,
Bis deine Hauptlinie kommt,
Ich kann besser Weichen stellen,
Als es deine Hauptlinie je vermag.

Nach dem ersten Refrain stand mein Entschluß schon fest, daß dieses Mädchen meine Lokomotive jederzeit auf ihr Nebengeleise schieben konnte.

Der nächste Blues hatte denselben einfachen, sachlichen Text, der mich immer so sehr erregte. Schon damals waren die beliebten Schlager so voller sentimentaler Albernheit, daß man das Gefühl hatte, die ganze Welt bestünde aus einem Durcheinander von liebeskranken Eseln. Und wenn man sich von diesem romantischen Nebel befreien wollte und in die Kabarette der Weißen lief, fand man Chansonetten, die sich benahmen, als wären sie auf Urlaub aus einem Bordell. Die Art, wie die Weißen in Sinnlichkeit machten, war vulgär und grob. Twinkle machte kein falsches Theater. Sie sang:

Baby, see that spider climbin' on that wall,
Baby, see that spider climbin' on that wall,
He's goin' up there for to get his ashes hauled.

Baby, siehst du die Spinne dort an der Wand,
Da klettert sie, um ihren Schornstein zu fegen.

Das Publikum war von Twinkle begeistert, und sie mußte viele Zugaben geben; doch als dann Alberta Hunter auftrat und sang: «He may be your man but he comes to see me sometimes» [«Mag sein, daß er dein Schatz ist, aber manchmal besucht er mich»], wurden die Zuhörer beinahe tobsüchtig vor Entzücken. Alberta ging dabei langsam durch den Saal, blieb stehen, um den Refrain an einem Tisch zu singen, so daß sie, als sie durch war, das eine Lied zehn- bis fünfzehnmal gesungen hatte, jedesmal mit einer neuen Variante. Das Publikum klatschte sich die Hände wund, und als sie «Some sweet Day» sang, geriet es ganz außer sich. Beim letzten Refrain stieg sie auf das Podium und brachte «ihre Nummer». Die Artisten endeten immer mit einigen improvisierten Schritten.

Was mich bei Twinkle, Alberta und einer dritten guten Chansonette namens Florence Mills am meisten verblüffte, das war ihre Anmut und ihre stolze, gelockerte Haltung. Florence, klein und zierlich, stand einfach entspannt da und sang wie ein Kolibri. Viele weiße Chansonetten, selbst solche, die heute mit berühmten Orchestern auftreten, sind entweder steif wie ausgestopfte Eulen oder winden und verdrehen sich in verkrampften Zuckungen, als ob sie den Veitstanz hätten.

Eine gute farbige Sängerin braucht ihren Sex-Appeal nicht einzupacken und den Kunden zum Verkauf anzubieten wie Jahrmarktsware. Selten entblättert sie sich – sie kann es sich leisten, auf alle Kinkerlitzchen zu verzichten und natürlich zu sein, weil sie nicht unter Hochdruck verkaufen muß. Die Musik packt sie wirklich, und auf die lässige Art, in der sie mit ihrem Körper umgeht, läßt sie sie aufs Publikum überspringen. Für mich hat das Fingerschnippen einer Negersängerin mehr Feuer und Temperament als alle die akrobatischen Mätzchen der sogenannten «Hot»-Sängerinnen.

Das Höchstmaß der Bewegung, das eine echte Negersängerin vollführt, ist ein gedämpfter Anflug von Boogie, wobei sie kaum den Zeigefinger rührt. Meistens steht sie ganz still da und legt alles Gefühl und alle Malerei in das Lied selbst.

Damals konnte man die meisten Berühmtheiten, farbige und weiße, im «De Luxe» treffen. Der Tänzer Bill Robinson, der Komiker Harry Steppe, der Schauspieler Benny Davis, Joe Frisco, Al Jolson, Sophie Tucker, Blossom Seeley, das Ensemble der Ziegfield Follies, bekannte Negerduos wie Moss und Fry, Williams und Walker, Eva Tanguay, Eddie Cantor, der damals Bert Williams' Schützling war – sämtliche Theaterleute strömten hierher, sowie sie in die Stadt kamen. Es hatte sich herumgesprochen, daß hier eine echte New-Orleans-Jazzband spielte, und jeden Abend in der Woche mußte man sich einen Platz erkämpfen.

Das Orchester versetzte mich richtiggehend in Trance. Es war die «Original New Orleans Creole Jazz Band», die der Klarinettist Lawrence Dewey [Duhé] leitete. Dazu gehörten die Trompeter Sugar Johnnie und Freddie Keppard; Roy Palmer, Posaune; Sidney Bechet, Klarinette und Sopransaxophon; Lil Hardin, Klavier; Tubby Hall, Schlagzeug [als Ersatz für seinen Bruder Minor, der gerade eingezogen worden war]; Jimmy Palao, Violine; Bab Frank, Piccolo, und Wellman Braud, Baßgeige. Dieses Orchester brachte die Stadt wirklich aus dem Häuschen und öffnete den übrigen New Orleans-Jazzmusikern im guten alten Chikago die Tore.

Die Duette, die Bechet und Dewey auf der Klarinette spielten, nahmen mir den Atem, ebenso Bab Franks elektrisierende Piccolotriller und improvisierte Arpeggios, die man durch alles übrige hindurch hörte, als ob kleine weiße Mäuse über die Noten wegliefen. Freddie Keppard stopfte seine Trompete mit einer verbeulten alten Melone auf eine Art und Weise, über die sich die heutigen Bläser wundern würden. Ich sah das damals zum erstenmal, und vor dem Ende entfesselte sich Freddie ganz. Bevor man im entferntesten an die Wah-wah-Sordinen dachte, erzielte er seine Glissandos und Vierteltöne mit einem Wasserglas und einer Bierflasche. Lil Hardin lachte immer übers ganze Gesicht, wenn sie sich über die Tasten beugte – sie brachte das Orchester mit ihrem Viervierteltakt und ihren Akkordverkehrungen mächtig in Schwung. Braud konnte sich mit der Baßgeige sehen lassen; er hatte einen runden, vollen Ton wie eine Glocke und schlug die ganze Zeit den Takt.

Vor allem aber warfen mich Freddies Trompete und Bechets Klarinette um. Freddies Trompete war kräftig und genau; wie er das Ensemble leitete, an den richtigen Stellen Luft holend und alle fortwährend festhaltend, ...da gab es nie ein Loch. Er hielt das Orchester besser zusammen als ein Jockey sein Rennpferd. Bechets Schleifen und schluchzende Flexionen, sein wahres Verständnis für Kontrapunkt waren wundervoll. Später erklärte er mir, daß er sich die Anregung zu den tonalen Flexionen beim Muhen der Kühe und den Stallgeräuschen geholt habe.

Ab und zu beobachtete ich die Paare, die sich auf dem Parkett drängten und Bunny-hug tanzten. Lustige Zurufe drangen wie aus einer anderen Welt an mein Ohr, und immerzu sagte ich mir, daß ich hierher gehörte. Ich hatte mein Traumland gefunden, und ich begann Pläne zu schmieden, die es mir ermöglichen sollten, jeden Abend herzukommen.

Allzu bald wurde es ein Uhr – Polizeistunde. George Turner ging zum Orchesterpodium hinüber, und ich folgte ihm auf den Fersen. Ich unterhielt mich mit Bab Frank über Piccoloflöten und stellte fest, daß er eine «Albert» spielte, wohingegen ich eine «Boehm» besaß. Bechet zeigte mir sein Sopransaxophon, das ich behandelte, als ob es der Kohinor wäre. Ich fiel beinahe in Ohnmacht, als er mich aufforderte, mit den Musikern zum «Royal Garden» zu kommen [dem späteren «Lincoln Garden»], wo sie nach dem Auftreten immer zu ihrem Vergnügen spielten.

Ich blieb die ganze Nacht auf und hörte zu, wie sie aus Scott Joplins «Red Book» spielten, einer Sammlung von Arrangements, die die ganze Jazzwelt revolutionierten. Zum ersten Male vernahm ich alle die großen Melodien, die einen neuen Geist atmeten, den man weder bei der Ragtime-Musik noch bei den üblichen Programmen fand, den wahren Geist der Negermusiker-Melodien wie «Gold Dust», «Skeleton Jangle», «Sassafras», «Apple Sass Rag» und «Ole Miss».

Das war meine große Nacht, die Nacht, in der mein eigentliches Leben begann. Bei meinem ersten Besuch im Südviertel geriet ich zufällig in die beiden Lokale, die in der Jazzwelt Geschichte machten, und lernte einige der Musiker kennen, die schon legendär waren. Meiner Ansicht nach hatte ich etwas gefunden, das wesentlicher und wichtiger war als alle hübschen Mädchen und Banknoten der Welt.

SIDNEY Bechets Sopransaxopohon hatte mir einen Floh ins Ohr gesetzt. Ich holte sofort meine alte Flöte hervor und tauschte sie gegen ein Sopransaxophon ein. Sowie ich drei Noten darauf blasen konnte, begann ich den «St. Louis Blues» zu üben. Oft saß ich einfach bloß da und betrachtete mein Instrument – ich faßte es kaum, daß ich ein Saxophon besaß. Am liebsten hätte ich der ganzen Welt zugerufen: «Schaut her, hier komme ich, gebt acht, ich werde euch etwas zeigen! Ich werde dieses Instrument blasen und euch begreiflich machen, daß der Jazz König ist und bleiben wird!»

Eines Tages dünkten mich meine Übungen so gut, daß ich mein Saxophon unter den Arm nahm und ins Südviertel ging. Ich hatte kein bestimmtes Ziel, sondern nur das Gefühl, daß ein Mensch, der Saxophon spielte, dorthin gehen müsse, wo man etwas davon verstand. Ich schlenderte die State-Straße auf und ab, meinen Kasten wie einen Paß tragend, und als ich an einem Schuhputzerladen vorbeikam, hörte ich etwas Auffallendes. Drinnen brachten Buben mit ihren Lappen beim Schuhereiben musikalische Geräusche hervor. Sie klangen wie Klappern und lockten mich hinein.

«Was hast du da in dem Kasten ?» fragte mich einer der Buben, als ob er es nicht wüßte. Ich fühlte mich so geschmeichelt, daß ich den Kasten aufklappte. «Kannst du das spielen ?» forschte er weiter. Obwohl ich so viel zu Hause geübt hatte, bekam ich vor Nervosität keinen Ton hervor. Zum erstenmal litt ich an Lampenfieber. Endlich brachte ich den «St. Louis Blues» zustande. Alle Buben klatschten in die Hände und stampften mit den Füßen; einige schlugen mit ihren Putzlappen den Takt. Hernach lachten mich alle freundlich an. Sie waren wie eine Gruppe Erwachsene, die um ein kleines Kind herumstehen, das sein erstes Wort gesprochen hat. Einer bat mich, es einmal versuchen zu dürfen, und als er das Saxophon an den Mund setzte, ahnte er nicht, wie er die Finger halten mußte; aber dann blies er einen so runden und natürlichen Ton, daß ich sprachlos war. Ich war wirklich an den richtigen Ort gekommen.

Ich wollte mir Noten kaufen, und die Buben wiesen mich zu Clarence Williams' Musikgeschäft an der State-Straße. Clarence saß draußen und sonnte sich. Er sah sehr nett aus mit seinem breiten Lächeln und den großen Augen, die Hilfsbereitschaft ausdrückten. Dieser prächtige Mann war Musikverleger [er brachte die große Bessie Smith auf Platten heraus] und Komponist vieler Melodien, die heute zu den Standardwerken des Jazz gehören, wie «Sugar Blues», «Royal Garden Blues», «I Ain't Gonna Give Nobody None of My Jelly Roll», «I Wish I Could Shimmy Like My Sister Kate», «I Found a New Baby», «Everybody Loves My Baby» und vieler Klassiker. Er nahm mich in den Laden, als kennte er mich seit Jahren, und setzte sich ans Klavier, um mir «Royal Garden» und «Sister Kate» vorzuspielen. Als ich ging, gab er mir die Noten und war nicht zu bewegen, Geld dafür anzunehmen.

Beim «Royal Garden» fiel mir am meisten auf, wie der Baß sozusagen einen männlichen Kontrapunkt gegen die melodiösen Harmonien der rechten Hand bildete. Ich hatte endlich das Gefühl, hinter das Geheimnis des Jazz gekommen zu sein – genau das, was ich so lange gesucht hatte. Clarences kleine Flexionen sind etwas, das die größten heutigen Musiker außer acht lassen. Er hatte mir auch die Liedversion geschenkt. Die Begleitung zum Text war im Stil der alten Gitarrespieler gehalten – Baß und Akkord, Baß und Akkord, wobei die Hände meistens wechselten. Die Hauptsache war die immerwährende Umkehrung der Akkorde nach echter

New Orleans-Überlieferung, die dem improvisierenden Solisten gerade den richtigen Grundstein zum Aufbau der Variationen gibt.

Nun war alles da. Ich hatte mein Saxophon, hatte Noten zum Üben und gute Freunde, die mir weiterhalfen, wenn es nötig wurde. Nichts anderes wünschte ich mir, als den ganzen Tag Saxophon zu üben, dann abends im «De Luxe» und im «Royal Garden» zu sitzen und zwischendurch Clarence zu besuchen, um auf dem richtigen Wege zu bleiben. Endlich habe ich es geschafft, sagte ich mir, jetzt bin ich ein richtiger Musiker.

Man soll nie das Fell des Bären verkaufen. Bums! Als ich aufwachte, saß ich wieder einmal im Gefängnis. Diesmal sollte es langweilig werden.

DRITTES KAPITEL

Die Musikdose

ICH habe gar nichts getan, Herr Gerichtspräsident. Wirklich, ich saß bloß in dem Lokal, futterte mein eibelegtes Brot und kümmerte mich um nichts weiter.

Joe Tuckman war an jenem Abend sehr aufgekratzt, weil er beim Crapspiel groß gewonnen hatte, und er lud uns alle ein. Nach der Vorstellung im «Royal Garden» und in zwei andern Lokalen landeten wir mit unserem Taxichauffeur im Schlepptau in einem Restaurant, um hier zu frühstücken. Gerade hatten wir mit der Stärkung angefangen, da stürmten zwei Bluthunde herein und stöberten unseren Chauffeur auf, dessen Wagen draußen stand. Der Chauffeur wollte wissen, worum es sich handelte. «Um folgendes», antwortete der eine Polizist liebenswürdig. «Sie wissen wohl nicht zufällig, wo wir den Besitzer dieser Waffen finden können? Sie waren nämlich unter den Rücksitz Ihres Wagens geschmuggelt.» Damit wies er etliche Pistolen vor, genug Stahlgeräte, um eine Eisenwarenhandlung zu eröffnen.

Ich ahnte nicht, wem die Pistolen gehörten, und auch heute, siebenundzwanzig Jahre später, weiß ich es nicht. Damals sammelten die Männer Waffen wie Frauen ihre Lippenstifte; sozusagen jede Hüftentasche in der Stadt war ein wandelndes Arsenal. Mir war es schleierhaft, wieso ein Polizist um sechs Uhr morgens seine Nase unter den Rücksitz eines ehrsam aussehenden Mietautos steckte. Das zeigt, was dabei herauskommt, wenn man sich um anderer Leute Angelegenheiten kümmert. Warum sind die Polizisten so? Sie bringen damit die Menschen nur in Schwierigkeiten.

Stille herrschte in dem Restaurant – eine zu Boden fallende Nadel hätte ein Donnergepolter hervorgerufen. Auf einmal wurden alle sehr geschäftig; einige betrachteten ihre Fingernägel, und der Chauffeur schaufelte sich das Futter so hastig in den Mund, daß er fast einen Löffel verschluckt hätte, als ihm der Polizist auf die Schulter klopfte. «In einer Totenhalle wird mehr geredet», seufzte er. «Na, kommt nur alle mit. Ich bringe euch an einen Ort, wo ihr viel Zeit habt, eure Ansprachen ins reine zu schreiben.»

Auf dem Polizei-Amt hinterlegte Joe Tuckman für uns alle Kaution, und zwei Tage später fand die Verhandlung statt. Wurde man des verbotenen Waffentragens für schuldig befunden, so bekam man fünfundzwanzig Dollar und die Gerichtskosten aufgebrummt, doch als der Richter uns fragte, wem die Pistolen gehörten, blieben wir alle stumm. Daraufhin schleuderte er uns sämtliche Paragraphen an den Kopf – zweihundert Dollar samt den Gerichtskosten oder sechs Monate Kittchen. Da ich der Benjamin der Gruppe war, hieß es, nachdem für alle andern die Strafe bezahlt worden war: «Wir holen dich morgen heraus, Milton. Halt also die Ohren steif und mach dir keine Sorgen.» Und schon saß ich im städtischen Gefängnis, im «Bridewell», das in der Unterwelt «Musikbude» oder «Musikdose» genannt wurde. Ich gab mir alle Mühe, mir keine Sorgen zu machen; aber es gelang mir nicht recht.

Als ich splitterfasernackt aufgereiht stand, um die Gefängniskleidung zu erhalten, sank mein Stimmungsbarometer auf den Nullpunkt und sank immer weiter. Was ich anzuziehen bekam, hätte nicht einmal ein Urwaldneger am Werktag getragen. Ich wurde in einen Käfig gesteckt, der einem Kanarienvogel zu klein gewesen wäre. Im Winkel stand ein übelriechender Eimer ohne Deckel. Ein Kohlenhaufen hätte mehr Bequemlichkeiten geboten als das durchgelegene kleine Bett. Zu den Mahlzeiten marschierten wir in den Speisesaal, wo man uns kalte gebackene Bohnen auftischte und ein Stück Pökelfleisch, das zur Zeit des amerikanischen Bürgerkriegs bessere Zeiten gesehen hatte. Dann ging es wieder in die Zelle, und um neun Uhr wurden die Lichter gelöscht.

Im Unglück ist man gern allein; aber das war mir nicht gegönnt. Hunderte von Wanzen leisteten mir Gesellschaft und zapften mir das Blut ab. Wie Sturzbomber fielen sie von der Decke herunter.

Keine Ruhe gab es für den Müden – zwischen den Mahlzeiten, die die Wanzen hielten, und meinen eigenen dachte ich an ein Lied, das die Kinder auf den Straßen zu singen pflegten:

The Band House, The Band House,
I'll never go there any more.
They give you bread as heavy as lead,
They give you soup that'll make you puke,
They give you meat that stinks like feet,
I'll never go there any more.

   Musikdose, Musikdose,
Dorthin will ich nie mehr gehen.
Dort kriegt man nur steinhartes Brot,
Dort kriegt man Suppe, die bringt Not,
Dort kriegt man Fleisch, das stinkt wie die Zehen,
Musikdose, Musikdose,
Dorthin will ich nie mehr gehen.

«BERUF?»

«Musiker.»

«So, Musiker?» Aus dem Munde des Oberaufsehers klang es, als gäbe es nichts Verächtlicheres. «Ihr verdammten Juden und Neger wollt euch immer um die Arbeit drücken. Na, hier wirst du anders klimpern.»

Ehe ich ergründen konnte, was er meinte, rief er seinem Untergegebenen zu: «Zu den Ziegelsteinen!»

Meine Aufgabe bestand darin, einen Schubkarren mit rauchenden Ziegelsteinen vom Brennofen zum Vorratshaufen zu schaffen und dort auszuladen. Aber wegen eines Lungenleidens in der Kindheit hatte ich noch nie körperliche Arbeit geleistet, und als ich den beladenen Karren anheben wollte, rührte er sich nicht; er fühlte sich an, als wäre er am Boden festgenagelt. Nach einigen Versuchen kippte er mir um, und alle Ziegelsteine landeten am Boden.

«He, du jüdischer Hundsfott!» Der Wärter kam mit einem Knüppel in der Hand angetrottet. «Du gehörst also zu den Schlappschwänzen, die nicht arbeiten wollen. Na, da wollen wir einmal sehen.»

Ich wurde zu dem Oberaufseher zurückgeführt, der fragte, was los sei; doch bevor ich den Mund aufmachen konnte, fuhr er mich an: «Halt die Schnauze, oder ich zerschlage dir die Nase. Marsch, wieder an die Arbeit.»

Diesmal wurde ich der Lehmgrube zugeteilt, und zwar mußte ich den Schubkarren mit Lehm beladen und über eine Planke zur Ziegelsteinfabrik schaffen. Ich gelangte nie zu der Planke; sooft ich die Stangen packte und den Karren stieß, kippte die ganze Ladung aus. Der Wärter bekam mich satt und schnauzte mich an: «Scher dich dort drüben hin und hilf beim Aufschichten der Ziegelsteine; aber glaub mir, wenn es nach mir ginge, lägst du unten im Steinbruch und würdest zu Mus zerstampft.»

Ich mußte oben auf dem Steinhaufen stehen und vier bis fünf Ziegelsteine auffangen, wenn der Mann unten sie mir zuwarf. Die erste Ladung traf mich in den Bauch und fiel mir auf die Zehen, und die nächste riß mir beinahe die Fingerspitzen ab. Daraufhin gab ich es auf der Stelle auf. Wieder wanderte ich ins Büro, und dann durfte ich zwei Stunden in einem Winkel stehen. Am folgenden Tage kam ich in die Töpferei, wo ich fünfzig Pfund schwere Lehmballen auf den Zementboden klatschen mußte, um den Lehm fest zu machen. Die feuchten Klumpen glitten mir immerzu aus den Händen, bevor ich sie fünf Zentimeter vom Boden hatte. Der Geist war willig, doch das Fleisch war schwach.

An diesem Abend fühlte sich mein Rücken an, als ob ich durch eine Mangel getrieben und mit einem Schmiedehammer zerstampft worden wäre. Noch schlimmer war, daß es aussah, als ob ich diese Schinderei ein halbes Jahr lang durchhalten müßte, da meine Kameraden mit dem Lösegeld nicht erschienen. Ich war nicht sehr widerstandsfähig, und ich taugte nicht füt das Körpertraining, das man mir hier zugedacht hatte.

Ich konnte mir meine Gesundheit nur erhalten, überlegte ich, wenn ich ins Gefängnisspital gelangte, wo es saubere Betten, gutes Essen und keine Sklaventreiber gab. Ich ging im Geist alle Beschwerden und Krankheiten durch, um zu prüfen, welche mich am schnellsten befallen könnte. In meiner Familie wimmelte es von Ärzten und Apothekern, und als Apothekerlehrling bei meinem Onkel hatte ich genügend medizinische Terminologie aufgeschnappt, um zu wissen, was für Symptome zu welcher Krankheit gehörten.

Kurz vor dem Lichterlöschen begann ich heftig zu stöhnen, und als ich den Wärter kommen hörte, steckte ich mir die Hand fast bis zum Ellenbogen in den Schlund, so daß ich erbrechen mußte. «Oh, die Schmerzen in der Seite, die Schmerzen in der Seite, ich komme um», ächzte ich. Der Oberwärter kam angelaufen, und wahrhaftig wurde ich ins Spital gebracht. Ich hatte genau die richtigen Schmerzen an der richtigen Stelle, so daß der Arzt nach der Untersuchung die Diagnose Appendicitis stellte. Ich bekam einen Einlauf und wurde zu Bett gebracht; die Operation sollte am Morgen vorgenommen werden.

An diesem Abend brach im Südviertel der berühmte Rassenaufstand vom Juli 1919 aus. Die ganze Stadt mußte ein Schlächterhaus geworden sein; denn überall wurden Menschen erschossen, und alle Krankenhäuser verwandelten sich in Notstationen. Ungefähr jede Stunde trafen Leute ein, die als Ziel für Schießübungen gedient hatten. Als der Oberarzt seine Runde machte, sagte ich ihm, es ginge mir recht gut, worauf er meinte, die Operation könne verschoben werden, so daß die Notfälle vorher behandelt werden konnten. Er war ein so guter Redner, daß er mich überzeugte. Die Schwester erhielt Anweisung, mich hungern zu lassen, damit ich im Falle einer Wendung zum Schlimmeren sofort aufgeschnitten werden konnte. Ich beschloß, überhaupt keine Wendung zu nehmen; ich wollte keine Mühe machen.

Da es an Ärzten und Pflegerinnen mangelte, stand ich auf und half bei den Notfällen. Ein Mann wurde gebracht, der eine ganze Schrotladung im Rücken hatte. Es machte viel Arbeit, alles Blei zu entfernen – sein Hinterteil sah aus wie eine Mondlandschaft, so viele Beulen und Krater wies es auf. Wir nahmen einen großen Pinsel und bestrichen ihn mit Jod; dann holten wir die Kugeln Stück um Stück mit Zänglein und Pinzetten heraus. Ein anderer war gerade mit dem Auto durchs Südviertel gefahren, das Steuer mit beiden Händen haltend, als eine verirrte Kugel haargenau durch fast alle Finger daherkam.

Drei bis vier Tage lebte ich nur von flüssiger Nahrung, und mein Hunger war so gewaltig, daß ich am liebsten meine Bettlaken gekaut hätte. Schließlich wandte ich mich an Big Buster, einen Farbigen, der in der Spitalküche arbeitete, und er erbarmte sich meiner. Buster war Jack Johnsons Einstand-Partner gewesen; er war ein Riesenkerl und sehr gutmütig. Als er hörte, in was für einer Klemme ich stak, machte er mir ein Dreidecker-Sandwich, nur zwei Stockwerke kleiner als das Empire State-Building, mit Hühnchen und Speck und allem Zubehör und schmuggelte es mir unter einem Tuch in einer Eispfanne zu. Meine Kiefer schnappten so schnell zu, daß ich beinahe die Pfanne mitaß.

Eine Stunde später wurde ich in den Operationssaal gerollt. Dem Oberarzt muß an jenem Tage der Kopf gejuckt haben.

ALS ich die Augen aufschlug, standen der Arzt und mehrere Schwestern um mein Bett, die wie Leichenbitter aussahen. Ich lag hinter einem weißen Schirm, abgetrennt vom übrigen Krankensaal. Sooft ich diesen Schirm gesehen hatte, bedeutete es, daß ein armer Teufel abkratzen wollte. Donnerwetter, dachte ich, ich habe die Leute wirklich zum Narren gehalten; ich sollte ihnen lieber sagen, daß ich nicht im Sterben liege. «Nehmen Sie den Schirm weg, Herr Doktor», bat ich, «denn wenn Sie hier herumstehen wollen, bis ich nicht mehr atme, müssen Sie lange warten.» Der Arzt lächelte und befahl, den Schirm zu entfernen.

Eine Schwester blieb bei mir; sie hielt mir eine eingebuchtete Schüssel unters Kinn. Ich schaute hin und sah dicke Blutklumpen in der Schüssel. Mein Mund fühlte sich an, als wäre er mit Firnis bestrichen. «Wasser», flehte ich.

Die Schwester war anderer Meinung. «Nein, Eis», sagte sie.

Ich lutschte an einigen Eisstückchen; dann fühlte ich stechende Leibschmerzen und begann zu stöhnen. Die Schwester wollte mich von meinem Elend ablenken und hielt meinen Wurmfortsatz in die Höhe. Sie zeigte mir einen Kirschkern auf der einen Seite und ein paar andere interessante Einzelheiten; aber ich hatte keine Lust auf wissenschaftliche Belehrung.

Sieben Tage war ich sterbenskrank. Bei einem Gespräch mit dem Arzt fand ich heraus, was meine innere Blutung verursacht hatte, und er erzählte mir, wie nahe ich daran gewesen war, ans Himmelstor zu klopfen. Das dickbelegte Brot war in meinem Magen zusammengebacken wie ein Zementblock, und es schien fast, als wollte das Hühnchen ewig in meinem Bauch braten.

Am neunten Tage wurden die Fäden herausgenommen, und ich fühlte mich wieder halb lebendig. Meine Eltern besuchten mich im Spital und sagten mir, sie hätten das Geld nicht, mich loszueisen, und meine reichen Onkel wollten nicht einspringen, weil sie fanden, etwas Disziplin würde mir gut tun. Diese Verwandten sparten entschieden viel Geld, indem sie mir all die Disziplin auf Staatskosten verfüttern ließen. Meine Mutter weinte bitterlich, als sie mich so dünn und schwach im Bett liegen sah. «Mama», flüsterte ich ihr ins Ohr, «du darfst dir keine falschen Gedanken machen; in Wirklichkeit bin ich kerngesund. Ich simulierte nur, um ins Spital zu kommen, weil es hier gutes Essen gibt.» Es war ihr viel wohler zumute, als sie ging; aber diesmal wurde ich nicht wegen tapferen Verhaltens begnadigt. In der Musikdose war man aus härterem Holz geschnitzt.

Jeden Nachmittag scharten sich die Schwestern um mein

Bett und baten mich, ihnen Blues vorzusingen. Ich war die große Nummer in dem Krankensaal, und stets bekam ich für meinen Gesang einen besonderen Leckerbissen. Vor allem wollten sie den «Hesitation Blues» immer wieder hören, den ich mit echtem Gefühl sang:

Oh, ashes to ashes and dust to dust,
If the whisky don't get you then the women must.
Oh tell me how long, how long must I wait,
Oh can I get it now, or must I hesitate.
You're playin' in my orchard, now don't you see,
If you don't like my peaches stop shakin' my tree.
Oh tell me how long, etc.

Oh, Asche zu Asche und Staub zu Staub,
Wenn's der Whisky nicht ist, werden die Frauen dich kriegen.
Ach, sag mir, wie lange, wie lange muß ich noch warten,
Ach, kann ich gleich anfangen, oder muß ich zögern?
Siehst du nicht, daß du in meinem Obstgarten spielst?
Magst du meine Pfirsiche nicht, dann schüttle nicht meinen Baum.
Ach, sag mir, wie lange…usw.

Es war mir ernst mit dem, was ich da sang. Den ganzen Tag machten sich die Mädchen bei mir zu schaffen, rieben mich mit dem Schwamm ab und brachten mein Bett in Ordnung, bis mein Baum so sehr geschüttelt war, daß alle Pfirsiche abfallen wollten. Nie war man früher so viel in meinem Obstgarten herumgetrampelt.

Alles verlief gut, bis ich eines Tages etwas vernahm, das mir an die Nieren ging: In ein paar Tagen sollte ich ins richtige Gefängnis zurückkehren. Offenbar genas ich allzu prächtig.

Vorhang. Es wäre wohl übertrieben gewesen, wenn ich ihnen hätte weismachen wollen, mir wäre ein neuer Wurmfortsatz gewachsen. In meinem Kopf arbeitete es unter Hochdruck. Dann fiel mir ein, daß es hinten im Spital einen Tb-Saal gab. Auf Tuberkulose verstand ich mich, da ich einmal wegen einer Brustfellentzündung im Sanatorium gewesen war, und ich hatte immer noch Geräusche, die mir jetzt gerade recht kamen. Über Nacht stellten sich bei mir ein bellender Husten und Schmerzen in der linken Lunge ein. Ich schmeckte schon die fetten Beefsteaks, Milch, Butter, Eier und das frische Obst, an denen sich die Patienten in der Tb-Abteilung gütlich taten. Ich hustete immer hohler, wobei mir das Wasser im Munde zusammenlief.

Ich hatte mich mit einem farbigen Wärter angefreundet, der immer mit mir zusammen sang. Mit diesem Mann verbündete ich mich nun. Er sollte mir das Sputum eines Lungenkranken heimlich bringen. Er grinste mich breit und verständnisinnig an und erklärte sich einverstanden.

Als der Internist am folgenden Nachmittag die Runde machte, keuchte und hustete ich und klagte über die stechenden Schmerzen in meiner linken Lunge. Er ordnete eine Untersuchung von Sputum und Urin an. Der heimliche Umtausch gelang, und es dauerte nicht lange, so stand der gesamte Ärztestab um mein Bett und klopfte mir wie eine Spechtschar die Brust ab. Das Ergebnis war positiv, und ich wurde als Tuberkulose-Patient erklärt. Die Ziegelsteine sollten mir nicht den Rücken brechen – statt dessen kam ich zu meinem guten Beefsteak.

MEINE sechs Monate verstrichen, und dann wurde ich freigelassen. Ich ging durch das Tor, warf einen letzten Blick auf die Seufzerbrücke, die über den Kanal zu der Musikdose führte, und bestieg eine Straßenbahn. Nachdem ich so lange in einer Welt gelebt hatte, wo alles grau in grau war, wurde mir ganz schwindlig beim Anblick all der bunten Reklameschilder in der Straßenbahn und der Zivilkleider ringsum. Das plötzliche Halten und Anfahren, das laute Geklingel, der helle Sonnenschein und die vorbeiflitzenden Autos, all das verwirrte mich.

Ich war gespannt, was meiner harrte, und ein wenig unsicher. Es gab viele Dinge, mit denen ich neu anknüpfen mußte.

Was als nächstes tun?

VIERTES KAPITEL

Weg mit dem Spielzeug!

MAN halte mich nicht für einen Prahler, aber eine Weile ging es mir so gut, daß ich fast einen Güterwagen gebraucht hätte, um all mein Gold zu befördern. Im «Corner» war ich Leiter des Billardsaales geworden, und beim Glücksspiel heimste ich mindestens zwei blaue Lappen in der Woche ein. Politiker von kleinem Format kamen manchmal und verehrten mir dicke Zigarren, und einmal beehrte mich sogar ein Polizist mit dem Titel «Herr».

Da ich nun etwas vorzuweisen hatte und zweimal im Kittchen gesessen hatte, brachten mir meine Kameraden etwas mehr Achtung entgegen. Sooft ich konnte, fuhr ich abends mit ihnen ins Negerviertel. Allmählich ging mir auf, daß alles Böse, das mir begegnete, von engstirnigen Weißen kam, die sowohl die Neger als auch mich haßten, wohingegen mir die guten Dinge des Lebens von den Schwarzen gegeben wurden. Ein Lied oder ein Lächeln, ein belegtes Brot oder eine Sputumschale, es genügte, daß ich Lust darauf hatte, und schon erhielt ich es von ihnen, als ob ich Aladin mit der Wunderlampe wäre. Mir war stets wohl zumute, wenn ich unter ihnen weilte.

Wir fingen oft mit dem «Pekin Inn» an, einem Lokal an der 28. Straße, wo sich die Zuhälter und Geldgeber breitmachten. Zwei Detektive waren hier getötet worden, und man hatte das Lokal schon zweimal geschlossen, so daß meine Kameraden zuerst ungern hingingen, vor allem nach dem Rassenaufruhr. Nach diesem unerklärten Krieg waren die Gemüter immer noch erregt, und das Südviertel eignete sich nicht gerade als Tummelplatz für Weiße.

Wer aber tauchte eines schönen Abends als Portier im «Pekin Inn» auf? Kein anderer als Big Buster, der Schwarze, der mir in der Musikdose das belegte Brot zugesteckt hatte.

Er stand vor der Türe, die Menge um einen Kopf überragend, lächelte freundlich und schielte mit einem Auge wachsam nach Polizisten und üblen Kunden. Alles war in Ordnung, wenn Buster auf dem Plane war; sogar die Taxichauffeure, die sich überall in der Stadt in einem Taxikrieg befehdeten [dabei war auch Bow Gistensohn umgekommen], wurden sehr höflich und tippten an ihre Mütze, wenn sie an Buster vorbeifuhren. Meine Kameraden verloren alle Angst, als sie sahen, wie gut ich mit diesem wackeren Manne stand, der sich von niemand einschüchtern ließ, und dessen Herz so fest war wie seine Muskeln.

Im «Pekin Inn» trat Tony Jackson auf, ein NewOrleans-Musiker, einer der größten Bluespianisten, die jemals einen Klimperkasten behämmerten. Tony hatte ein natürliches musikalisches Gefühl, wie ich es selten in gleichem Maße erlebt habe, und er schrieb einen Schlager mit dem Titel «Pretty Little Baby», der mich hell begeisterte.

Eins seiner Lieblingsstücke, von dem das Publikum nie genug bekam, lautete folgendermaßen:

Keep a-knockin' but you can't come in,
I hear you knockin' but you can't come in,
I got an all-night trick agin,
So keep a-knockin' but you can't come in.
Keep a-knockin' but you can't come in,
I'm busy grindin' so you can't come in,
If you love me you'll come back agin,
Or come back tomorrow at half-past-ten.

Klopf nur weiter, doch du kannst hier nicht herein,
Ich hör' dich klopfen, laß' dich aber nicht herein;
Ich bin heut die ganze Nacht besetzt,
Also klopf nur weiter, doch du kommst hier nicht herein.
Klopf nur weiter, doch du kannst hier nicht herein,
Viel hab' ich zu tun, drum laß' ich dich nicht ein;
Liebst du mich, so wirst du ohne Murren gehn
Und morgen abend wiederkommen um halb zehn.

Dieser Schlager ist ein glänzendes Beispiel, was aus dem Blues wurde, wenn die Neger von Galeeren- und Fabrikarbeit frei wurden und in große Städte wie New Orleans, Charleston, Memphis und Chikago kamen. Sie sahen sich beim Abschaum der Menschheit, auf gleicher Ebene mit Huren und Zuhältern, die weniger Vorurteile, falsche Moral und intellektuellen Ehrgeiz hatten. Ausserdem geschah es oft, daß ein Mann, der in die Stadt zog, nichts zu essen fand, wenn seine Frau nicht aus andern Männern Geld schlug. Aber diese Leute wurden deswegen nicht böse; jedenfalls waren sie eine halbe Stufe über der Galeere, und sie nahmen es philosophisch; manch einer liebte seine Frau weiter und lag vor ihrer Tür, bis sie ihn einlassen konnte, und sie erfanden viele schlichte, eindeutige Lieder, die sogar eine leichte Ironie über ihr Unglück enthielten.

Lieder wie diejenigen von Tony Jackson zeigen das künstlerische Verständnis der Neger für reale Ausdrucksweise und ihr sauberes Verhältnis zum Sexuellen, wohingegen sämtliche Hurenlieder der Weißen eine Neigung zum Vulgären haben und obszön klingen. Diese Blues aus dem Süden lehrten mich etwas: Nimmt man einem guten Menschen ein wenig von seiner Last ab, so hüpft in seinem Lied die Freude auf. Ein guter Mensch läßt sich nicht klein kriegen. Ja, manche dieser Lieder wurden im Norden sogar zu zarten Liebesballaden.

Wenn Joe «King» Oliver im «Dreamland» fertig war, spielte er mit dem gleichen Orchester, der «New Orleans Creole Jazz Band», im «Pekin Inn». Joe blies selbst Trompete, Johnny Dodds Klarinette, Honoré Dutrey Posaune; Ed Garland war der Bassist, Minor Hall der Schlagzeuger, und am Klavier saß Lil Hardin [später Lil Armstrong, die Frau von Louis Armstrong].

Dieses Orchester klang ganz anders als das von Lawrence Dewey. Joe holte aus seiner Trompete einfache, gerade Melodien hervor, die wie das Gewürz zu dem Gericht eines Meisterkochs waren. Wenn Joe spielte, durfte der Solist nach Herzenslust improvisieren; aber er hatte eine Grundlage, so fest und sicher wie der Felsen von Gibraltar. Darum klang Johnny Dodds' Klarinette so wundervoll, wenn er Joe hinter sich hatte. Ob Joe mit offener oder gestopfter Trompete spielte, die Wirkung blieb sich immer gleich.

Keiner hätte kurz vor dem Refrain sein Solo besser einsetzen können als Joe, der so leicht und sicher wie ein vom Sprungbrett abspringender Taucher von einem Riff abhob. Deweys Orchester spielte Scott Joplins Arrangements, so daß ihre Musik disziplinierter und genau nach Noten war, weniger gemeinsam improvisiert; Joes Leute hingegen holten sich Töne und Melodien aus dem eigenen Kopf und erfanden immerzu. Joes freier Stil befeuerte Clarence Williams, den «Royal Garden Blues» zu schreiben.

Im «Pekin Inn» sah ich Clarence wieder, und als ich ihm erzählte, wo ich während des Aufruhrs gewesen war, nahm er mich in sein Musikgeschäft mit, um mir etwas zu zeigen. An der Außenmauer war ein großer Fettfleck, wo sein Kopf immer ruhte, wenn er an der Sonne saß, und dieser Fleck war von Kugellöchern gespickt.

«Ich war damals in New Orleans», sagte mir Clarence. «Scheint so, als ob der Herr mich behüten wollte und mich deshalb wegschickte, Milton. Hätte ich hier gesessen, so weißt du ja, was mit mir geschehen wäre.»

Eines Morgens hörte Joe Oliver im «Pekin Inn» um fünf Uhr auf und nahm mich zum Frühstück mit. Er führte mich in eine Bäckerei, wo er drei große warme Brotlaibe kaufte, und dann in ein chinesisches Restaurant. Hier bestellte er nichts weiter als eine riesige Kanne Tee für fünfundzwanzig Cent. Er wurde ganz nervös und blickte sich suchend um. Die Kellner schienen ihm auszuweichen. Schließlich stellte Joe den Geschäftsinhaber persönlich und sagte: «Was ist denn los? Bringen Sie mir den Zucker!»

Ich begriff sogleich, warum aller Zucker verschwand, wenn Joe in dem Lokal auftauchte. Sowie die Zuckerdose auf dem Tisch stand, zerbrach er den einen Brotlaib, stopfte allen Zucker hinein, aß ihn wie ein Sandwich und spülte die Bissen mit dem Tee hinunter. Er verzehrte zwei bis drei Brotlaibe in einem Niedersitzen; dazu leerte er ebensoviele Zuckerdosen. «Junge, das nenne ich mir eine rechte Mahlzeit», sagte er. «Meine Mutter machte mir immer Zuckerbrote, als ich ein Kind war.» Vermutlich hat Clarence Williams ihn einmal bei einer Auseinandersetzung mit dem Chinesen gesehen und so den Einfall für seinen «Sugar Blues» gehabt.

Ich gehörte zur Stammkundschaft im «Pekin Inn» und vielen anderen Lokalen im Südviertel – «Elite», «Dreamland», «Entertainer's Café» und «Lorraine Gardens», wo Jimmy Noone Klarinette spielte mit Freddie Keppard, Jimmy Bertrand und Tony Jackson. Nachdem ich mich mit Jimmy Noone, Sidney Bechet, Joe Oliver und Clarence Williams befreundet hatte, begann ich mich im Südviertel ganz daheim zu fühlen. Wenn ich mit Big Buster draußen vor dem «Pekin Inn» diskutierte und er mir in freundschaftlicher Weise den Arm um die Schultern legte, schwoll mir die Brust so sehr, daß es mir fast den Rock sprengte. Sooft ich die Straße entlang schlenderte, wurde mir zugelacht, und von allen Seiten winkte man mir zu, so daß ich das Gefühl hatte, der Häuptling des Stammes zu sein. Damals lebte ich wirklich.

MAN könnte meinen, ich hätte eine besondere Begabung, zur unrechten Zeit am unrechten Ort zu sein. Eines Tages stieg ich im Italienerviertel die Hintertreppe eines Hauses hinauf, um einen Freund zu besuchen, und da hörte ich draußen im Hof Schüsse knallen. Ein Mann wollte über den Zaun klettern; ein Polizist verfolgte ihn und schoß in die Luft. Als mich der Polizist oben auf der Loggia sah, richtete er die Waffe auf mich und rief: «Heda, komm herunter!» Zusammen mit dem Flüchtling wurde ich zum Polizei-Amt abgeschleppt und ins Bezirksgefängnis geworfen. Man hatte unter der Treppe jenes Hauses eine Kiste gestohlene Seidenstoffe gefunden, und ich wurde aus Verdachtsgründen zwei Wochen in Untersuchungshaft gehalten.

Wenn wir aus den Zellen gelassen wurden, um im Hof spazieren zu gehen, brachte ich ein Quartett zusammen, und wir sangen «Down Among the Sheltering Palms» und «Back Home Again in Indiana». Wir hatten zum Takthalten etwas Besseres als ein Metronom – das Gehämmer in einem Winkel des Hofes, wo Schreiner einen Galgen zimmerten, an dem Smiling Jack O'Brien gehängt werden sollte, ich glaube, wegen irgendeines berühmten Mordes. Als wir am Abend in unseren Zellen eingesperrt waren, wurde die Falltür mit Sandsäcken erprobt. Sooft der Knall der Falltür im Gefängnis widerhallte, gab es mir einen Ruck im Hals, und mein Atem ging mühsam. In den Zellen war es ganz still. Niemand räusperte sich auch nur, aus Furcht, den Frieden zu stören.

Eines Abends wurden wir auf die andere Seite des Zellenflügels gebracht und frühzeitig eingesperrt. Etwas später kam Smiling Jack durch die Türe zwischen den Flügeln; er legte diesen letzten Kilometer zurück, als ob er einen Spaziergang im Park machte. Ich stellte mir einen Spiegel so auf, daß ich den Galgen sehen konnte. Neben Jack schritt ein Priester; aber Jack beachtete ihn nicht – er sang immerzu «Dear Old Girl» mit hohem Falsettentenor, und als er nahe beim Galgen war, zündete er sich eine Zigarette an und steckte sie sich zwischen die Lippen. Er lächelte die ganze Zeit.

Nachdem der Priester ein Gebet gemurmelt hatte, wurde Jack die schwarze Kapuze über den Kopf gezogen, und man führte ihn zu der Falltür hinauf. Dann wurde die Falle mit einem Knall, den ich bis in die Zehen wahrnahm, gelöst, und Jack baumelte dort. Nun brach die Hölle im Gefängnis los; Blechtassen rasselten an den Gittern; Wärter liefen durch die Gänge und drohten, die Feuerwehrschläuche auf uns loszulassen.

Man fand nichts gegen mich vorliegen; also wurde ich einige Tage später freigesprochen und durfte gehen. Aber diese Szene blieb mir haften. Seither habe ich nie mehr «Dear Old Girl» gespielt, ohne an Smiling Jack O'Brien zu denken;

ich höre dann die Falltür auf knallen und sehe seine Beine bau-
meln, zuerst etwas zuckend, dann ganz plötzlich bewegungs-
los, während seine Schuhe wie zwei müde Krähen leicht im
Raum schaukeln.

DIE meisten berühmten und auf kommenden Kabarettisten
jener Zeit – Ted Lewis, Sophie Tucker, Benny Davis, Eddie
Cantor, Dolly Kaye, Al Jolson [den man sogar mit der Bezeichnung «Jazzsänger» ehrte] – waren Juden, und es herrschte
das Gefühl, wir sollten alle zusammenhalten und den großen
Namen «unserer» Rasse keine Unehre machen. Ich hatte für
dieses Geschwätz nicht viel übrig; daß ich Jude war, besagte
mir gar nichts. Im Billardsaal verteidigte ich diejenigen, die
ich als meine wahren Brüder betrachtete, die farbigen Musiker, deren Musik mich in Trance versetzte, nicht etwa die
abgeklapperten Stümper, die nur zum Broterwerb sangen
und spielten. Ich konnte mich nie mit dem falschen Gedanken,
daß eine Rasse – wenn wir überhaupt eine «Rasse» sind – zusammenhalten muß, einerlei, ob es gegen Gut oder Böse
geht.

Joe Oliver und Freddie Keppard lehrten mich die Liebe
zur Trompete; aber mein Instrument war das nicht. Die Melodien, die mir fortwährend im Kopfe sangen, ertönten aus
Sidney Bechets Sopransaxophon und Klarinette sowie aus
den Klarinetten von Jimmy Noone und Johnny Dodds. Aber
ganz plötzlich kam Murph Steinberg nach seiner Tournee
wieder in die Stadt und warf mich um. Murph war jetzt Berufsmusiker, und er kannte sich aus. Als er mir sagte, daß ich
mit dem Sopran niemals Arbeit finden könne, tauschte ich
es also gegen ein Tenorsxophon ein. Darauf blies ich, bis mir
die Lungen weh taten, und ich hatte das Gefühl, der Blues-
und Jazzsprache näher zu kommen. An einem solchen Abend
kam mein alter Herr von der Arbeit heim, und ich ergriff
mein Instrument, um mich ein bißchen zu brüsten, während
er sein Abendbrot aß; aber er rief: «Hör auf, so laut zu blasen!
Das klingt ja wie ein Nebelhorn!» Er litt an diesem Tage an

Kopfschmerzen, und die Töne mußten sein Trommelfell wie ein Stoßhammer getroffen haben. Das tötete meine Liebe zum Tenorsaxophon; denn da Papa so viel von Musik verstand, nahm ich an, ich hätte mich geirrt. Ich verkaufte das Tenorsaxophon, bevor ich noch «Come to Jesus» darauf spielen konnte.

Eines Abends stürzte Murph in den Billardsaal und sagte atemlos zu mir: «Los, komm mit mir. Wir müssen zu einem, der wirklich Klarinette spielen kann.»

Wir stiegen in Harry Shapiros Taxi und fuhren nach dem Bahnhof an der La Salle-Straße, um Leon Rappolo die Schlüssel zur Stadt zu bringen.

Rapp war ein kleiner, zappliger Italiener mit vorstehenden Augen und kugeligem Kopf. Man stelle sich seine Aufmachung vor: ein großkarierter Anzug, dessen Beinkleider fast bis zu den Schuhspitzen reichten und so eng saßen, daß er sich mit einem Schuhlöffel hineingearbeitet haben mußte; schwarze Lackschuhe mit Stoffoberteil und Perlknöpfen; weiße Seidenstrümpfe, schwarze Melone und gelber Spazierstock. Er war so elegant, daß Lucius Beebe neben ihm wie ein Kartoffelsack ausgesehen hätte.

Harry Shapiro war ganz wild auf Musiker; also fuhren wir schnurstracks zu seiner Behausung. Wir weckten seine Angehörigen um halb zwei Uhr nachts; aber das waren lauter Gleichgesinnte, die Musik liebten; folglich standen sie auf und nahmen an der Gesellschaft teil. Murph holte seine Trompete hervor, Rapp steckte seine Klarinette zusammen, Frank Snyder stellte sein Schlagzeug auf; ich faßte mir ein Herz und setzte mich ans Klavier – und nun aufgepaßt! «Royal Garden» begann zu erklingen. Rapp erwies sich ganz auf der Höhe; er war der erste, bei dem die Klarinette ähnlich tönte wie bei Bechet. Er krümmte sich beim Spielen ganz zusammen, wobei sein Instrument tatsächlich den Boden berührte, damit er sich selbst besser hören konnte. Wahrscheinlich hatten wir den Refrain an die dreißigmal herausposaunt, ehe die Nachbarn uns die Polizei auf den Hals schickten.

Die berühmten «New Orleans Rhythm Kings» stellten gerade ihr Orchester zusammen, darunter Rapp, sowie Elmer Schobel am Klavier, und ich folgte ihnen in der ganzen Stadt herum, um ihnen bei den Proben und Aufführungen zuzuhören. Noch nie hatte ich ein weißes Orchester erlebt, das dem New Orleans-Stil so nahe kam – sie stahlen Joe Olivers Phrasen, und sie stahlen sie gut. Im «Friar's Inn», bei Wabash und Jackson, wo sie später auftraten, probten sie einen Chorus den ganzen Nachmittag, bis sie ihn richtig heraus hatten, und ich fiel beinahe um, als sie am Abend auftraten und alle Noten vergessen hatten. Außer Elmer Schobel konnte keiner von ihnen Noten lesen. Elmer gab ihnen die Noten auf dem Klavier an, und was für ein Durcheinander entstand, wenn einer dem andern die Töne stahl! Mit Rapp freundete ich mich sehr an, und da mir meine Arbeit im Billardsaal keine Möglichkeit ließ, mit ihm herumzuziehen, gab ich sie auf.

Im «Friar's Inn» nahm mich Rapp einmal in der Pause in seine Garderobe, wo er eine Zigarette mit braunem Maispapier hervorholte. Als er sie anzündete, verbreitete sich ein merkwürdiger Geruch, der mich an die in der Kindheit gerauchten Kräuterzigaretten erinnerte. Es klang fast wie Seufzen, wenn er den Rauch einzog. Nachdem er eine Lungevoll eingeatmet hatte, hielt er die Lippen geschlossen, bis er fast erstickte und husten mußte.

«Hast du schon einmal Marihuana geraucht?» fragte er. «Junge, das ist ein goldenes Kraut. Ich habe es aus New Orleans mitgebracht. Tu einen Zug, dann wird dir's wohl.»

Sowie er das sagte, kam mir der Gedanke an Rauschgift, und ich erschrak – die Arbeit in der Apotheke meines Onkels hatte mich gelehrt, daß es eine Fahrkarte zum Grabe ist, wenn man sich mit Rauschgiften einläßt. Ich antwortete ihm, daß ich überhaupt nicht rauchte, und beließ es dabei, weil ich ihn als Musiker so sehr schätzte.

Rapp nahm mich oft in seine Wohnung mit, und dort spielten wir königlich zusammen. Er rauchte Marihuana und geriet in ganz große Form, und wenn er in höchster Stimmung war, begann er auf einer alten Gitarre Blues zu spielen. Ich wickelte Toilettepapier um meinen Kamm und blies zu seiner Begleitung. Rapp faßte es kaum, daß ein Yankee den Blues wirklich begriff. Oftmals sagte er zu mir: «Menschenskind, willst du allen Ernstes behaupten, du wärest noch nie im Süden gewesen, wenn du so blasen kannst? Warum beschaffst du dir kein Instrument und hörst auf mit der Kinderei auf dem Kamm?»

Zu dieser Zeit kam sein Geburtstag heran, und ich hatte ihn so sehr ins Herz geschlossen, daß ich beschloß, ihm eine neue Gitarre zu schenken. So ging ich denn zur Maxwell-Straße im jüdischen Viertel, um mich in den Altwarenläden umzuschauen. Ich kam zu einem Geschäft, wo ein alter Jude mit langem Bart vor der Türe stand, und dort hörte ich etwas, das mir den Atem verschlug. Auf der Straße war ein altes Grammophon aufgestellt, das gerade Blind Lemon Jeffersons «Black Snake Moan» abschnurrte, und der alte Jude schüttelte traurig den Kopf, als ob er die böse schwarze Schlange persönlich kennengelernt hätte:

Oh-oh, some black snake's been
Suckin' my rider's tongue.

Oh, oh, eine schwarze Schlange hat
Meinen Reitersmann in die Zunge gebissen.

Ich kaufte die Platte auf der Stelle; dann fand ich für Rapp eine schöne Gitarre, die nur acht Dollar kostete. Am folgenden Tage gingen Rapp und ich zum Lincoln-Park, wo wir ein Ruderboot mieteten. Rapp rauchte seine Marihuana-Zigarette, während er auf der neuen Gitarre spielte, und ich blies auf meinem Kamm. Wir hatten es wirklich schön an jenem Tage, wie wir da in der Sonne herumruderten und «Black Snake Moan» und viele andere Blues spielten. Marihuana macht einem einen Wolfshunger, und Rapp leerte ungefähr zehn Biskuitpakete, wobei er so schnell futterte, daß er beinahe die Etiketten mitverzehrte.

Was aus Rapp wurde, ist eine traurige Geschichte. Zwei

bis drei Jahre später wurde er von Paralyse ergriffen, und alle Salvarsan-Einspritzungen der Welt konnten ihn nicht mehr heilen. Er wurde schließlich geisteskrank und mußte versorgt werden. Der arme Rapp. Er war aus tiefster Seele Musiker.

DURCH das Herumziehen mit Rapp und den «Rhythm Kings» wurde mir vieles klar. Ich lernte daraus, daß jeder Weiße, wenn er geradlinig dachte und angestrengt arbeitete, mit den Negern singen, tanzen und spielen konnte. Man brauchte nicht die schönste, originellste und ehrlichste Musik zu verpfuschen, nur weil man ein Weißer war; man konnte die Sendung der Farbigen übernehmen und wie Rapp darin eindringen. Nach einer Session mit den «Rhythm Kings» war mir immer wohl zumute, und mein Tenorsaxophon begann mir zu fehlen.

Ja, es hatte mich gepackt. Wie um allem die Krone aufzusetzen, hörte ich eines Tages auf dem Madison-Square etwas, das mich meinen Ohren nicht trauen ließ. Bessie Smith sang in einem Musikgeschäft auf einer Platte den «Downhearted Blues». Ich flog hinein und kaufte jede vorhandene Platte der Mutter des Blues – «Cemetery Blues», «Bleedin' Hearted» und «Midnight Blues» –, dann lief ich nach Hause und hörte sie stundenlang an. Bessie Smiths traurige Texte versetzten mich in Trance, und die harmonischen Melodien des begleitenden Klaviers bewirkten, daß mir die kleinen Läufe wie Mäuse über den Rücken liefen. Jeder klagende Ton dieser Frau vibrierte an den gespannten Saiten meines Nervensystems; jedes Wort, das sie sang, beantwortete eine von mir gestellte Frage. Man konnte mich von dem Grammophon nicht wegbringen, nicht einmal zum Essen.

Was mich bei diesen Platten am meisten ergriff, das war das Schleppen und Aufteilen der Worte, die sich der Melodie ganz anpaßten, die Art, wie der Text für die Musik gesetzt war. Ich wollte ihn aufschreiben, weil ich dachte, nur so könnte man Bessies einzigartige Phrasierung erfassen. Das mußte ich tun; hinter dem Genie dieser Frau stak ein Geheimnis, das ich enträtseln wollte. Immerzu mußte ich die Platte anhalten, um beim Nachschreiben des Textes mitzukommen. Da gab mir mein Vater den Rat, meine Schwester Helen zu bitten, sie möchte den Text in Stenographie aufnehmen. Sie arbeitete als Sekretärin, und er meinte, für sie würde es ein Kinderspiel sein.

Wenn Helen aus meiner schönsten Platte Mus gemacht oder mein altes Saxophon als Abfalleimer benutzt hätte, wäre ich nicht in größere Wut geraten als an jenem Tage. Sie war in echter Sekretärinnenstimmung, und so «verbesserte» sie immerzu Bessies Grammatik und brachte ihre Worte in «gutes» Englisch, bis sie wie die geschraubte Sprache eines Lehrbuchs klangen, anstatt wie die mundgerechte, natürliche Sprache des Blues. Ausdrücke, die sie zu jeder Stunde des Tages hören konnte, fanden bei ihr keine Gnade. Noch heute habe ich ihr nicht verziehen, wie sie der unsterblichen Bessie Smith ihre gestelzte Hochschulsprache in den Mund legte.

Bei einer Probe der «Rhythm Kings» kam mir eines Nachmittags ein Gedankenblitz, als ich auf Jack Pettis' Saxophon ein paar Töne übte. Der Kopf summte mir dabei. Ich mußte mich irgendwie frei machen, mußte der freudlosen, durchgeistigten Welt meiner Schwester ein für allemal den Rücken kehren und in Bessie Smiths Welt mit Leib und Seele übersiedeln. Es juckte meine Finger nach einem Saxophon, um mit meinen wahren Freunden für den Rest meines Lebens blasen zu können. Ich war so aufgedreht, daß ich nicht stillzusitzen vermochte; jeder Nerv meines Körpers hatte den Veitstanz. Jetzt oder nie – lautete das Motto.

Schließlich lief ich heim, ohne recht zu wissen, was ich vorhatte. Ich schlich ins Haus und stibitzte den Sealmantel meiner Schwester aus dem Schrank. Diesen Mantel verkaufte ich für hundertfünfzig Dollar, und für das Geld erstand ich mir bei der «Conn Music Company» ein Altsaxophon. Dann atmete ich freier. Meine Schwester hatte ihr damenhaftes Getue gebüßt und mich auf einen Weg gebracht, wo Tag und Nacht natürlich gesprochen wurde.

Die «Rhythm Kings» übten den ganzen Nachmittag, und Rapp ließ mich mitmachen und mein funkelnagelneues Saxophon erproben. Jeder Ton, den ich an jenem Nachmittag blies, war eine Kampfansage an meine Schwester und ihre Bücherweisheit. Natürlich konnte ich hernach nicht heimgehen; also bezog ich ein Zimmer gegenüber dem Billardsaal. Seither bin ich nicht mehr heimgegangen.

Ich mochte nicht mehr im Billardsaal arbeiten, weil ich die Abende brauchte, um zu üben und mit Rapp zusammen zu sein. Dann lief ich eines schönen Tages Mottel Rovech in die Arme, einem alten Freund meiner Familie, und er fragte mich, ob ich Lust hätte, in seiner Grammophonplatten-Fabrik zu arbeiten, der «Linerphone Talking Machine Company» an der Union-Straße. Ich sagte auf der Stelle zu, und am nächsten Tage war ich Fabrikdirektor. Mottel war ein wandelndes Hauptbuch – er leitete eine Millionenfirma aus der Tasche; denn er führte auf kleinen Karten in jiddischer Sprache Buch und trug die Karten immer mit sich herum. Zunächst verbesserte ich sein Buchführungssystem und widmete mich dem geschäftlichen Teil; doch dann gewann die Musik Macht über mich, und ich trieb Allotria in der Fabrik. Ich brachte mein Saxophon zum Klingen und übte den ganzen Tag im Büro Blues, während alle Arbeiter ihre Werkbänke verließen und mir zuhörten. Ich glaube, dies war das erstemal in der Geschichte, daß eine Zuhörerschaft gesetzlich festgesetzte Löhne erhielt, während sie einem Jazzkonzert lauschte. Schließlich fanden Mottel und ich, daß es besser wäre, wenn ich zu Hause übte, und so war es Schluß mit meiner Anstellung.

Das war, abgesehen von den Perioden, in denen ich mit Marihuana handelte, meine letzte außermusikalische Tätigkeit. Als Murph sah, daß ich auf dem Trockenen saß, riet er mir, zu einem Agenten zu gehen, und als ich dann völlig benommen die Agentur verließ, war ich Berufsmusiker mit eigener Kapelle. Meine Aufgabe bestand darin, eine Vierergruppe unter meinem Namen zusammenzustellen [«Milton

Mezzrow and His Perculatin' Fools» hieß das Orchester] und in einem Kabarett auf der Bühne zu spielen. Unser Programm umfaßte drei Nummern, «Royal Garden», «Jelly Roll» und «Panama», die wir von den «Rhythm Kings» übernahmen. Das Engagement dauerte drei Wochen, und während der ganzen Zeit kam ich nicht zur Ruhe.

Dann machte mir ein Banjospieler namens Fuzzy Greenfield das Angebot, für fünfunddreißig Dollar in der Woche, «gute Trinkgelder», Kost und Logis in einem Hotel zu spielen. Die Sache hatte jedoch einen Haken. Ich mußte erst der Genossenschaft beitreten, und das kostete schnöden Mammon. Ich suchte meine Spielerfreunde im «Corner» auf und trug ihnen meinen Fall vor, worauf sie schnurstracks den Beitrag hervorholten und mich einem guten Freund ans Herz legten, der dem Prüfungsausschuß angehörte. Ich beantwortete einige Fragen, unterzeichnete ein paar Papiere, und dann war ich wahrhaftig Mitglied.

An diesem Tage war ich ganz aus dem Häuschen. Da stand es schwarz auf weiß, daß Milton Mezzrow Mitglied der zehnten Sektion der Genossenschaft der Musiker von Chikago war, angeschlossen der Amerikanischen Arbeitsgewerkschaft. Das Datum war der 11. Dezember 1923. Das ist mein Geburtstag, Freundchen; das ist der Tag, an dem die gute Fee mir ein silbernes Saxophon in die Wiege legte, nachdem ich vierundzwanzig Jahre lang von der Glücksgöttin herumgestoßen worden war.

Jawohl, an jenem Tage kam ich mit einem gesiegelten und gestempelten Geburtsschein zur Welt; dank der Amerikanischen Arbeitsgewerkschaft hatte ich es endlich geschafft: Ich war nun Musiker.

ZWEITER TEIL

CHIKAGO, CHIKAGO

1923–1928

Chicago, Chicago,
That toddlin' town, toddlin' town,
Chicago, Chicago,
I'll show you around...

[Chicago]

Chikago, Chikago,
Tänzelnde, hüpfende Stadt,
Chikago, Chikago,
Ich zeige sie dir...

FÜNFTES KAPITEL

Man fand die Leiche in einem Graben

BURNHAM ist eine kleine Stadt an der Grenze von Illinois,
nicht weit von Hammond im Staate Indiana, einen Katzen-
sprung von Chikago entfernt. Wenn die Behörde jemals darauf aus gewesen wäre, hätte sie hier mehr Freudenmädchen
pro Quadratmeter gefunden als in irgendeiner Stadt der guten alten Vereinigten Staaten. Ferienreisende kannten den Ort
besser als die Niagara-Fälle, und aus allen Staaten strömten
die Besucher herbei, um zwischen zwei Zügen ein kleines
Vergnügen einzuschalten.

Das eigentliche Geschäftszentrum von Burnham bildeten
diese Vergnügungsstätten – an diesem Ort waren Geschäft
und Vergnügen wahre Verbündete –, und zwei Schritte vom
«Arrowhead Inn» spielten wir. Die Mädchen, die um acht
Uhr morgens und vier Uhr nachmittags Schichtwechsel hatten, besuchten zur Zerstreuung das Kabarett. Ich pflegte mit
meinem Saxophon von Tisch zu Tisch zu gehen und auf Verlangen bestimmte Nummern zu spielen, während eine Chansonnette sang. Nie in meinem Leben sah ich weibliche Wesen,
die ihre Tränenschleusen so schnell öffnen konnten, wenn wir
ihre Lieblingsrührstücke spielten – Lieder wie «Ace in the
Hole», «My Gal Sal» und «Melancholy Baby». Ein Mädchen
bat immer um «Kiss Me Again» und begann zu weinen wie
ein berufsmäßiges Klageweib, sooft sie das Lied hörte. Alle
brachen in Tränen aus, wenn sie den Text von «The Curse of
an Aching Heart» vernahmen:

> You made me what I am today,
> I hope you're satisfied,
> You dragged and dragged me down
> Until my soul within me died.
> You shattered each and every dream,
> You fooled me from the start,

And though you're not true
May God bless you,
That's the curse of an aching heart.
  Durch dich bin ich so geworden,
Hoffentlich freut es dich.
Durch dich bin ich so tief gesunken,
Bis meine Seele gestorben.
Alle Träume hast du mir zerschlagen,
Mich betrogen, belogen mit Scherzen,
Aber trotz deinem bösen Gemüt –
Daß Gott dich behüt –
Das ist der Fluch des leidenden Herzens.

Zum Teil gehörte der «Arrowhead», wie überhaupt die halbe Stadt, Al Capones Syndikat; aber es gab noch einen Teilhaber, der dort mit seiner Frau wohnte, ein großer, dunkler, gutgewachsener Mann namens Frank Hitchcock, der einen großzügigen Eindruck machte. Anfangs waren wir eine einzige glückliche Familie, die Musiker, die Sängerinnen und die Hitchcocks, und jeder hatte oben sein eigenes Zimmer oder eine kleine Wohnung.

Die Pianistin war eine alte Jungfer von ungefähr fünfundvierzig Jahren, die jedes Lied kannte, das in den letzten hundert Jahren veröffentlicht worden war, und alle erdenklichen Melodien spielen konnte, eine zickischer als die andere. Fuzzy Greenfield, ein großer, ungeschlachter Bursche mit dicker Hornbrille, handhabe das Plectrum-Banjo, ein fünfsaitiges Instrument mit langem Hals. Fuzzy hatte etwas gelernt; nie traf er daneben, und stets war er vergnügt. Ray Eisel, am Schlagzeug, war ein drahtiger Dünner, der wirklich zu schlagen verstand; er war im Negerviertel auf der Südseite aufgewachsen, wo die Trommeln eine Sprache hatten.

Ray und Fuzzy waren auf unsere naive Pianistin nicht gut zu sprechen, weil sie so hemmungslos auf die Tasten einschlug, daß die Saiten klirrten. Wir drei kamen gut miteinander aus. Schon bei der ersten Unterhaltung stellten wir fest, daß wir alle die gleiche Ansicht über den Jazz hegten, und das begründete unsere Freundschaft. Als ich ihnen meine Diskothek zeigte und das Exemplar von «Royal Garden» hervorholte, das ich von Clarence Williams persönlich erhalten hatte, stiegen meine Aktien himmelhoch. Wir übten wie besessen und gingen mit geschwellter Brust herum.

Eines Nachmittags fuhr ich nach Chikago, um mir beim Musikverlag Melrose Brothers einige Noten zu besorgen. Irgend jemand spielte in einem der Übungssäle auf eine Weise Klavier, daß ich sogleich einen Farbigen erkannte, und als ich hineinschlüpfte, sah ich mich Aug in Auge mit Jellyroll Morton, dem Komponisten vieler Jazzklassiker. Niemand spielte jemals wie er – er war lyrisch und hieb nicht drein wie manche andere; der zarte, blumenhafte Anschlag war Jellys Handelsmarke. Wir freundeten uns rasch an, und er gab mir die Orchester-Einrichtung seiner berühmten Kompositionen «King Porter Stomp» und «Wolverine». Als ich mit diesen Noten nach Burnham zurückkehrte, stürzten sich meine Kameraden darauf wie Mäuse auf Käse.

Wenn sich zwei Menschen kennenlernten und von bestimmten Musikern sprachen, die sie kannten, oder einander einen Schlager vorsangen, waren sie im Nu ein Herz und eine Seele. Man darf nicht vergessen, daß unsere Musik damals «Niggermusik» und «Hurenmusik» genannt wurde, und daß «anständige Leute» die Nase darüber rümpften. Jazzmusiker wurden von den sogenannten ehrbaren Bürgern von oben herab betrachtet, als ob sie häßliche Kröten wären, die etwas Übles im Schilde führten. Wir konnten uns wochenlang in einer Stadt aufhalten, ohne einen Menschen aufzutreiben, der auch nur verstand, wovon wir redeten.

Als ich Ray Eisel erzählte, daß ich die beiden großen Negerdrummer Tubby Hall und Baby Dodds kannte, machte er einen Freudensprung; denn sie hatten ihn dazu angeregt, Schlagzeug zu spielen, und waren seine Idole. Wir schlossen uns so sehr aneinander an, daß die siamesischen Zwillinge neben uns ausgesehen hätten, als ob sie auf verschiedenen Seiten einer Schlucht stünden.

Unser kleines Orchester spielte sich gut ein, zumal nachdem wir die humorlose Pianistin hinausgeekelt und Eddie Long aufgenommen hatten, einen Jungen, der einen schweren Anschlag, aber ein wunderbares Gehör hatte und herrlich transponieren konnte. Wir lernten viel in Capones Musikakademie. Die Sängerinnen schlängelten sich von Tisch zu Tisch und sangen jeweils fünfzehn bis zwanzig Refrains, meistens in falscher Tonart und ohne Noten, so daß wir sie nach Gehör unterstützen mußten und den ganzen Abend gemeinsam improvisierten.

Sehr [bald wurde ich zum Orchesterchef ernannt und mit der Aufgabe betraut, die Sängerinnen anzukurbeln. Offenbar nahm ich mein Amt sehr ernst; denn binnen einem Monat nannte man mich in dieser Akademie nur noch den «Professor».

EINES Tages jagte uns Frank Hitchcock gegen Mittag aus den Federn und führte uns ins Erdgeschoß. Dort herrschte große Aufregung, und wir wurden in den Hof gerufen, wo wir einige Männer ein großes Zirkuszelt aufrichten sahen. Ich vermutete, daß wir bei irgendeinem Fest aufspielen sollten.

Ja, Kuchen! Als wir das Zelt betraten, sahen wir Bierfässer in langen Reihen und auf der einen Seite einen großen Eisschrank. Ich begriff nichts von dieser Einrichtung, bis ein Mann namens Jack daherkam, einer von Al Capones Adjutanten. Er gab uns einen Bohrer, eine Schachtel Fleischstäbe und einige Eimer. Dann sagte er schneidig: «Einer von euch bohrt Löcher in diese Spunde und läßt aus jedem Faß Bier auslaufen, bis der Eimer drei Viertel voll ist. Dann stopft ein anderer das Loch mit einem der Stäbe zu, damit das Bier nicht mehr ausläuft.»

Das war ungefähr zu der Zeit, als Capone die Blackhawk-Brauerei in Chikago gekauft hatte; aber er konnte dort nichts Stärkeres als Bier brauen, weil die Behörde ihm auf den Fersen saß. Deshalb schaffte man diese Bierfässer zum «Arrowhead», um das Gebräu etwas zu würzen.

Nachdem wir das Bier abgezapft hatten, erschien ein anderer Mann mit einem großen Eimer, an dem eine Pumpe mit Meßapparat angebracht war. Dieser Eimer enthielt ein Gemisch von Ginger Ale und Alkohol, mit dem die Bierfässer wieder aufgefüllt wurden, zusammen mit einem guten Quantum Luft, so daß ein kräftiges Gesöff entstand. Ich schätze, daß man für ein solches Faß fünfundsiebzig Dollar einheimste.

Jack zeigte uns dann das nächste Manöver. Er war stärker als Samson nach einem Beefsteak tartare. Er stellte das Faß auf, brach den Fleischstab ab und hieb mit einem einzigen Hammerschlag einen neuen Spund hinein, wobei der alte in das Faß hineingetrieben wurde.

Allmählich lernte ich die ganze Bande kennen, auch den Gewaltigen selbst. Al trat immer in einem Kreis von Schergen auf, die dann fröhlich lärmend in einem Winkel saßen, doch stets die ganze Lage im Auge behielten. Al Capones rundes Gesicht hatte ein breites Lächeln aufgeklebt, und er war immer gutgelaunt, was mir keineswegs mißfiel.

Al Capones jüngster Bruder Mitzi, der damals achtzehn Jahre zählte, trieb sich bei uns herum, sooft er Zeit hatte. Seine Aufgabe bestand darin, die Lastwagen mit dem Bier aus Burnham hinaus zu begleiten. Er fuhr in einem kleinen Ford hinterdrein, dem niemand angesehen hätte, daß er mit Pistolen beladen war. Mitzi war schön und stromlinienförmig; er verliebte sich bis über die Ohren in die rothaarige, liebenswürdige Chansonnette Lillian, die gesetzter war als ihre Kolleginnen, eher vom Schlag der einfachen Kleinbürgerinnen. Mitzi ging durchs Feuer für sie; doch seinem großen Bruder Al gefiel die Sache ganz und gar nicht.

Al schlug Krach wegen Mitzis Liebesgeschichte, und bei dieser Gelegenheit erhielt ich den Spitznamen Professor. «Setz das Mädchen hinaus», sagte er zu mir. «Sie soll hier weg. Wenn ich noch mehr von ihr und Mitzi höre, fliegst du ebenfalls.»

Ich hätte mein Hirn untersuchen lassen müssen – ganz plötzlich bekam ich Lust auf einen Wortwechsel.

«Ich will sie nicht hinaussetzen», entgegnete ich. «Sie ist eine unserer besten Sängerinnen. Warum sorgen Sie nicht dafür, daß Mitzi wegbleibt, wenn Sie nichts von der Sache wissen wollen?»

«Sie kann ohnehin nicht singen», behauptete Al.

«Kann nicht singen!» wiederholte ich. «Sie könnten ja nicht einmal guten Whisky erkennen, wenn Sie ihn riechen, und das ist Ihr Geschäft – wie wollen Sie da etwas von Musik verstehen?»

Jählings fiel mir ein, daß ich mit Herrn Fünfzigkaliber sprach, und ich bekam die Kiefernsperre. Ich fragte mich, wie oft mein Kopf beim Überqueren der Straße aufprallen würde.

Fünf oder sechs Schergen, die um uns herumstanden, begannen zu lachen. Ich glaube, ich rang mir ein mattes Lächeln ab, während ich auf das Klappern ihrer Schreibmaschinen wartete. Ich tat gut daran, weiterzulächeln, dachte ich. Sei glücklich, so lang der Tag ist. Stirb lachend.

Al brach selbst in brüllendes Gelächter aus. «Höre sich einer den Professor an!» rief er. «Hahaha! Der Kleine hat Mumm!» Aber dann wurde er wieder ernst und ich ebenfalls – sonderbar, wie sich meine Stimmung nach ihm richtete. «Wenn ich Mitzi hier bei Dummheiten erwische, endet es für euch beide bös, verstanden?»

Ich verstand. Ich konnte sogar die Gänsehaut auf meiner Gänsehaut sehen.

So erhielt ich meinen Spitznamen, ohne daß mir ein Härchen gekrümmt wurde. Aber noch lange Zeit hernach war ich kein guter Redner mehr – nie gab es einen Professor mit geringerer Dozentenbegabung.

ÜBERALL im Kabarett begannen Liebesgeschichten zu spielen. Frank Hitchcock rief mich eines Tages hinaus, ließ mich Verschwiegenheit geloben, gab mir dann die Schlüssel zu seinem großen McFarland-Kabriolett und trug mir auf, nach Hammond zu fahren und Millie Smith abzuholen, unsere hübscheste und lerchenhafteste Chansonnette. Auf dem Rückweg bat mich Millie, ihr aus der Patsche zu helfen. Frau Hitchcock wußte Bescheid über ihre Affäre mit Frank, und das klassische Dreieck sollte aufgelöst werden. «Ich möchte weg, Milton», sagte sie; «aber Frank ist so verliebt in mich, daß er gedroht hat, mich bis ans Ende der Welt zu verfolgen, wenn ich Burnham verlasse. Ach, Milton, was soll ich bloß anfangen?»

Millie war reizvoll und lieb; aber ich wußte nicht recht, was ich mit der Sache zu tun hatte. Wenn ich Frank nicht in die Hände spielte, wurde er böse; doch andererseits hatte ich nichts gegen Frau Hitchcock, die stets gut für uns sorgte. Sie führte unsere Buchhaltung, prüfte die Kasseneinnahmen und drückte stets ein Auge zu, wenn sie die Getränke der Musiker abrechnete. Es war eine schöne Klemme.

Eines Abends holte mich ein Kellner vom Podium und sagte, der Boß wünsche mit mir im Hof zu sprechen. Der große Kerl saß dort auf einem Bierfaß und flennte wie ein zweijähriges Kind. «Millie und ich hatten Krach», sagte er. «Sie sitzt draußen im Wald auf einem Baumstamm und will nicht zurückkommen. Du mußt etwas unternehmen, du mußt.»

Wie er mir erzählte, regte sich das Syndikat über seine Affäre mit Millie auf. Frau Hitchcock drohte, zu gehen, und die Capone-Männer stellten sich der Idylle entgegen. Sie brauchten Frau Hitchcock, weil sie wußten, daß sie sich auf ihre Buchführung verlassen konnten.

Ein großer Casanova wurde beauftragt, Millies Herz zu rühren. Nach der Vorstellung blieb er lange mit ihr zusammen und machte ihr so glühend den Hof, daß der Plan schließlich glückte. Frank bekam Wind von dieser Affäre und geriet deshalb mit Millie in Streit.

Frank hatte mir nun einen Vorschlag zu machen. «Schau, Milton», begann er, «in Chikago habe ich in einem Banktresor eine hübsche Summe, und ich möchte, daß du mit mir und Millie nach Mexiko kommst. Dort habe ich gute Beziehungen. Wir brauchen nur in den McFarland zu steigen, hinzufahren und uns am Rauschgiftschmuggel zu beteiligen. In ein paar Monaten haben wir eine Million Kröten beisammen, und dann reisen wir nach Europa und lassen's uns wohlsein. Es geht nicht anders, Milton, ich liebe Millie so sehr, daß ich nicht dagegen ankann.»

Meiner Ansicht nach war das keine Lüge, und so antwortete ich, ich wolle es mir überlegen, nur um ihn zu beruhigen.

Er bat mich, seinen Wagen zu nehmen und Millie aus dem Wald zu holen.

Schon das war verkehrt. Ich ahnte nicht, daß man mir folgte; aber es erregte Verdacht, daß ich vom Podium weggegangen war und mit Franks Wagen abfuhr. Die andern vermuteten, daß Frank und ich etwas zusammenbrauten, und ehe die Nacht um war, wurde ich an die Bar gerufen und von Johnny Patten gestellt.

Johnny Patten war von einer Küste zur andern in der Unterwelt bekannt. Er war ein schneidiger Bursche, ungefähr fünfundzwanzig Jahre alt, höchst elegant, stets vergnügt, voller Schwung und von echter irischer Schlagfertigkeit. Johnny führte mich hinaus und kam schnurstracks zur Sache.

«Jungchen», sagte er, «ich mag dich gern, und ich möchte nicht, daß du ins Unglück rennst; also halt dich von Frank und Millie fern. Wir werden die Sache schon deichseln.»

Der Klaps, den er mir gab, war durchaus freundschaftlich; aber es hätte ebensogut ein Knüppelschlag sein können. Johnny konnte mit einem Mord davonkommen, wenn er wollte. Nie gab es eine Stadt, wo alles so gut verzahnt war wie in Burnham. Der Polizeichef war unser Barmann, und alle Kellner waren Stadträte, so daß wir nie in Schwierigkeiten mit dem Gesetz gerieten.

Die Ereignisse vollzogen sich rasch. Zuerst packte Frau Hitchcock ihre Siebensachen und ging, worauf ein Höllendurcheinander entstand. Es war niemand da, der das Etablissement leiten und die Bücher führen konnte – das heißt, niemand ohne klebrige Finger. Nach einer Sitzung des Syndikats wurde ich abermals zu Johnny Patten gerufen. «Jungchen, verstehst du etwas von Buchhaltung?» fragte er. «Es braucht nicht viel zu sein, nur für das Lokal und dergleichen.»

In der Schule hatte ich etwas Buchhaltung gelernt und für Mottel Rovech einige Bücher geführt; also bejahte ich.

Johnny rieb sich die Hände und rief: «Kinder, nun haben wir keine Sorgen mehr – der Professor wird Unterricht erteilen. Paß auf, Jungchen, wir wollen hier nicht mehr als sechzig Prozent. Verlier keine Worte, wenn du einen Kerl beim Mogeln erwischst; solange wir sechzig Cent auf den Dollar einheimsen, ist alles in Ordnung.»

Er zeigte mir, wie die Registerkasse gehandhabt wurde, und vertraute mir die Kombination des Geldschranks an.

Alles ging eine Weile gut, und dann wurde ich wieder vor das Syndikat gerufen. «Wir haben das ‚Roadside Home‘ an der Straße nach Joliet gekauft», sagte mir Johnny, «und wir möchten wissen, ob du mit deinem Orchester und einigen Sängerinnen hingehen magst, um den Laden zu schmeißen? Wir überschreiben das Lokal auf Millie Smiths Namen, weil das die einzige Möglichkeit ist, sie hier wegzubekommen und Frau Hitchcock zurückzugewinnen. Du tätest uns einen Gefallen, wenn du die Stelle annähmst, und würdest eine schöne Stange Geld dabei verdienen. Wie steht's damit?»

Ich war einverstanden – ich hatte all die Intrigen und Kabalen im «Arrowhead» ohnehin satt.

«Du brauchst dir keine Kopfschmerzen zu holen», versicherte mir Johnny. «Little Dewey kommt jeden Tag mit dem Bier, und dann kannst du uns durch ihn mitteilen lassen, wie es dort geht.»

So war ich im Nu an dem Geschäft beteiligt.

Das «Roadside Home» war ein hübsches Restaurant mit halbkreisförmiger Zufahrt und einem reizenden Blumengarten. Das dreistöckige Haus war in altenglischem Stil erbaut, hatte eine breite Terrasse und sah eher wie ein Landsitz aus, nicht wie ein Kabarett. Vor einem Jahr war es von der Behörde geschlossen worden, weil hier ein Mord stattgefunden und weil man auf dem Anwesen Alkohol gefunden hatte.

Ich lud das Orchester auf, dazu vier Sängerinnen und die Garderobiere Bonnie, und wir zogen los. Bonnie nahm ich mit, weil ich sie gern hatte – ja, später heirateten wir. Sie war ein dunkelhaariges, reizvolles Geschöpf, immer lustig und liebenswürdig, und sie hatte den Ehrgeiz, Kabarettistin zu werden. Wenn ich während der Vorstellung von der Bühne zu ihr hinunterschaute, steckte sie den Daumen in den Mund, blies die Backen auf und verulkte mich, so daß ich immer lachen mußte. Ich brachte ihr den Text von «Nobody's Sweetheart» und «Lots O'Mamma» bei, außerdem einen kleinen Charlestonschritt, den ich im Südviertel gesehen hatte, und so kam sie auf die Bühne. Ich begleitete sie stets am Klavier, wenn sie auftrat, da sie aus dem Takt geriet, wenn ein anderer am Klavier saß.

Eines Abends erschienen zwei neue Kabarettistinnen im «Roadside», und ich führte sie in ihre Zimmer hinauf. Die eine besaß einen Haufen wunderschöner Abendkleider, konnte aber keinen Ton singen, und ich wunderte mich, daß der Agent sie uns geschickt hatte. Sie hieß Ann Brown. Ich wußte nicht, was dahinter stak, bis Little Dewey sie eines Tages erblickte und vor Schrecken fast in ein Bierfaß kroch. «Was tut die denn hier?» ächzte er.

«Na ja, das ist eine der neuen Sängerinnen», gab ich Bescheid. «Erzähl mir ja nicht, daß sie eine Liebe von dir ist.» Mittlerweile neigte ich zu dem Glauben, daß jeder mit jeder eine Liebesgeschichte hatte. Ich hatte Frank Hitchcock schon in Millies Zimmer im «Roadside» erwischt, wodurch sich meine nervösen Magenbeschwerden nicht gerade besserten.

«Eine Liebe von mir!» quietschte Little Dewey. «Allmächtiger, das ist doch die Frau des Chefs!»

Der Chef war natürlich Capone persönlich.

Ich saß gerade beim Essen; aber ich nahm keinen Bissen mehr zu mir, obwohl es an diesem Abend unser berühmtestes Gericht gab, milchgefütterte Brathühnchen. Wie sich herausstellte, hatte Ann gehört, daß sich einer der schweren Jungen mit einer Kabarettistin in Burnham eingelassen hatte, und da sie nicht wußte, daß es Frank war, nicht Al, schnüffelte sie auf eigene Faust etwas herum. Ich beschloß, dieses Engagement sehr schnell aufzugeben.

Ich rief in Burnham an und teilte Frank mit, er müsse sich ein neues Orchester suchen, worauf er fast in den Apparat kroch und alle möglichen Angebote machte, weil er keinem sonst in bezug auf Millie traute. Da ich einen sicheren Abstand von fünfzig Kilometer hatte, sagte ich ihm, daß ich in einer Stunde weg wäre, und daß ich in keine Geschichten verwickelt sein wollte, die den Boß nicht beglücken würden. Die einzige Zeitform, in der Al Capone den Titel Professor konjugieren sollte, war die gegenwärtige.

Bonnie las ihre Besitztümer zusammen, stieg in den Wagen, und wir fuhren nach Chikago. Damit hatte ich Burnham und das «Roadside Home» zum letztenmal gesehen. Zwei Jahre später wurde Frank Hitchcocks Leichnam in einem Straßengraben gefunden. Irgendein Musiker heiratete Millie Smith, und sie bekam Tb.

SECHSTES KAPITEL

Die ersten Züge sind toll

ICH muß ein sehr geselliger Mensch sein – die Liste meiner Kollegen sah allmählich aus wie das Register eines Polizeikommissariats am Samstagabend. Bei meinem nächsten Engagement lernte ich nicht nur Leon Bix Beiderbecke, «den jungen Mann mit der Trompete» kennen, sondern ich war auch mit einem ehemaligen literarischen Faustkämpfer, einem pistolenbewehrten Rabbiner und einem kleinen Jokkey zusammen, der nur das Steckenpferd Marihuana ritt.

Monkey Pollack war temperamentvoll, zäh und lustig wie kaum einer. Ich kannte ihn schon von früher her; denn wir waren beide als Kinder im Nordwestviertel herumgestrolcht. Lange Zeit hatte er einen guten Namen als Schwergewichtsboxer gehabt, wodurch sich seine platte Nase und seine dikken Lippen erklärten. Monkey war sprachlich wirklich auf der Höhe, und später wurde er Berichterstatter bei einer Chikagoer Zeitung. Er kam öfters in den «Arrowhead Inn», als ich dort spielte.

Eines Abends setzte er sich zu mir und fragte auf seine heiter-nachlässige Art: «Milton, hättest du nicht Lust, bei mir zu arbeiten?» Er paffte die dicke Zigarre, die er immer zwischen den Lippen hatte, und lehnte sich wie ein Großgutsbesitzer zurück. «Ich bin jetzt Kabarett-Eigentümer – ich habe in Indiana Harbor ein großes Lokal übernommen, das ich als hochklassigen Klub führen möchte, und dein Orchester wäre in der Stadt eine Sache. Es kann nicht schiefgehen, wir haben alles Notwendige. Junge, es wird toll werden, wir haben sogar einen Rabbi als Barmann, der auf der Pistole spielt wie du auf dem Saxophon.»

Nachdem ich mein Engagement im «Roadside Inn» gelöst hatte, dachte ich an diesen jiddischen Buffalo Bill, und der Gedanke sagte mir so sehr zu, daß ich Monkey aufsuchte.

Im Spätsommer 1924 hatte ich das Orchester beisammen, und fixfertig fuhren wir zum «Martinique Inn» in Indiana Harbor.

Monkey hatte in bezug auf den Barmann nicht übertrieben. Mac war zwar kein eigentlicher Rabbiner, immerhin ein echter cowboyhafter jüdischer Cowboy aus Peckerville in Texas, dem der Finger am Abzug juckte. Er war ein glänzender Schütze, der eine ganze Sammlung von Medaillen und Pokalen eingeheimst hatte. Als Nachmittagssport sahen wir ihm im Hof zu, wie er aus fünfzig Meter Anstand Münzen von Bierflaschen herunterschoß. Manchmal schwang er auch seinen Lasso und fing uns alle mit einer einzigen Drehung des Handgelenks ein. Mac saß mit Vorliebe auf dem Hof, sonnte sich und spielte mit seinen Pistolen in der Hüfthalter. Deshalb machte ich ein Liedchen auf ihn, das folgendermaßen anfing:

Ärgre nicht das Jüdchen,
Sonst kühlt es noch sein Mütchen –
Piff–paff–puff!

Mac war ungefähr mittelgroß, schlank und drahtig, hatte glattes schwarzes Haar und scharfgeschnittene Züge. Indiana Harbor war eine trunksüchtige Stadt, und er mußte genügend Stoff zur Bar geschafft haben, um den Michigan-See zu füllen; aber er selbst rührte den Saft nie an. Vielleicht fand er, er müsse seinen Kopf beisammen behalten; denn im «Martinique» endete fast jeder Abend mit einer Schlägerei. Irgendeiner, der an der Bar lehnte, brauchte nur eine freundliche Bemerkung über den Schlips oder den Haarschnitt eines andern zu machen, und schon war ein Wortwechsel über Familiendinge in Gang, bis die Grobheiten anfingen. Mac schlug die üblen Kunden auf die Birne und trug sie dann hinaus, so daß sie mit Mutter Erde Bekanntschaft schließen konnten, ohne daß ein einziges Haar seines Romeokopfes gekrümmt wurde. An der Bar trug er immer einen riesigen Cowboyhut und Stiefel mit hohen Absätzen, enge Hosen und einen Kragen so steif wie ein Gipsverband. Zwei Pistolen mit Perlmuttergriff hingen an seinem Gürtel, als ob sie dort gewachsen wären. Mac besaß ungefähr sechs Revolver, alle beim Wettschießen gewonnen, dazu zwei Winchester-Repetiergewehre und eine Büchse. Er war ein wandelnder Wildwestfilm.

Indiana Harbor war klein, vibrierte aber von Leben. Die Stadt war ein Stahlzentrum, nicht weit entfernt von Gary im Staat Indiana, und viele Polen, die in den Fabriken arbeiteten, kamen ins «Martinique», um sich die Kehle anzufeuchten. Wie sie trinken konnten! Sie blieben die ganze Nacht bis sechs Uhr morgens, krempelten dann die Ärmel auf und begaben sich geradeswegs an die Arbeit. Einige lebten sozusagen in dem Lokal und erledigten alle ihre persönlichen Angelegenheiten an der Bar. Einmal fand ich einen Brief, den ein Fabrikarbeiter in der Bar verloren hatte; er lautete folgendermaßen: «Liebe Mary, ich schraib dir seid swei Wochen, und du antwortest nisch. Biest du bese, oder was is los. Stanislaus Kawajzak.» Liebe, du seltsam Ding.

DEM quicklebendigen, zwergenhaften Jockey namens Patrick gelang, was Leon Rappolo nicht geglückt war: Er machte eine «Viper» aus mir, einen Marihuanaraucher. Im «Arrowhead Inn», wo ich ihn kennengelernt hatte, sagte er mir, er wolle nach New Orleans und werde eines Tages mit Marihuana zurückkommen, mit wirklichem Goldschnitt. Er fragte mich, ob ich etwas von dem Zeug haben wollte, und da ich nicht wie ein kleiner Junge dastehen mochte, antwortete ich, jawohl, nur her damit, ich würde es gern einmal versuchen.

Als Patrick nun eines Abends im «Martinique» auftauchte, schaute ich mich nach dem nächsten Ausgang um; aber es war zu spät.

«Heda, Freundchen», sagte er mit einem Grinsen, das breiter war als das ganze Kerlchen, «komm mit mir auf den Lokus; ich hab' dir etwas mitgebracht.»

Diese Herrentoilette hätte ein Leichenschauhaus sein können, einen solchen Bogen machte ich um sie; aber der verbohrte Däumling hing an mir wie eine Klette und steuerte mich schnurstracks hinein.

Sowie wir allein waren, zog er eine Handvoll Zigaretten hervor und gab sie mir. Sie hatten die gleiche Größe wie gewöhnliche Zigaretten, aber mit Maispapier gedreht. Wir zündeten uns beide eine an, und ich hatte meine Zigarette zur Hälfte geraucht – in der stillen Hoffnung, daß man meiner Mutter die Nachricht schonend überbringen werde –, als er mich innehalten ließ und sagte: «Nicht so schnell, Freundchen. Willst du wie ein Sack umfallen?»

Ich fühlte überhaupt nichts und teilte es ihm mit. «Du rauchst sie ja auch nicht richtig», belehrte er mich. «Eine solche Zigarette hält man kaum mit den Lippen fest und zieht die Luft ringsherum ein. Sag ,tfff, tfff' beim Einatmen. Dann stoß den Rauch nicht gleich aus, sondern laß dem Zeug Zeit.» Er hatte einen heimtückischen Ausdruck in den Augen, der mir ganz und gar nicht gefiel. Diesen Ausdruck hatte ich das letztemal gesehen, als ich in den Klauen eines Staatsanwalts war, der mir viele Unannehmlichkeiten bereitet hatte.

Nachdem ich mit dem Kraut fertig war, kehrte ich auf die Bühne zurück. Alles erschien mir normal, und ich begann wie sonst zu spielen. Ich gab meinen Kollegen Zigaretten zu rauchen, und dann ging es weiter.

Als erstes fiel mir auf, daß ich mein Saxophon hörte, als ob es in meinem Kopf wäre; aber von den andern hinter mir konnte ich nicht viel hören, obwohl ich wußte, daß sie da waren. Alle andern Instrumente erklangen wie aus weiter Ferne. Dann fühlte ich die Vibrationen des Mundstückes viel deutlicher an den Lippen, und mein Schädel summte wie ein Lautsprecher. Ich fand, daß die Töne viel runder herauskamen, und daß ich gerade das richtige Gefühl hineinlegte – ich machte meine Sache wirklich gut. Alle Töne kamen ganz leicht – als ob sie schon fixfertig wären, wie geschmiert und glockenvoll; ich brauchte gar nichts anderes zu tun, als ein bißchen zu blasen, so daß sie hervordrangen, einer nach dem andern, nie verkehrt, nie außer Takt, alles ohne die geringste

Anstrengung. Die Phrasen schienen mehr Gehalt zu haben, und ich blieb mühelos beim Thema. Ich hatte das Gefühl, jahrelang spielen zu können, ohne an Schwung und Einfällen zu verlieren. Ich wurde ganz glücklich und freute mich über meine Sicherheit. Mit meinem vollen Saxophon konnte ich alle faustschwingenden, bösen Dinge aus der Welt schaffen und all den überdrehten, abgespannten Menschen Frieden, vollkommene Harmonie und Erholung bringen.

Die andern kicherten und machten Ulk; aber ich konnte mit meinem Mundstück zwischen den Lippen nicht reden; so schloß ich die Augen und schwebte mit meiner Musik zu den Zuhörern. Die Leute wurden toll ob der feinen Veränderungen in unserem Spiel, sie ahnten nicht, was los war; aber es knisterte Elektrizität in der Luft, so daß sie befeuert und springlebendig wurden. Sooft ich die Augen aufmachte, sah ich gerade vor dem Podium das Gesicht eines jungen Mädchens, das wie ein Pendel hin und her schwang. Es war ein niedliches, rosiges Ding mit honigfarbenem Windstoßhaar, und ihr glühendes Gesicht war ganz verzerrt vor Freude. Ihr verkrampftes Gesicht löste große Lachwellen in meinem Magen aus; lauter Wellen brachen los und verbreiteten sich bis zu meinem Kopf, so daß mein ganzer Körper geschüttelt wurde. Ich mußte die Augen fest schließen, um nicht vor Vergnügen zu platzen.

Marihuana ist etwas Sonderbares – wenn man es zu rauchen anfängt, sieht man alles zuerst in einem wunderbar beschwichtigenden, angenehmen neuen Licht. Die Welt ist plötzlich gar nicht mehr schmutziggrau, sondern ein einziger großer Bauch voll Gekicher, ein sphärisches Gelächter, gebadet in funkelnden Farben, die wie eine Hitzewelle treffen. Die ersten Züge sind toll.

Marihuana erhebt einen Musiker in die Sphäre des Meisterhaften, und darum waren ihm so viele Jazzleute verfallen. Man betrachtet die andern Mitglieder des Orchesters wie eine alte Mutterhenne ihre Küken; wenn einer verkehrt spielt oder eine schlechte Modulation hören läßt, lächelt man nur nachsichtig und denkt: Ach, er wird es schon lernen, das nächstemal wird er's besser machen, lassen wir ihm Zeit. Sehr bald ertappt man sich dabei, daß man ihm weiterhilft und aufs richtige Geleise zu bringen sucht. Man hört das Grundthema und hält die eigenen Improvisationen ein, ohne sich jemals zu verwirren. Nichts kann einen in Verlegenheit bringen. Man hört alles sofort, und man hört es richtig. Wenn man dieses Gefühl des Könnens und der Sicherheit hat, steht man auf festem Boden.

Ich blies mit geschlossenen Augen weiter, und plötzlich geschah etwas Merkwürdiges. Auf einmal schrie jemand mit hochgeschraubter Stimme wie erstickt: «Aufhören, ihr bringt mich um! Aufhören! Ich halte es nicht aus!»

Als ich die Augen aufmachte, war es, als ob alle Menschen auf dem Tanzparkett zu einer festen, elektrisierten Masse zusammengeschmolzen wären. Alle schauten mit hypnotisierten Augen zum Orchester herauf und schwankten. Aber auf der einen Seite war eine Disharmonie, die den Zauberbann brach. Eine Kabarettistin, die zwei Vocals zu singen pflegte und sich in einer besonderen Tanzmanier spezialisiert hatte, veranstaltete einen Ball für sich. Sie hatte sich von ihrem Partner gelöst und wand sich wie eine Schlange. Der Rhythmus hatte sie wirklich gepackt.

«Hört auf!» schrie sie. «Laßt mich in Ruhe!»

Dann flog sie mit einem Sprung auf die Bühne, hob ihr Kleid bis zum Hals hoch und begann zu tanzen. Sie verdrehte Körper und Glieder auf eine Art und Weise, daß es kaum zu fassen war.

Es war eine tolle Szene wie in einem Traum, und sie wurde immer wilder, weil uns die Erregung zum Begleiten aufputschte.

Die Spannung steigerte sich und schließlich zerplatzte sie wie ein zu stark aufgeblasener Luftballon. Der scharfe Knall von Pistolenschüssen zersprengte alles. Furcht legte sich klamm über das Gesichtermeer wie eine Maske, und das Schwanken hörte jählings auf.

Es war nur Mac, unser Cowboy-Barmann, der so gern mit Pistolen spielte. Immer wenn er sich erregte, zückte er seine Waffen und feuerte sie zur Decke ab, sowie es in der Musik eine Pause gab. Die Aufregung an diesem Abend war zuviel für ihn, und um seine Nerven zu beruhigen, schoß er mit vergnügtem Feixen auf die elektrischen Birnen.

Das Mädchen brach daraufhin zusammen, als ob man ihr das Rückgrat herausgerissen hätte. Stöhnend und zitternd lag sie auf dem Boden. Sie wurde hinaufgetragen und zu Bett gebracht, und ich glaube, sie wachte ungefähr sechs Stunden später auf. Musik hat entschieden ihren Zauber; aber was sie bei den Zügellosen anrichtet, stimmt nicht immer mit den Lehrbüchern überein.

Das Podium war nur dreißig Zentimeter hoch, aber als ich hinuntersteigen wollte, dauerte es ein Jahr, bis ich den Boden fand, der ganz fern zu sein schien. Ich segelte durch die Wolken, als ob ich in den Weltenraum träte. Als mein einer Fuß endlich den Grund erreichte, blieb der andere oben auf den lieblichen, weichen Wolken, und ich fiel beinahe der Länge nach hin. An Patricks Tisch grölte Gelächter, und mir wurde verlegen zumute und gleichzeitig hundeelend. Ich flüchtete zur Toilette hinaus und langte dort gerade noch beizeiten an. Patrick kam mir nach und lachte mich aus.

«Was ist los, Kleiner?» fragte er. «Ist dir schlecht?»

In diesem Augenblick surrte ich in einem Flugzeug im Himmelsraum herum mit einer mechanischen Fräse im Kopf. Ringelum ging es, allen Newtonschen Gesetzen zum Trotz; aber plötzlich kam ein Sturzflug, und ich plumpste auf die Erde. Mein Kopf zerplatzte in mehr Richtungen als eine Handgranate. Patrick machte mir einen kalten Umschlag, und ich kam zu mir. Nachdem ich eine Weile ruhig gesessen hatte, war ich wieder normal.

Als ich zum Podium zurückkehrte, hörte ich die Töne meines Instruments immer noch verbreitert, als ob mein Ohr ins Saxophon eingebaut wäre. Der Abend verstrich, ehe ich mich's versah. Ich begleitete die Sängerinnen am Klavier, und an der Art, wie sie immerzu zu mir herüberschauten, merkte ich, daß sie die Harmonien spürten, die ich ohne die geringste Mühe erfand. Die Töne sprudelten weiter aus meinem Saxophon wie Blasen in Selterswasser. Meine Kontrolle über die Vibrationen war tadellos; Reichtum und Fülle der Musik trugen mich empor. Es war schön.

Da der «Martinique Inn» an der Landstraße zwischen Gary und Chikago lag, kamen außer den lokalen Kunden viele Passanten und Studenten aus South Bend zu uns. Kurz nach der Eröffnung wurde ein sympathischer junger Mann namens Fats Morris unser Stammkunde. Er studierte in Notre Dame, war dunkel und groß und trug immer Knickerbocker. Er schien wohlhabend zu sein und hatte nur eine Leidenschaft: Jazzmusik. Er brachte meistens Kommilitonen mit, die einfach dasaßen, tranken und dem Orchester mit einem Ausdruck zuhörten, der verriet, wie sehr sie mitgingen. Wir fanden es durchaus nicht seltsam, daß diese jungen Leute nie Mädchen mitbrachten, obwohl sie alle recht männliche Erscheinungen waren. Wie fast alle Jazz-Anhänger kamen sie zum Zuhören, nicht zum Tanzen oder Juxmachen.

Diese Einstellung bringt bei uns Musikern immer etwas zum Klingen. Wem es wirklich ernst mit dieser Musik ist, der nimmt sie auf, ohne sie mit Erotik zu vermengen. Alles zu seiner Zeit, wie es heißt. Auch die Musiker, mit denen ich zu tun hatte, trieben nie Liebesdummheiten, wenigstens nicht in erheblichem Maße. Wenn wir erlebten, daß ein Kollege wegen eines Mädchens den Kopf verlor, bemitleideten wir ihn und hofften, daß er sich bald wieder fangen würde. Man kann sich nicht auf Liebesgeflüster und Hochdruck-Affären einlassen, wenn man mit aller Kraft Jazzmusik bläst.

Eines Abends lud mich Fats an seinen Tisch ein und fragte mich, ob ich jemals einen Trompeter namens Bix Beiderbecke gehört hätte. Er wunderte sich, als ich ihm sagte, daß ich einige Wolverines-Platten gehört, aber Bix nie persönlich kennengelernt hätte.

«Sie müssen ihn einmal hören», sagte Fats. «Er spielt gar nicht weit von hier – in Gary Beach.»

Ich beachtete diese Worte nicht weiter, aber sie führten zur Begegnung mit einem Menschen, der später einer meiner besten Freunde werden sollte. Ein paar Tage später erschien Fats im «Martinique» mit Léon Bismarck «Bix» Beiderbecke.

Musiker bekommen Lampenfieber und Komplexe, wenn sie einen Kollegen gleicher Schule unter den Zuhörern haben. Ob man ihn kennt oder nicht, man weiß gleich, wen man vor sich hat. Das ganze Orchester wird dann nervös, und manchmal ergibt sich ein recht jämmerliches Solo, weil er gefangen werden soll. Das geschah auch an dem Abend, als Bix kam. Ich merkte gleich, daß dieser große Junge, der aussah, als hätte man ihn aus einer Wiege im Kornfeld geholt, vom Bau war.

Wir spielten gerade, als er den Saal betrat, und er setzte sich mit Fats vor die Bühne. Als wir zu ihm hinunterblickten, lächelte er freundlich, um zu zeigen, daß ihm unser Vortrag gefiel, und dann hörte er weiter zu, das Kinn in die eine Hand stützend und mit der andern das Bierglas festhaltend. Er hatte einen todernsten, gespannten Gesichtsausdruck, der seine besondere Art war – nie wieder sah ich bei einem Menschen einen so intensiven, suchenden Ausdruck. Mit seiner Pokermaske und dem halbgeschlossenen linken Auge sah er aus wie ein Juwelier, der einen Brillanten auf Echtheit prüft.

Als ich Bix kennenlernte, war er Starmitglied bei den Wolverines. Dieses kleine weiße Orchester hatte schon einige Platten hervorgebracht, die den Plattensammlern von heute den Mund wässrig machen. Die Musik der Wolverines war dank Bix' Arrangements ihrer Zeit um zehn Jahre voraus, und zwei Platten, «Copenhagen» und «Riverboat Shuffle», waren bereits im Begriff, Klassiker zu werden. Bix' Trompetenarbeit bei den Nummern war erstaunlich für einen Burschen in schulpflichtigem Alter.

Sowie wir an diesem Abend unsere Nummer beendigt hatten – wir begleiteten eine Sängerin –, befahl ich «Royal Garden Blues», die alte Stütze unseres Repertoires. Wir hatten unsere eigene Technik, die Breaks nach den Songthemen zu spielen, und diesmal gaben wir für Bix unser Bestes. Er saß da wie eine Mumie, ohne einen Muskel zu rühren. Doch als wir mit dem ersten Break fertig waren, ergriff er seine Trompete und kletterte aufs Podium.

Bix trug sein Instrument ohne Kasten mit sich herum, eine kurze, stumpfe, verbeulte Trompete, die aussah, als stammte sie von einem Abfalleimer und hätte dort bleiben sollen. Er stand mir gegenüber, während wir spielten, weil wir die beiden führenden Instrumente waren, und die Whiskydämpfe, die er mir aus der alten, verbeulten Trompete entgegenblies, benebelten mich beinahe. Es fiel mir auf, daß manche seiner Flexionen Joe Oliver und Freddie Keppard glichen – er war bestrebt, Joes halbgestopfte Flexionen mit Freddies Schneid hervorzubringen. Alles in allem war es ein ausgefeilter «Riverboat-Stil». Dieser Stil war Bix zur zweiten Natur geworden, weil er in Davenport im Staat Iowa aufgewachsen war und sich immer am Wasser herumgetrieben hatte.

Nie vorher oder nachher habe ich einen solchen Ton gehört. Er spielte zumeist offen; jede Note war voll, reich und rund, stach hervor wie eine Perle, laut, aber nie aufreizend oder aufdringlich, mit einem kraftvollen Zug, den damals nur wenige Musiker hatten. Bix war noch zu jung für den seelenvollen, aus Unterdrückung und Not erwachsenen Ton, den die großen Negertrompeter haben – zu jung und vielleicht auch zu diszipliniert. Sein Angriff hatte eher etwas Militärisches, geladen von Kraft und Energie, wobei der Kopf immer die Herrschaft über das Herz behielt. Dieser Angriff war so sicher wie der Fuß einer Gemse; jeder Ton war scharf wie ein Gewehrschuß, zupackend wie ein Biß. Bix war ein geborener Führer. Er gab den Takt und die Sprache an, setzte den Stil fest, wo er auch spielte, und die übrigen Musiker paßten sich ihm ganz natürlich an.

Als wir fertig waren, scharten wir uns um Bix und fragten ihn nach seinen Platten aus.

«Herrschaft», sagte ich, «wie gern würde ich ‚Riverboat Shuffle' lernen!»

Wortlos setzte er sich ans Klavier und begann das Stück zu spielen, während wir mit offenem Mund ringsum standen. Sein Anschlag nahm uns allen den Atem. Wir vergaßen völlig, daß wir im Engagement waren. Soweit es uns betraf, gab es weder einen Arbeitgeber noch eine Zuhörerschaft.

«Nimm dein Sax», sagte Bix zu mir und ergriff seine Trompete. Dann begann er die Introduktion zu «Riverboat Shuffle» zu spielen. «Nimm diesen Ton auf und mach es so», wies er mich an, worauf er die Begleitung spielte. «Richtig! Richtig!»

Ganz aufgeregt spielte er Eddie Lang einen Klavierpart vor, und nacheinander fügte sich alles zusammen wie die Teile eines Zusammensetzspiels. Das war ein frühes Beispiel eines wirklichen «Head Arrangements», wie die farbigen Musiker es nennen, eine Orchestration durchs Gehör, nicht auf dem Papier. Jeder lernte seinen Part ganz richtig, und Bix gab das Tempo mit der Trompete am Munde an. «Ha! Ha! Ha!» war alles, was er zum Schluß sagte; aber seine Augen sprachen das übrige.

Monkey Pollack, der seinen Ohren kaum zu trauen glaubte, kletterte auf die Bühne. «Sucht der Junge ein Engagement, Milton?» fragte er mich. «Laß ihn am Samstag anfangen!»

Von da an waren Bix und ich Freunde. Er spielte mit uns, bis geschlossen wurde, und kam wieder, sooft er konnte.

Das Zusammenspiel mit Bix gehörte zu den großen Erlebnissen meines Daseins. Sowie er zu blasen anfing, flog ich mit einem Satz in die Melodie, als ob ich darin geboren wäre, und geriet nie aus dem Geleise. Es war, als schlüpfte man in den Maßanzug eines guten Schneiders. Wenn zwei Musiker von Anfang an so übereinstimmten, verbreitet sich eine wärmende Zufriedenheit. Sie haben durch ihre Musik vollkommenes Verstehen erreicht; sie sind Freunde und betrachten alles mit gleichen Augen. Man spricht dieselbe Sprache und unterstützt sich gegenseitig.

Eigentlich hätten wir kaum miteinander reden müssen; ein Nicken hätte genügt. Wenn das Geschäft im «Martinique» flau war, fuhren wir bisweilen ins Südviertel von Chikago, um unsere Lieblingsmusiker zu hören. Bix hatte stets eine Flasche Schnaps bei sich, und während er sich daran gütlich tat, sprachen wir über das Gehörte.

«Was hältst du von den Sinfonikern?» fragte ich ihn einmal, als wir dahinfuhren.

«Die meisten sind Zickenbärte», antwortete er, «aber die Komponisten gefallen mir, das heißt, die modernen.»

«Junge», sagte er ein andermal, «was für eine Freude, ins Südviertel zu kommen und Joe Oliver, Jimmy Noone und Bessie zu hören. Mir fehlen die alten ,Riverboat-Bands' in Davenport.» Er dachte einen Augenblick nach. «Möchte wissen, warum die meisten weißen Musiker so zickisch sind. Man fühlt sich sogar körperlich wohler, wenn man in einem Negercafé sitzt. Dort scheinen die Menschen alles richtig zu genießen. Das Orchester hat etwas an sich, so daß man die ganze Zeit die Ohren spitzen muß. Die Tänzer fühlen die Musik, und ihr Gesichtsausdruck beschwingt mich. Wahrhaftig, diese Leute verstehen zu leben.»

Es läßt sich schwer mit Worten ausdrücken, aber meine Freundschaft mit Bix gehörte zu den schönsten Dingen meines Lebens. Wahrscheinlich ist das für einen Menschen, der außerhalb der Jazzwelt steht, nicht recht zu fassen. Wenn man als junger Mensch zum erstenmal das große Glück erlebt, wenn man auf einen Weg gerät, den man als den richtigen erkennt, freut man sich zuinnerst. Das verleiht einem den Mut der Überzeugung – ganz plötzlich weiß man, daß man nicht in einer Wildnis im Kreise herumtappt. Kein Wunder, daß die Jazzmusiker die Welt auf besondere Weise ansehen. Man darf es nicht verübeln, wenn sie mit hochmütiger Miene umhergehen; denn teils sind sie einsam, und teils wissen sie, daß sie eine besondere Gabe haben und doch von niemand verstanden werden. Ein Bix Beiderbecke versteht.

EINES Tages klemmten sich Monkey und alle Kameraden in mein Auto, um nach Chikago zu fahren, und als wir zurückkehrten, war das Lokal versiegelter als ein Unterseeboot, mit Vorhängeschlössern an allen Türen. Böse Zungen behaupteten, Monkey hätte im «Martinique» alkoholische Getränke ausgeschenkt, und die Behörde wäre deswegen böse geworden. Während unserer Abwesenheit war die Bundespolizei erschienen und hatte das Lokal geschlossen.

SIEBENTES KAPITEL

«Tee» wirkt nicht so

MEIN nächstes Engagement hatte ich in einem Kabarett an der Randolph-Straße in Chikago, das «Deauville» hieß. Hier mußte man in einer brillantbesetzten Limousine mit goldenen Kotflügeln und Hermelinpolstern vorfahren, wenn der Portier den Schlag öffnen sollte. Dieser neue Klub war «intim»; der Besitzer ließ große Scharen nicht zu; nur fünf bis sechs Gruppen wurden aufs Mal zugelassen, und die Leute mußten volle Taschen haben. An manch einem Abend lief das ganze Programm vor sechs bis acht Leuten ab, und meistens hatten sie keine Augen, etwas zu sehen.

Trotzdem bestand keine Gefahr, daß das Lokal Pleite machen könnte. Selbst die kleinste Gruppe kam nicht hinaus, ohne mindestens zweitausend Dollar springen zu lassen. Der Boß hielt sich größtenteils an eine Kundschaft von Neureichen, denen man etwas abzapfen konnte. Er machte gute Geschäfte.

In dieser erlesenen Umgebung lernte ich, daß das amerikanische große Publikum nichts mehr liebt, als gemolken zu werden. Die Hauptattraktion des Klubs war Frank Libuse, der berühmte Komiker, der den Dummköpfen ein unvergeßliches Erlebnis bescherte. Frank trat als Kellner auf, mit ausgebeulten Hosen, die ihm über die Schuhe fielen, einem sechsmal zu großen Frack und einem Tischtuch unter dem Arm. Wenn eine Gruppe das Glück hatte, vom Portier durchgelassen zu werden, wurden die Leute vom Oberkellner zu einem Tisch geführt, und dann machte sich Frank an die Arbeit. Er zog einer würdigen Dame den Stuhl unter dem Allerwertesten weg und fing sie im letzten Augenblick auf; wenn er sich vorbeugte, um ein paar Krumen vom Tisch zu fegen, stieß er hinterrücks an ein hübsches junges Ding, das in die Luft flog; er verschüttete Suppe über den ganzen

Tisch, goß die Getränke den Kunden in den Schoß, verstrubbelte den Damen das Haar, wenn er sie bediente, ließ volle Tabletts zu Boden fallen, riß einem Eisenbahnmagnaten die Zigarre aus dem Mund und drückte sie im Aschenbescher aus, zerrte eine wohlbeleibte Dame von ihrem Sitz hoch und walzte mit ihr über das Parkett. Mit seinen hohlen Wangen, seinem ernsten Mund und der Bürstenperücke brachte er uns auf dem Podium zum Lachen; aber wir mußten es mit Pokermienen ansehen und so tun, als ob es uns nicht berührte. Wenn dann die reichen Kunden schließlich weißglühend vor Wut waren, warf er den ganzen Tisch um und sauste gerade noch beizeiten davon, ehe er vermöbelt wurde. Dann trat Mabel Walzer auf, seine Partnerin, als kleines Mädchen gekleidet, und sang eine große Opernarie, während Frank auf seiner Flöte mit zierlichen kleinen Läufen falsch begleitete und die Arie zuschanden machte.

Wenn die Kunden glücklich begriffen, daß auf ihre Kosten – wirklich auf ihre Kosten – Ulk getrieben worden war, brachten sie meistens keinen Mut auf, etwas dagegen zu tun, sondern machten gute Miene zum bösen Spiel und verteilten großzügig Trinkgelder, um sich als anständige Charaktere zu erweisen.

Dieses Engagement hatte mir Irving Rothschild vermittelt, der berühmte Violinist, der Sophie Tuckers Orchester jahrelang leitete. In der Jazzwelt verbreiteten sich Nachrichten durch unterirdische Kanäle so rasch, daß ein Blitzzug dagegen eine Schneckenpost war; während ich im «Martinique» gearbeitet hatte, war es ruchbar geworden, daß ich ein guter Spezialist im Stil der Farbigen sei. Als ich dann wieder in die Stadt kam, spielte ich einige Monate da und dort, bis mich eines Tages Irving aufsuchte und sagte, er habe von mir gehört, ob ich wohl ein Orchester von sechs Mann für diesen neuen Klub zusammenstellen könne.

Ich brachte das Orchester zusammen, darunter den Trompeter Murph Steinberg und einen jungen Burschen namens Eddie Condon am Banjo. Eddie oder Slick, wie wir ihn nannten, war einer Universität nie nahe gekommen; aber er war ein typischer Student mit Knickerbocker, gepunkteter Fliege und sportlichem Schifferhaarschnitt, der an völlige Kahlheit grenzte. Eddie fand uns zuerst zu stark, zumal als er hörte, daß die Wochengage 115 Dollar betrug; doch schließlich überredete ich ihn, und nach einer Weile wurden wir gute Freunde.

Im Frühjahr 1925 hörten wir im «Deauville» auf, und Irving verschaffte uns ein Sommer-Engagement im «North Shore Pavilion» in South Haven, einem Ferienort gegenüber Chikago am andern See-Ufer. Da Eddie Condon schon ein anderes Engagement abgeschlossen hatte, übernahm ich seinen Bruder Pat am Banjo. Ungemach erwartete uns in South Haven – sowie wir dort ankamen, gerieten wir prompt in den irrsinnigen Rassenwahn. Die Kundschaft des «Pavilions» bestand größtenteils aus vornehmen Gojim, und als der Direktor herausfand, daß drei von uns Broadway-Araber vom Stamme Israels waren, wollte er uns nicht einmal die erste Nummer spielen lassen.

Das machte uns wütend; aber Irving ließ sich nicht so leicht schlagen. «Wenn wir schlau sind», sagte er, «können wir dem Kerl vom ‚Pavilion‘ das Geschäft versalzen. Hier ist eine große Sommervilla zu vermieten mit einer Veranda, die größer ist als ein gewöhnliches Tanzparkett. Wollen wir sie nicht übernehmen und dort unser eigenes Kabarett eröffnen? Ich wollte ohnehin schon immer Nachtlokal-Impresario werden.»

Der Gedanke gefiel uns gut, da wir gern in South Haven bleiben wollten, um unsere blasse Farbe zu verlieren. Mit Hammer und Säge machten wir uns alle ans Werk, schirmten die Veranda ab, setzten das leckende Dach instand, putzten das ganze Haus und strichen es neu an. Irgendwie beschafften wir uns ein Klavier, stellten Tische auf der Veranda auf, und binnen zwei Wochen lief das Geschäft.

Das Lokal erhielt nie einen Namen – wir dachten nicht beizeiten daran, und nach der Gala-Eröffnung blieb uns keine

Zeit mehr, uns mit einer solchen Nebensächlichkeit zu befassen. Wir gaben den Kunden für einen Dollar ein Schinkenbrot und eine Flasche Limonade, und sie hatten das Recht, den ganzen Abend dazubleiben, zu tanzen oder dem Orchester zuzuhören. Irving kam den ganzen Sommer nicht dazu, seine Fiedel anzurühren, weil er Wirt und Kellner spielen mußte. Wenn man ihn mit Tellern und Flaschen hantieren sah, hätte man meinen können, er imitiere Frank Libuse, nur daß seine Vorstellung nicht absichtlich war. Sein Diener, ein kleiner Jude aus dem Ostviertel, namens Dinky, amtete als Küchenchef. Sobald wir abends zu musizieren begannen, hörten uns die Leute am Strand, und sogleich kamen sie herbeigeströmt, als ob wir Rattenfänger von Hameln wären. Wir machten nie irgendwelche Reklame – wir servierten nicht einmal ein Menü –, aber das Schild «Nur noch Stehplätze» hätte jeden Abend ausgehängt werden müssen, wenn jemand zum Schildermalen Zeit gehabt hätte. Wir Nachtklubbesitzer wohnten mit unseren Angehörigen oben, und den ganzen Sommer hindurch veranstalteten wir einen Ball.

Tagsüber lungerten wir am Strand herum und ließen uns von der Sonne braten, während sich die Leute um uns scharten wie Sandfliegen. Die Seejungfrauen kamen aus dem Wasser, angelockt von der Musik, und im Nu tanzte jeder Kieselstein Charleston oder Black Bottom. Der Direktor des «Pavilions» mochte uns nicht einmal mehr gemalt sehen, am wenigsten, nachdem er seine Sommereinnahmen gezählt hatte. Dem kleinen Dinky erging es am besten von uns allen. Er setzte immer bei Pferderennen, und einmal gewann er und vergrößerte sein mageres Kapital auf zweitausend Dollar. Sogleich verließ er uns, und zwei Tage später, als wir schon die Polizei seinetwegen auf dem Halse hatten, erschien er wieder, geschniegelt wie ein Graf, in einer großen Limousine. Er brachte Irving in Wut, indem er paradierte; dann ging er nach Florida, wo er Buchmacher in großem Stile wurde. Jetzt soll es ihm sehr gut gehen mit einem ausgedehnten Marstall und einem eigenen Diener.

DA meine Nuckelpinne allmählich wie eine verbeulte alte Blechbüchse auf Rädern aussah, tauschte ich sie im Herbst nach der Rückkehr nach Chikago gegen ein Willys Knight-Kabriolett ein. Eines Abends packte mich die Lust, den Kameraden im «Corner» zu zeigen, wie gut es mir ging, und so fuhr ich vor dem Billardsaal vor. Es war wirklich ein Triumph für mich, als sie meinen neuen Wagen beguckten.

«Kein schlechtes Auto, Milton, wo hast du es gemaust? Diesmal wirst du nicht nach Pontiac kommen», sagte einer.

Dann hatten sie einen guten Einfall und schlugen mir vor, mit ihnen eine Rundfahrt zu machen.

Wie in alten Zeiten machten wir an jenem Abend eine Rundfahrt, und so geschah es, daß ich in den «Four Deuces» ein nettes kleines Ding namens Jane kennenlernte, das mir eine traurige Geschichte zu erzählen hatte. Wahrhaftig, ich habe nichts von einem Beichtvater, aber wo ich auch erscheinen mag, da fühlen sich die Nutten gedrängt, mir ihre Lebensgeschichte zu erzählen. In meinen Ohren klingt es von all den Klageliedern, denen ich «Chez Lulu» auf beiden Seiten des Atlantischen Ozeans gelauscht habe. «Ach, es ist eine lange Geschichte», sagte Jane, holte tief Atem und sprudelte dann alles von Anfang an hervor.

Geburtsort: Des Moines. Sie heiratete mit siebzehn Jahren und hatte ein Töchterchen. Ihr Mann war ein Trinker und ließ sie sitzen. Sie hatte es schwer. Arbeitete als Kellnerin in einer Kneipe, um Leib und Seele zusammenzuhalten. Kam da eines schönen Tages ein Reisevertreter, versprach ihr eine Anstellung in Chikago und bezahlte ihr die Eisenbahnfahrt. Große Hoffnungen, viel Geld zu verdienen und das Kind nachkommen zu lassen. In der Großstadt nichts von einer Anstellung, muß wieder als Kellnerin arbeiten. Traurig, heimwehkrank, müde, gelangweilt. Ein zweiter Verführer taucht auf, ein aalglatter Schwätzer, der ihr von einer guten Anstellung vorfaselt. Letzter Schritt: Er verpflanzt sie in die «Four Deuces», und die Mädchen lehren sie das Gewerbe. Erniedrigung, Verzweiflung; in der Falle, kein Ausweg. Der Hurenwirt ist ein harter Mann, er droht ihr, sie hat Angst, wegzulaufen. Ach, das Leben lohnt sich nicht – was soll sie tun? Sie ist so unglücklich, sehnt sich nach ihrem Kind.

Eine solche Geschichte setzt einem zu, weil sie nicht erfunden, sondern wahr ist. In neun von zehn Fällen geht es in den Vereinigten Staaten so zu, und unsere Nationalhymne sollte «The Curse of an Aching Heart» sein, in g-moll gespielt.

Mag sein, daß ich allzu weichherzig bin, aber ich werde immer von solchen Geschichten gerührt, zumal wenn sie wahr klingen, was diesmal entschieden der Fall war. Jane war ein sehr zartes kleines Ding, fein und lieb, und sie wirkte so fehl am Platz unter all den simplen Huren, daß mein Herz für sie sprach. Ich überlegte rasch.

Ich fühlte selbst etwas Unruhe; grünere Weiden schwebten mir vor. Nach dem, was man von andern Musikern hörte, die nach Detroit und New York gegangen waren, zog König Jazz durch die Lande, und die Wanderlust packte mich. Der Ausbruch der Chikagoer, der den Jazz zehn Jahre später zu einem internationalen Phänomen machen sollte, begann gerade; viele Musiker packten ihr Instrument und ihre Zahnbürste ein und machten sich auf, den Bürgern der Provinz das Evangelium des Riffs zu bringen. Nach Detroit zog es mich besonders, weil dort der Agentursitz der Gene Goldkette-Orchester war; Ray Millers Band spielte im Hotel Addison, Mc Kinney's Cotton Pickers im Arcadia, und Fletcher Henderson streifte in der Umgebung herum. Bonnie, meine Frau, hielt sich bei Verwandten auf, wo ich sie gut untergebracht wußte, und so beschloß ich, die fröhliche Reise anzutreten.

«Hör zu, Kleine», sagte ich zu Jane, «wenn du unbedingt hier weg willst, nehme ich dich nach Detroit mit. Ich wollte ohnehin dorthin fahren. Wir treffen uns also morgen und ziehen dann los.»

Der Heiligenschein, der sich um mein Haupt zu bilden begann, war so groß und hell, daß ich mir wie ein übergroßes Glühwürmchen vorkam.

Am folgenden Morgen entschlüpfte Jane aus den «Four Deuces», alle Siebensachen zurücklassend, und ich traf sie vor dem La-Salle-Bahnhof. Wir zickzackten dann durch die ganze Stadt, um sicherzugehen, daß wir nicht verfolgt wurden, und unterwegs schmiedeten wir unsere Pläne – wir wollten beide wie verrückt in Detroit arbeiten und große Bankguthaben erwerben; dann wollte Jane geradeswegs nach Des Moines zu ihrem Kind. Mir war so wohl zumute, daß ich einige Riffs anstimmte und auf dem Steuerrad den Takt schlug. Sehr bald begriff Jane die Sache und trommelte bip-bop, bip-bop, bip-a-di-die, bip-bam mit den Fingerknöcheln aufs Armaturenbrett. Sie erfaßte den Rhythmus des Südviertels wirklich gut, erwischte alle Breaks und geriet nie aus dem Takt; als wir am Abend nach Detroit gelangten, war sie so auf der Höhe, daß sie der Genossenschaft hätte beitreten können. Das kleine Geschöpf hatte Musik im Leibe.

In Detroit brachte ich sie bei einem netten, ehrbaren älteren Ehepaar unter [ich kampierte, allein mit meinem Heiligenschein, auf einem Sofa im Salon]. Am folgenden Tage begab ich mich zum Goldkette-Büro, wo ich empfangen wurde wie ein entsprungener Sträfling vom Gefängniswärter – man hatte schon gerüchtweise von mir gehört, und es sah aus, als ob ich gemacht wäre. Bereits am gleichen Abend wurde ich in ein Lokal zu Tommy Dorsay geschickt, wo wir neben McKinney's Cotton Pickers spielten, einem der bestbekannten farbigen Orchester der damaligen Zeit. Die Spezialarrangements, die wir vom Blatt spielen mußten, klangen den Negern, deren Stücke von guten Arrangeuren wie Don Redman eingerichtet waren, sicher sehr sonderbar.

Im Jahr 1926 war Detroit so weit offen wie die Tasche eines Politikers am Tage vor der Wahl; zu jeder Tages- und Nachtzeit wurde getanzt. Hier ging mir der Unterschied auf zwischen dem New-Orleans-Stil, auf den ich so erpicht war, und dem sogenannten Östlichen Jazzstil – die Ostmusiker hatten eine gekonnte, auf Effekt bedachte, mechanische Art, einen Chorus aufzunehmen; aber ihr Spiel hatte wenig Farbe oder Originalität; nur die tonale Qualität mit der geschickten Technik brachte diesen Leuten Erfolg ein, soviel ich sehen konnte. Bis zum heutigen Tage ist es keinem von ihnen gelungen, dem Jazz oder dem Swing etwas Neues zu geben oder einen ausgesprochenen Stil zu begründen. Wie das echte Marihuana stammt der echte Jazz aus dem Süden.

Binnen kurzem verschaffte mir die Goldkette-Agentur einen festen Posten bei einer kleinen Jazzband in einem sehr vornehmen Lokal, das sich «Luigi's Café» nannte. Ich fand es ulkig, wie während der Prohibition die obersten und untersten Schichten immer zusammenkamen. In diesem feinen Lokal, das vom Oberhaupt der berüchtigten «Purple Bande» geleitet wurde, pflegten die Blaublütigen von Detroit zu verkehren und saßen Seite an Seite mit den Hartgesottenen der «Purple Bande», neben denen Al Capones Spießgesellen wie eine Kindergartenschar wirkten. Die Detroiter Aristokraten schienen es höchst erhebend zu finden, mit diesen Halunken zu reden, ohne daß ihnen eine Kugel in den Hohlkopf geschossen wurde.

Zufällig war der Mann, bei dem ich ein Zimmer mietete, ein koscherer Brathuhnhändler en gros, der Schwiegervater von Louie the Wop, dem Oberhaupt der «Purple Bande». Die Unterwelt ist klein.

Viele Jazzmusiker kamen in unser Lokal, so daß das Orchester gewöhnlich doppelt so groß war, als unser Vertrag erforderte. Tommy Dorsey spielte im Hotel Book-Cadillac, sein Bruder Jimmy im Greystone, und beide erschienen regelmäßig, desgleichen Bob Chester und Gene Prendegast von der «Goldkette Orange Blossom Band» [unter der Leitung von Glen Gray, der später mit seinem «Casa Loma»-Orchester berühmt wurde]. Ich weiß nicht, ob die Aristokraten von Detroit es überhaupt merkten, aber unter Louie the Wops Auspizien erlebten sie Abend für Abend Jam Sessions ungefähr aller erstklassigen Jazzmusiker, die später in diesem Lande Geschichte machten. Neben der Liste jener Musiker, die den Kunden in «Luigi's Café» kostenlos vorspielten, hätte die Gesamtzahl der amerikanischen Musikergenossenschaft etwa so viel Wert wie ein Schuhnästel.

Damals war ich nicht ohne Marihuana, und einige Kollegen [ich will keine Namen nennen] machten mit und berauschten sich mit mir, da ich immer den besten «Tee» hatte, den es nur geben konnte. Wir hatten dann tolle Jam Sessions und spielten, bis uns fast der Kopf platzte. Zweimal mußte ich nach Chikago fahren, um bei meinem Verbindungsmann, einem kleinen Mexikaner namens Pasquale, neuen Vorrat zu holen. Das Kraut, das in Detroit herumgeboten wurde, war wie Abschabsel von alten Holzbrücken im Vergleich zu dem Goldschnitt, der in Chikago gehandelt wurde, und schmeckte zweimal so schlecht.

Jeder von uns, der Tee rauchte, gelangte zu dem Schluß, daß man diesem Rauschmittel nicht verfiel, und daß es kein Narkotikum genannt werden konnte. Da Marihuana damals gesetzlich nicht verboten war, zückten wir unsere Zigaretten in aller Öffentlichkeit und zündeten sie an, als ob es Camel oder Chesterfield wären. Für uns war eine dieser Zigaretten nicht gefährlicher als die übrigen großen Laster der Amerikaner, Coca-Cola zu fünf Cent und Eiscreme, nur hatten wir mehr Vergnügen für unser Geld.

Wir stellten fest, daß wir manches gemeinsam hatten: Wir aßen wie ausgehungerte Kannibalen, die endlich einen Missionar zum Verspeisen finden; wir lachten viel und nahmen alles gemächlich. Außerdem hatte Marihuana eine leicht aphrodisische Wirkung, worüber wir keineswegs unglücklich waren. All die aufgeblasenen kleinen Leute, die wir ringsum sahen, die sich wichtig machten, Intrigen und Kabalen anzettelten und immer verrunzelter und nervöser wurden, brachten uns zum Lachen, so absonderlich fanden wir sie. Nicht etwa, daß wir verrohten oder stumpf wurden. Wir befanden uns in einer anderen Sphäre auf einem anderen Planeten, im Vergleich zu den Musikern, die Flaschenkinder waren, sich volltranken und hernach Katzenjammer hatten. Wir liebten die Entspannung, hatten gern alles lind und milde, nicht laut und knallig, und die mürrische Verkrampftheit der Trinker mit ihrem falschen Mut sagte uns nicht zu.

Zudem brachten die Trunksüchtigen keine gute Musik hervor – ihre Töne kamen hart und böse, nicht natürlich, weich und seelenvoll –, und alles, was Musik verdarb, war Gift für uns. Wir Marihuana-Anhänger hatten den Ehrgeiz, wirklich zündende Musik hervorzubringen, die von Inspiration funkelte. Die Saftgurgler erlahmten bald an ihren Instrumenten und wurden dann böse, weil sie sich deswegen grämten.

WENN man dem Opium in den Weg läuft, soll man kehrtmachen und springen. Opium ist nur etwas für Nichtstuer.

Detroit muß auf einem Mohnfeld erbaut worden sein, so viel Opium ging in dieser Stadt in Rauch auf. Immerzu hörte ich durch Freunde Geschichten von all den Opiumrauchern, die in Detroit lebten. Ein Kollege von mir namens Mike, der in einem dieser Hotels wohnte, hatte mit einer Bande von Opiumgangstern zu tun, die seine Zimmernachbarn waren, besonders mit einem scharfen Kunden, der Frankie Riccardi hieß. Dieser Frankie, ein geselliger Mensch, der ungern allein war, pflegte bei Mike hereinzuschneien, um mit ihm zu plaudern. Mike wäre lieber der Gastgeber eines Kopfjägers mit allem Werkzeug unter dem Arm gewesen.

Frankie Riccardi nahm immer den Mund voll und pries sein Opium, neben dem unser Tee so stark wie Damenzigaretten wäre. Als er Mike einmal zusetzte, rief Mike mich an und bat mich zu sich, um diesem Revolvermann Tee zu verzapfen und ihm ein für allemal den Mund zu stopfen. Wir übertrumpften Frankie, und richtig schmauchte er hastig zwei Marihuana-Zigaretten, wobei er den starken Simson spielte und die ganze Zeit schnödete. «Das Zeug ist harmlos wie Kartoffelkraut», sagte er. «Habt ihr nicht etwas wirklich Starkes wie Kindermehl oder vielleicht Grießbrei?»

Dann wirkte der Tee – jählings sprang er von seinem Stuhl auf und begann zu wimmern wie ein Affe, dem man den

Schwanz abgeschnitten hat. Der Anblick war sehenswert, wie dieser schneidige Revolverheld zum Fenster stürzte, sich den Kragen aufriß und schrie: «O mein Gott, ich sterbe, ich sterbe – ruft den Arzt! Um Himmels willen holt mir einen Doktor!»

Ich hätte ihn gern gefragt, ob er nicht noch mehr von dem Grießbrei haben wolle; aber ich brachte vor Lachen keinen Ton hervor.

Wir wußten, daß Frankie trotz seinem Jammergeschrei kein Todeskandidat war. Er litt nur an Magenbeschwerden durch Überfütterung oder Verstopfung, und er brauchte lediglich doppeltkohlensaures Natron, keinen Medizinmann. Wenn man nämlich von Marihuana berauscht wird, trocknet der Speichel im Mund aus, der Magen füllt sich mit Gasen und drückt gegen das Herz, bis man jeden Herzschlag spürt. Es ist ein sonderbares Gefühl, als ob die Trommelfelle wirklich als Trommelfelle benutzt würden. Zuerst hört man das Herz rasch schlagen, dann beginnt es mit langsamen, akzentuierten Schlägen zu pochen, die einen so sehr verwirren, daß man sie überhaupt nicht mehr hört. Dann fängt der Spaß an. Es ist, als ob ein Wecker unter den Rippen die Sekunden abtickte und mahnend erinnerte, daß das Leichengewand zugeschnitten wird. Dann hört er auf. Als nächstes denkt man: Himmel, ich muß sterben, ich höre mein Herz nicht mehr schlagen. Dann setzt die Wirkung ein.

Seltsam, wie der wildeste Gorilla zahm wird und wie ein Hündchen winselt, wenn er sein Herz knattern hört. Ein Mensch, der ein schlechtes Gewissen hat, hält sich gern von Uhren fern. Pistolenschützen mögen nicht daran denken, daß jeder einmal an die Reihe kommt, wenn die Uhr abgelaufen ist. Je mehr Menschenleben sie vernichten, desto mehr haben sie das Gefühl, unsterblich zu sein. Nie erinnere man einen Gangster an seinen Puls, wenn der eigene weiterschlagen soll.

Frankies rauhe Schale war vom Opium vielleicht nie punktiert worden; aber sie schmolz schnell, nachdem die zwei Marihuana-Zigaretten ihre Wirkung taten. Der Tee nimmt einem alle Härte und alles Böse, läßt einen mit dem Kopf statt mit den Fäusten denken, gräbt die Wahrheit aus und hält sie einem vor die Nase. Alles kommt aus der Wäscherei sauber und gestärkt hervor. Eine Viper liebt die Lügen nicht. Wahrscheinlich begann Frankie die Gesichter all der Menschen zu sehen, die er abgeknallt hatte, und stellte sich vor, es sei das Jüngste Gericht statt einer gewöhnlichen Leberattacke. Zuerst blickte er scheel, aber nun quollen ihm die Augen wie Seifenblasen, und panische Angst tanzte über sein ganzes Antlitz.

In «Luigi's Café» kam oft eine Schar fröhlicher Genießer, mit denen ich mich bald näher einließ. Es waren größtenteils Spieler, die großzügig Geld ausgaben, gutmütige Juden, die knallig gewürfelte Anzüge und offene Sporthemden trugen. Zuerst hielt ich sie für große Geschäftsleute, und wir erlebten lustige Stunden miteinander. Wir aßen gut in intimen Restaurants und schmorten dann in einem Russischen Bad. Einer von ihnen, ein sorgloser Mann namens Sam Trombanick, war der Besitzer des Restaurants «The Oriental Rest» an der Division-Straße, wo Entrecôtes über Holzkohlenfeuer gegrillt und auf Holztellern angerichtet wurden.

Nachdem wir an einem Sonntagmorgen im Russischen Bad im eigenen Saft geschmort hatten, zog ich mit dieser Schar zum Hotel Charlotte, wo irgendeiner von ihnen wohnte. Im geräumigen Wohnzimmer schlüpften die meisten aus dem Rock, klemmten ihre dicke Zigarre zwischen die Zähne und ließen sich zu einem Romméspiel nieder, ich mit ihnen. Aber drei schlugen sich wortlos ins Nebenzimmer und schlossen die Türe. Ziemlich bald verbreitete sich ein merkwürdiger Geruch im Raum, und einer der Männer stand vom Spieltisch auf, holte ein feuchtes Handtuch und verstopfte damit die Ritze unten an der Schlafzimmertür. Ich begriff das nicht recht, hielt jedoch den Mund und tat nichts dergleichen. Niemand sonst schien sich darum zu scheren, und ich hielt es für einen Fauxpas, wenn ich mich mausig machte. Immer wieder erschnüffelte ich den Geruch, und ich kam mir etwas fehl am Platze vor, ähnlich wie ein Hottentotte, der im Automobilklub herumwandert und für einen Nickel Betelnuß sucht.

Etwas später kehrten zwei von den Verschwundenen zurück und beteiligten sich am Kartenspiel, während zwei andere ins Schlafzimmer gingen. Als die Türe aufgemacht wurde, sah ich drinnen ein feuchtes Tuch hängen, und mein Kopf begann zu rätseln.

«Was geht da drinnen eigentlich vor?» erkundigte ich mich.

«Schick ihn herein und laßt es ihn selbst feststellen!» rief jemand aus dem Schlafzimmer.

Im stillen wünschte ich, keine solche Redegabe zu haben; aber nun mußte ich das Gesicht wahren. Ich stand auf und schlenderte ins Nebenzimmer, ohne recht zu wissen, ob ich lächeln oder zittern sollte.

Das war ein Weg, den ich lieber nicht unter die Füße genommen hätte. Ich brauchte fünf Sekunden, um in das Zimmer zu gelangen, und später nahezu fünf verfluchte Jahre, um auf allen vieren hinauszukriechen.

Der Geruch in dem Zimmer genügte, um einen Menschen umzuwerfen. Er war süßlich und gleichzeitig durchdringend, schwer wie die Lider eines Schlaflosen, so dicht und fest wie eine ringsum errichtete Ziegelsteinmauer. Er kitzelte mir die Nase, erschreckte mich und regte mich an, machte mich gespannt – er verhieß etwas Außergewöhnliches, eine einmalige Aufregung. Die drei Männer lagen quer auf dem Bett, der eine den beiden andern gegenüber, und zwischen ihnen war ein rundes Messingtablett mit seltsamen Geräten, in deren Mitte eine kleine Lampe brannte. Auf dem Bett stand auch eine Obstschale. Das Ganze sah genau wie eine Szene aus Tausendundeinenacht aus; nur daß die Diebe und Prinzen mit Sportanzügen verkleidet waren. Ich wartete geradezu darauf, daß der Teppich in die Höhe gehen und mitsamt dem Bett und uns allen zum Fenster hinausfliegen würde.

Einen dieser orientalischen Potentaten hatte ich mit Marihuana bekannt gemacht, und er sagte zu mir: «Komm her und leg dein Köpfchen an meine Brust; dann lasse ich dich etwas rauchen, das dich dazu bringt, deinen Tee in den Abfalleimer zu werfen. Das Kraut ist nichts wert, Jungchen, versuch das hier, und du wirst vom Tee nichts mehr wissen wollen. Das hier wird dir gefallen.»

«Was ist es denn?» fragte ich, und mein Herz machte Geräusche wie ein Außenbordmotor, dem das Benzin ausgeht.

«Leg dich hin und versuch's. Ich würde dir nichts geben, das dir schaden könnte, Jungchen. Wir tun das ungefähr alle zwei Wochen. Das ist das sogenannte Vergnügungsrauchen, das Kraut des Reichen; es ist Opium, und es lindert alle Schmerzen.»

Marihuana war Kinderzeug für mich; aber vor dem Rauschgift Opium hatte ich Angst. Das Bett hätte eine Totenbahre sein können, nach der Art zu urteilen, wie ich mich darauf niederliess, bis ich die Opiumpfeife zwischen den Lippen hatte. Der Mann mir gegenüber bereitete das Zeug zu. In der einen Hand hielt er die lange Ebenholzpfeife, in deren Kopf er die Kocherei vornahm. In der Linken hatte er ein nadelartiges Instrument, so lang und dünn wie eine Hutnadel, deren Griff mit noch feinerem Draht umwickelt war. Die Spitze der Nadel tauchte er in ein Gefäß mit dunkelbrauner Schmiere, die wie Teer aussah; dann hielt er einen Tropfen über die Flamme, bis sie wie ein kleiner Ballon zu schwellen begann, und fügte ab und zu noch etwas mehr hinzu. Immer wieder erhitzte er diesen kleinen Opiumballen, bis er fest war und aussah wie ein brauner Wattepfropf. Dann hielt er den Pfeifenkopf nahe ans obere Ende seiner Lampe und steckte die Pille an den Rand des Kopfes, wobei er die Nadel kreiseln ließ, um das Opium zu strecken, das jetzt eine goldbraune Farbe hatte... [Die übrigen Einzelheiten überschlage ich, weil ich keinen Leitfaden, wie man in drei Lektionen Opiumraucher werden kann, schreiben möchte.]

Mehrmals hielt mir der Zeremonienmeister die Pille dicht an die Nase und ließ mich daran riechen. Herrschaft, noch nie im Leben hatte ich so etwas Feines gerochen. Es erweckte in mir das Verlangen, mich darin zu wälzen, es zu kauen, mir den ganzen Leib damit zu beschmieren und es dann Fleckchen um Fleckchen abzulecken. Ich atmete tief ein, seufzte und hauchte: «Mmmmmm, das riecht wirklich gut, Freundchen.» Sekundenlang war ich wirklich verfallen.

Schließlich wurde die Pille zu einem Kegel geformt und in ein kleines Loch im Pfeifenkopf gesteckt. Der Mann hinter mir, dem die Pfeife gereicht wurde, zog daran – das Zeug begann zu tanzen und bog sich ein wenig um den Rand, wobei ein brodelndes Geräusch entstand, und dann senkte es sich in den Pfeifenkopf und verschwand. Der Chef bereitete eine neue Pille zu und gab die Pfeife dem nächsten. Nach zwei Jahrhunderten kam ich an die Reihe. Der Vorsitzende hielt mir die Pfeife hin, nahm sie aber dann zurück und legte sie auf das Tablett.

«Deine erste Pille, Kleiner?» erkundigte er sich.

Ich bejahte und fragte mich, ob ich wohl in letzter Minute begnadigt würde.

«Gehängt will ich werden, wenn ich sie dir gebe», sagte er und rief ins Nebenzimmer: «He, Jake, komm und gib diesem Grünschnabel seine erste Pille. Du weißt ja, ich habe meine Grundsätze.»

Später erfuhr ich, daß ein Opiumadept einem Anfänger niemals die erste Pille gibt, weil er es nicht auf dem Gewissen haben will, wenn der andere Opiumraucher wird. Das ist ein starker Aberglaube in der «Legion der Verdammten». Rauschgiftsüchtige haben viele derartige Regeln und Verordnungen; es ließe sich ein Knigge über die Etikette der Opiumraucher schreiben.

Jake kam herein, hocherfreut, eine Hand leihen zu können, und reichte mir die Pfeife mit den Worten: «Paff in kurzen Zügen und schluck gleichzeitig den Rauch hinunter.»

Ich hatte das Gefühl, beim Schlucken meines eigenen Speichels zu ersticken; aber ich bemühte mich, die Anweisung zu befolgen, so gut ich es vermochte, wobei ich Betrachtungen darüber anstellte, wie viele meiner alten Kameraden mich vermissen würden, wenn ich nicht mehr da wäre.

Ich überlebte es wahrhaftig. Es gefiel mir sogar. Ehe ich mit der einen Pille fertig war, stieg eine Hitzewelle aus meinem Magen auf und verbreitete sich überall in mir bis zu den Zehenspitzen; es war das stärkste und angenehmste Gefühl, das ich je in meinem Leben empfunden hatte. Zuerst sickerte es gemächlich durch meinen Hauptkanal, dann brauste und raste es durch alle meine Seitenstraßen, und jedes Atom meines Körpers freute sich. Die feurige kleine Pille vollführte in jedem Nervenstrang einen Spitzentanz, zupfte an jedem, bis er ein fröhliches Lied summte, zündete in meinem Körper eine Million Lichter an, von deren Vorhandensein ich gar nichts gewußt hatte. Ich glühte am ganzen Leibe, als ob die Sonne in meinen Magen verpflanzt wäre. Menschenskind, ich war ganz weg und wollte nicht mehr zurück.

«Wie gefällt dir das, Jungchen?» fragte der Koch. «Besser als dein Tee?»

«Das will ich meinen», antwortete ich und strahlte ihn an. «Donnerwetter, man fühlt es bis in die Füße. Tee wirkt nicht so.»

Alle lachten, wodurch mir die ganze Lage unbehaglicher wurde; aber eine Minute später war ich bei meiner zweiten Pille. Diesmal knurrte mein Magen ein wenig – nicht aus Widerspruch, sondern wie ein alter Köter, dem die Flohstiche gekratzt werden, und der vor Vergnügen stöhnt. Nach einer Weile, als mein Bauch-Rhumba aufhörte, streckte ich mich ohne die geringste Sorge auf der Welt aus. Ich war ein Bündel zufriedenen Glückes in einem blauen Anzug. Ich ertappte mich dabei, daß ich dem Koch verträumt zuschaute, als ob er eine Zauberformel beherrschte. Ich wollte die Wärme und klingende Leichtigkeit in meinem Körper nie verlieren. Mein Blut war zu heißem Punsch geworden; in meinem Schädel wimmelte es von Sonnenstrahlen.

Nachdem ich fünf Pillen geraucht hatte, hieß es, ich hätte genug, ich solle nun etwas Obst essen. «Iß eine Apfelsine,

Milton», sagte der Koch. «Obst und Opium vertragen sich glänzend, und das wird dir gut tun.»

Es schien mir, als hätte mir eine Apfelsine nie besser geschmeckt; sie war wie Nektar, den Engel in treibenden Wolken herstellen, nicht wie etwas, das von einem blöden alten Baum stammt.

Schließlich standen wir auf und kehrten zum Romméspiel zurück. Auf meinen Lidern schienen Gewichte zu liegen, und das Licht blendete mich zuerst; mir war verlegen zumute, weil ich wußte, daß mich alle anschauten und über mich grinsten. Sehr bald wurde mir schlecht, und ich rannte zum Badezimmer. Binnen zwei Minuten war alles vorbei, und ich hatte wieder das herrliche Gefühl, alles sonnig und lind, mit ultravioletten Strahlen, die in meinem Körper Verstecken spielten. Die andern rieten mir, mich eine Weile hinzulegen, und als ich mich auf dem Sofa ausstreckte, war ich so zufrieden wie eine Katze unter einem warmen Ofen. Es war zu schön, um wahr zu sein. Marihuana konnte da nicht mit. Doch dann fiel mir ein, daß ich rauschgiftsüchtig werden würde, wenn ich dabei blieb, und dieser Gedanke drückte mich nieder.

An diesem Abend arbeitete ich nicht – ich schickte einen Vertreter und fuhr geradeswegs heim, um zwischen lilienweiße Tücher zu kriechen. Die ganze Nacht schlief ich fester als eine ägyptische Mumie. Als ich endlich wieder an die Arbeit ging, fühlte ich mich ein bißchen klapprig und benommen, und ich nahm alles leicht. Mein Spiel wurde nicht beeinflußt, außer daß mir etwas schwummerig zumute war, und daß ich halb unbewußt herumging. Wenn es ums Spielen geht, läßt sich das Zeug mit Tee nicht vergleichen, sagte ich mir, und ich beschloß, mich nicht mehr damit einzulassen. Ich wünschte, ich hätte diesen Entschluß durchgeführt.

Viele Jahre später, als ich in New York lebte, fand ich heraus, was alle meine Opiumfreunde waren. Eines Tages blickte mir Trombanicks Visage von der ersten Seite einer Manhattan-Zeitung entgegen – er war einer der Führer der «Purple

Bande» und war abgeknallt worden. Die ganze Bevölkerung von Detroit muß zur «Purple Bande» gehört haben. Hernach sah ich nacheinander fast alle diese gutmütigen, kameradschaftlichen Leutchen in der Zeitung, auch den Opiumchef und Jake, der mir meine erste Opiumpfeife reichte – alle wurden sie früher oder später von ihrem Schicksal ereilt. Eines Tages sprang mir sogar Frankie Riccardis Bild ins Gesicht. Er war der Bruder von Louie the Wop; bis zu seinem Abgang hatte er für die Bande Menschen umgelegt.

Ach ja, und was Jane betrifft – sie fand ein trauriges Ende. Ich sah sie nicht mehr oft, nachdem ich in «Luigi's Café» anfing, weil ich meine Frau und ihr Kind [aus einer früheren Ehe] nach Detroit holte. Doch wenn ich sie mitunter zufällig traf, erzählte sie mir, es ginge ihr wirklich gut – sie arbeitete in einem Restaurant und hatte eine eigene kleine Wohnung. Sie sparte sich nahezu tausend Dollar zusammen, mehr, als ich aufzuweisen hatte. Die Trinkgelder mußten gut sein, dachte ich.

Trinkgelder – du, meine Güte, Sinkgelder wäre richtiger gewesen. Eines Abends wanderte ich die Bobian-Straße entlang, ohne die Mädchen, die in den Fenstern lagen und Kunden anlockten, zu beachten. Ich achtete auch nicht auf den Takt, in dem sie an die Scheiben schlugen. Aber plötzlich vernahm ich etwas, das mich auf die Bremse treten und aufblicken ließ. Es war ein kunstvoller Synkopentakt, der gewöhnlich nicht vom Fenster eines Freudenhauses kommt – bip-bop, bip-bop, bip-a-di-die, bip-bam – der regelrechte «Baby Dodds»-Break aus dem Südviertel. Auf einmal verstummte er. Dort im Fenster saß die niedliche, unschuldige kleine Jane, angetan mit einem Kimono im Guck-guck-nicht-Stil. Sie hielt die Stöckchen in den erhobenen Armen, steif erstarrt, wie eine Puppe aussehend, die darauf wartet, aufgezogen zu werden. Ich sagte nichts. Ich schaute zu ihr empor, und sie schaute zurück, und das war alles, was geschah. Dann ließ ich die Schultern fallen und ging weiter.

Damit hatte ich Jane zum letztenmal gesehen – etwas später bekam meine Frau Heimweh nach Chicago, und wir kehrten in die Großstadt zurück. Ich sagte zu mir selbst: Schön, Jane, ich bin dir nicht böse, es ist dein Leben, und du mußt es leben – aber warum mußtest du gerade so ans Fenster klopfen? Das wäre nicht nötig gewesen. Es stimmte mich besorgt.

Viele Dinge im Leben muß man vergessen, sagte ich mir immer wieder. Du solltest dich panzern. Übrigens glaube ich sie immer noch, die Geschichte dieses kleinen Mädchens – jedes Wort, vom Anfang in Des Moines an, die Erzählung von dem Kind, von den Reisevertretern und von allem.

ACHTES KAPITEL

Ich habe die «Heebies», ich meine die «Jeebies» *)

IM Jahr 1926 gab es einen Veitstanz im ganzen Land, begleitet vom Geknatter von Maschinengewehren. Von Sonnenuntergang bis Sonnenaufgang war das Leben ein einziges schaukelndes Bad in einer Wanne aus 22 karätigem Gold, gefüllt mit Milch und Honig. Den ganzen Tag holte der Drogist unter dem Ladentisch Literflaschen hervor, die als Haarpflegemittel getarnt waren. Der Kater wurde Amerikas chronische Krankheit.

In Chikago schwelte eine Revolution, angezettelt von einer Schar Studenten mit rosigen Wangen. Diese Rebellen in Knickerbocker standen auf einem Orchesterpodium anstatt auf einer Seifenkiste, gaben Riffs heraus statt Flugblättern; aber die Wirkung war die gleiche. Ihr Jazz war nur eine musikalische Version der Zeitungsartikel, mit denen zwei schlaue Füchse namens Mencken und Nathan das Publikum in den Spalten des «American Mercury» zu bombardieren begannen. Jazz war die einzige Sprache, in der sie ihre zündende Botschaft verkünden konnten.

Diese anmaßende Jugend war bekannt als «Austin High Gang», und «Mutterwitz» lautete ihr Spitzname. Im Westen von Chikago brütete sie ihre Pläne aus, unweit von Austin, einer wohlhabenden Vorstadt, wo alle Tage Sonntag war, einer verschlafenen Gegend mit schattigen Bäumen, gepflegten Rasenplätzen und einer ebenso verschlafenen Bevölkerung. Die jungen Leute bezweckten nichts anderes, als die damalige fade, geschmacklose Schlagermusik vom Genre «Ausgerechnet Bananen», die ein Widerhall der geistlosen, schlafwandelnden Bevölkerung zu sein schien, aus der Stadt zu verjagen. Sie wollten jeden höher strebenden Bürger mit ihrem Hundegekläff und Möwengekreisch aus seinem Lehnstuhl scheuchen.

---

*) Heebie-jeebies: Delirium tremens, Veitstanz, Jimmy, Nervenkitzel.

Noch bevor sie ihr Examen an der Universität Austin High abgelegt hatten, waren sie alle von der Flutwelle der Jazzmusik erfaßt worden, die vom Golf von Mexiko bis zum Gebiet der Großen Seen durchs Land wogte und alles mit einem Jazznebel umhüllte. Diese jungen Leute waren mitgerissen worden; sie wollten der Flut vom Mississippi-Delta den Weg pflastern und sie zu Glanz und Ruhm antreiben. Aus dem verkrampften Bauche des übersättigten Landes sang ihnen eine ganz neue Stimme zu, gab Antwort auf alle ihre Fragen, und ihnen gefiel, was sie sagte. Es war die Stimme des Jazz, die sich über dem Geknatter der Maschinengewehre und dem Geklirr der Whiskyflaschen hörbar machte. Der gedämpfte Ruf hämmerte an ihre Ohren von New Orleans her, leicht klagend und leise jammernd, und er packte sie ebenso wie mich einige Jahre früher. Sie lauschten mit gespitzten Ohren, und natürlich wurden sie unruhig. Anstatt abends am Kamin zu sitzen und Algebra und Ludwig den Vierzehnten zu büffeln, schlüpften sie hinaus und machten eine Runde im Südviertel. Dort erhielten sie eine liberale Erziehung, die alle Buchweisheit und Sonntagsschulpredigten des Quartiers mit den gepflegten Rasenplätzen in den Schatten stellte.

Sie hörten auch den echten Jazz, der im Südviertel wie ein Pulsschlag ertönte. Joe Oliver lehrte sie, wie ihre musikalischen Milchzähne gezogen werden mußten; Jimmy Noone und Johnny Dodds halfen ihnen beim ABC; Louis Armstrong riffte und scattete sie durch viele Unterrichtsstunden in der Abendschule, bis sie lauter Ehrendiplome erhielten. Ihre gierigen Ohren saugten die Musik wie Saugpumpen ein. Die äußere Welt dünkte sie roh und unreif, grob, brutal, ungewaschen, aber sprudelnd von Leben; ihr Kragen mochte schmutzig und zerknittert sein, doch sie pulste von Vitalität und lustvoller Tatkraft, bereit zu allem und jedem mit einer Kraft, die sich nicht bändigen ließ. Und Jazz, echter Jazz war ihr Leitmotiv. Die jungen Menschen begeisterten sich für diese ungewaschene, unordentliche Welt, und sie beschlossen, ihre ungewaschene, unordentliche Musik zu lernen.

Während sie in der Stadt umherstreiften und wie ein Lumpenbettler, der Zigarettenstummel sucht, nach Lebenszeichen Ausschau hielten, stießen sie auf andere junge Menschen, die ebenso musikhungrig waren, auf Floyd O'Brien, Muggsy Spanier, Eddie Condon, Gene Krupa, Joe Sullivan, Herman Foster. Ab und zu trafen sie junge Musiker, die soeben erst anfingen und viel versprachen, zum Beispiel Bix Beiderbecke, Joe Marsala, Bill Davison, Danny Polo, Jack Teagarden, Jess Stacy, Pee Wee Russell; und sie saßen mit aufgesperrten Ohren und großen Augen zu Füßen älterer und bekannterer Musikanten wie Leon Rappolo und der andern Weißen im Orchester der «New Orleans Rhythm Kings».

Alle diese verschiedenen Stile spukten ihnen im Kopf herum, und die jungen Leute verarbeiteten sie schließlich und schälten sich aus allem, was sie hörten, ihren eigenen Stil und ihre eigene Technik heraus. Sie begannen selbst «hot» zu spielen, stammelten eine Sprache dazu, in der sich ausdrücken ließe, was ihnen im Kopf herumwirbelte. Freilich, die Bestandteile wurden ein bißchen vermischt; oft war ihre Musik wirr und erstreckte sich gleichzeitig nach allzu vielen Richtungen, als ob in jede Note ein Dutzend verschiedene Ideen gestopft wären. Aber sie waren auf dem richtigen Wege, und sie hatten es im Blut. Das war schon viel für den Anfang.

Während sie sich immer noch mit ihren Schulbüchern herumschlugen, gründeten sie eine Hochschul-Jazzband, die «Austin Blue Friars» hieß [zu Ehren der «Rhythm Kings», die im «Friar's Inn» auftraten]; und sie spielten ihre tolle Musik, in die sich Limonadentöne mischten, bei den Veranstaltungen des Eltern- und Lehrerverbandes und bei den öffentlichen Bällen im Park, bisweilen auch in einem Kabarett, das ihre Mütter nicht kannten. Nachdem sie ihr Examen abgelegt hatten oder aus der Schule hinausgeworfen worden waren, blieb die «Austin High Gang» beisammen. Schließlich gründeten sie ein Berufsorchester mit dem Namen «Husk O'Hare's Wolverines» – diesmal nach dem Namen von Bix' früherem Orchester. Nun waren sie gemacht.

Wer waren diese mutigen, besessenen jungen Leute? Ihre Anführer, diejenigen, die wirklich etwas erreichten, waren Frank Teschemacher, erstes Altsaxophon und Klarinette; Jimmy MacPartland, Trompete, und sein Bruder Dick, Gitarre; Dave North, Klavier; Jim Lannigan, Baß; Dave Tough, Schlagzeug; und Lawrence «Bud» Freeman, Tenorsaxophon. Ein anderer junger Chikagoer, Floyd O'Brien, kam mit der Posaune hinzu, und als ich mich später dazugesellte, war ich der dritte Saxophonist. Ich lernte die ganze Gesellschaft erst kennen, als ich aus Detroit zurückkehrte. Die meisten waren immer noch unter zwanzig; aber das Südviertel hatte ihnen schon seinen besonderen Stempel aufgeprägt. Ich hatte das Südviertel eigentlich als mein persönliches Eigentum betrachtet und angenommen, daß kein anderer weißer Musiker – eine kleine Handvoll ausgenommen – auf die gleiche Weise wie ich durch seine Musik ins Vibrieren geraten würde. Diese jungen Burschen ließen mich den Tag meiner Rückkehr im Kalender rot anstreichen.

Sie waren eine geistig rege, fleißige, strebsame Bande, diese jungen Flüchtlinge aus der sonnigen Vorstadt, frisch und lustig wie ein Rudel Lämmer; doch sie hatten auch ihre ernste Seite, verschrieben sich mit Leib und Seele dem Evangelium des Jazz, und sie bildeten den Kern einer großen Jazzgruppe, die in die Geschichte als die «Chikagoer» eingegangen ist. Zu den ersten Mitgliedern der «Austin High Gang» gehörten die feinsten und begnadetsten weißen Künstler, die Amerika hervorgebracht hat. Ihren Müttern mögen sie Kummer und Sorgen bereitet haben, aber für mich waren sie eine reine Freude.

FÜR den Sommer war das Orchester «Husk O'Hare's Wolverines» in White City engagiert, in einem großen Vergnügungspark am Ende des Südviertels. Ich wurde von Jimmy MacPartland dazugeholt, dem Trompeter, der später mit der Platte «Nobody's Sweetheart» berühmt wurde. Das war mein erstes Engagement bei einem andern Orchester; denn bis dahin hatte ich mir mein Orchester immer selbst zusammengestellt; aber es schmeichelte mir, sozusagen vom Fleck weg fortgeholt zu werden.

Am ersten Abend wurde mir ein Arrangement von Frank Black über «Kamenoi Ostrow» gegeben, und ich wußte, daß es mir nicht leichtfallen würde, die Noten vom Blatt zu spielen. Ich nahm an, ich hätte es mit dem üblichen Tanzorchester zu tun, dessen Musiker die Nase in feststehenden Arrangements vergruben.

Na, ich wurde bald eines anderen belehrt. In der nächsten Minute war es, als hörte ich Stimmen – da hieb doch ein Kerlchen, dessen Kopf kaum über der großen Baßtrommel hervorragte, den Rhythmus von «Baby Dodds» heraus! Dave Tough war außer Ray Eisel der einzige mir bekannte weiße Schlagzeuger, der diesen Rhythmus des Südviertels beherrschte. Mir blieb der Mund offen stehen, und Dave, der sich im Rhythmus wiegte und auf und nieder hüpfte, lächelte vergnügt zu mir herüber. Die Art, wie das Arrangement angepackt wurde, begeisterte mich so sehr, daß ich, als mein Chorus an die Reihe kam, alle geschriebenen Noten vergaß und drauflos phantasierte.

Konnte es wahr sein? Da war eine Schar junger Leute, noch dazu Weiße, die Musik nach meinem Herzen hervorbrachten. Musik, die meines Erachtens niemand kannte außer einigen wenigen Auserwählten.

Als wir mit dem Arrangement fertig waren, glühte mein Kopf, weil ich viele Fehler gemacht hatte; aber Bud Freeman waren auch Schnitzer unterlaufen, und das erleichterte mein Gewissen. Tesch konnte als einziger wirklich Noten lesen. Er hatte als Kind geigen gelernt und war so gut geschult, daß er sogar Fliegenflecken gespielt hätte, wenn sie in den Noten sichtbar gewesen wären.

Alle schauten mich an, als wir aufhörten, um zu sehen, wie es mir gefiel, und ich sagte: «Uff, das werde ich noch tüchtig üben müssen, damit ich mit euch Schritt halten kann.»

Hierauf setzte Jimmy «Dinah» an, vielleicht zu meinen

Gunsten; denn das lag mir. Das war ein «Head Arrangement», und eine Weile improvisierten wir. Sehr bald gab mir Jimmy einen Chorus, und als ich zu spielen begann, fiel Dave Tough mit mir ein, und wir übernahmen die Führung. Welch ein Unterschied, so zu spielen, anstatt einer Linie mit Fliegenflecken von Menschenhand nachzukriechen! Ich gab mich ganz hin – es war einer der großen Augenblicke, wo die Mauern zwischen einem selbst und andern Menschen plötzlich versinken und alle miteinander verschmolzen werden. Bud Freeman und Frank Teschemacher ließen die Augen nicht von mir; sie schüttelten den Kopf, als vermöchten sie es nicht zu glauben, und das brachte mich noch mehr in Schwung. Ehe ein Wort gesprochen wurde, wußten wir alle, daß wir gute Freunde werden würden. Ein Pakt gegenseitiger Hilfe wurde unterzeichnet und besiegelt, bevor wir überhaupt am grünen Tisch saßen und den Federhalter zückten. Jeder gab als Unterschrift ein Riff ab. Jeder Ton, den wir bliesen, fügte dem Vertrag eine neue Klausel hinzu.

Hernach sprang Bud auf und rief: «Habt ihr das gehört? Er spielt genau wie die Farbigen!» Tesch lachte mich breit an, und in mir schwoll Freude auf. Zum erstenmal in meinem Leben geschah es, daß mich eine ganze Gruppe weißer Musiker lobte, weil ich dem reinen Negerjazzstil treu geblieben war. Am meisten erschütterte es mich, daß die «Austin High Gang» inzwischen sozusagen ins Südviertel übergesiedelt und so gut geschult war, daß sie fast jedes Riff und jedes schwierige Break erkennen konnte, das ich ihnen zuwarf. Tesch war ganz überwältigt, als ich ihm erzählte, daß Bix im «Martinique» mit mir zusammen gespielt hatte; denn Bix war sein Mentor und sein Idol. Seine Augen glänzten hinter der dicken Hornbrille, während er sagte: «Oh, ich möchte ihn einmal kennenlernen.»

Tesch und Dave zogen mich am meisten an, weil sie dem echten Jazzidiom nachstrebten, und temperamentsmäßig paßten wir zusammen wie Rinde und Baum. Jimmy Mac-Partland konnte auch etwas – er hatte einen subtilen Ton, der verriet, daß er Bix manches abgelauscht hatte, und einige seiner Passagen stammten geradeswegs von Louis Armstrong her. Dann war da noch Floyd O'Brien, dessen New Orleans-Posaune keineswegs zurückstand. Tatsächlich hatten diese jungen Austin-Burschen, die zum Teil noch nicht trocken hinter den Ohren waren, das Wesen des Hot-Jazz so gut erfaßt, daß man manchmal meinen konnte, sie kämen aus dem Sklavenquartier anstatt aus Chikagos manikürter und gestriegelter Villenvorstadt.

Mit Dave freundete ich mich ganz besonders an. Er machte mich mit George Jean Nathan und H. L. Mencken bekannt, die sich mit der Feder auszeichneten. Dave las den «American Mercury» immer von der ersten bis zur letzten Zeile, vor allem die Rubrik «Americana», in der alle die Heuchler und Frömmler dieses freien Landes vorgenommen wurden. Der «Mercury» war geradezu die Bibel der «Austin High Gang» geworden. Es schien uns, daß Mencken in seiner Zeitschrift dieselbe Botschaft verkündete, die wir mit unserer Musik zu verbreiten suchten; seine Worte waren wie der Text zu unserem Hot-Jazz. Ich vergrub mich in den «Mercury», weil er mir dieselbe klare Perspektive gab wie Marihuana – für mich waren diese scharfen Artikel wie eine Dosis literarischen Marihuanas.

Tesch war der Philosoph unseres Orchesters. Er wäre vielleicht ein Trinker geworden, wenn ich ihn nicht zum Marihuana-Rauchen gebracht hätte. Tesch war sehr pessimistisch in bezug auf die Zukunft unserer Musik; er glaubte, daß wir ins Grab sinken würden, ohne Anerkennung gefunden zu haben, und er erzählte mir immerzu von all den großen Komponisten und Pionieren auf dem Gebiet der Musik, die erst nach ihrem Tode anerkannt worden waren. «Was für einen Zweck hat es, Milton?» fragte er mit Vorliebe, wobei sein Gesicht so lang und traurig wurde wie ein Seufzer. «Man schuftet sich ab, um den Leuten eine großartige neue Musik zu bringen, und sie behandeln einen wie die Pest, als ob man ihnen Aussatz statt Kunst anböte, und man landet im Armenhaus. So ist es den wahren Künstlern immer ergangen, die ihr Talent nicht im Auktionssaal fürs höchste Angebot verkauft haben.» Aber trotz dieser düsteren Stellungnahme lebte Tesch ganz in seiner Musik, und nie ließ er sich vom Wege abbringen.

Spät abends fuhren Tesch und ich oft zum Rande des Grant-Parks, wo wir in der Nähe des Springbrunnens hinter Soldier's Field hielten. Die ganze Nacht spielten wir dann Klarinettenduos im Stil von Jimmy Noone und Doc Poston, bis wir blau im Gesicht waren. Als wir einmal geparkt hatten und unser Freiluftkonzert begannen, sahen wir von der Land-straße her ein Motorrad auf uns zukommen, und Tesch sagte schwermütig mit altklugem Ton: «Da hast du's, Milton. Werden wir nie Frieden haben und spielen können, wie wir wollen? Wird man uns denn nie in Ruhe lassen?»

Wir dachten beide, der Arm des Gesetzes werde uns pak-ken, als Bote all der ehrbaren, braven Bürger, die daheim im Bett ehrbare, brave Träume hatten, anstatt die Sterne anzu-blasen. Der Bluthund hielt neben meinem Wagen und kam zu uns herüber. «Weiter, Kinder, spielt weiter», sagte er. «Das klang wirklich schön. Solche Musik bekommen wir auf unseren Streifen nicht oft zu hören.» Er nickte beifällig wie ein alter Konzertbesucher in der ersten Reihe der Carnegie Hall.

Hoho! Was soll man dazu sagen – ein Blaurock mit der Seele eines Künstlers! Tesch und ich fielen beinahe um. Als wir uns von unserem Erstaunen erholt hatten, hatte dieser Musikliebhaber von der Chikagoer Polizei die Ehre, die Weltpremiere von Teschemachers und Mezzrows Kammer-musik für zwei Klarinetten zu erleben, gespielt von den Kom-ponisten persönlich.

Nun wußten wir, daß es einen sicheren Ort gab, wohin wir am frühen Morgen gehen konnten, wenn wir eine Weile im-provisieren wollten. Nacht für Nacht quetschten sich Bud, Dave, Tesch und so viele andere wie möglich in meinen Wagen, und wir fuhren zu diesem Schlupfwinkel im Grant-

Park, wo wir dank der Chikagoer Polizei Mond und Sternen Riffs zublasen konnten. Wenigstens einmal in meinem Leben traf ich einen Polizisten, der ein Mensch war. Das ist ein Wunder, das in die Geschichte einzugehen verdient. Darum schreibe ich es hier für die Nachwelt nieder.

BEI einem Gespräch mit Dave stellte sich heraus, daß er Bessie Smith noch nie singen gehört hatte. Also sausten wir eines Abends zum «Paradise Gardens», um die Blueskönigin ihr großes Herz ausschütten zu hören. Sie trat dort mit Jimmy Noones Orchester auf.

Bessie hatte eine so tragende Stimme, und ihre Töne kamen so klar und voll heraus, daß man sie schon von weitem auf der Straße vernahm. Vor dem Kabarett war eine Verkehrsstockung; junge Burschen und Mädchen versperrten den Gehsteig, hypnotisiert von dem klagenden Blues, der aus Bessies Kehle erklang. Als wir den Saal betraten, sang sie gerade «Young Woman Blues», eine ihrer großartigsten Nummern:

> Woke up this mornin' when chickens was crowin' for day,
> Felt on the right side of my pillow, my man had gone away.
> By his pillow he left a note
> Readin' «I'm sorry Jane you got my goat,
> No time to marry, no time to settle down.»
> I'm a young woman and ain't don runnin' roun',
> I'm a young woman and ain't done runnin' roun'.
> Some people call me a hobo, some call me a bum,
> Nobody knows my name, nobody knows what I've done,
> I'm as good as any woman in your town.
> I ain't no high yaller, I'm a beginner brown,
> I ain't't gonna marry, ain't gon' settle down,
> I'm gon' drink good moonshine and run these browns down.
> See that long lonesome road, Lawd, you know it's gotta end,
> And I'ma good woman, and I can get plenty men.
>
> Heut früh wachte ich auf, als die Hähne krähten,
> Ich tastete das Kissen ab, und da war mein Mann fort.

Auf dem Kissen lag ein Brief,
In dem stand: «Tut mir leid, Jane, es geht nicht mehr,
Keine Zeit zum Heiraten, keine Zeit fürs eigne Heim.»
Ich bin eine junge Frau, und ich war immer treu,
Ich bin eine junge Frau, und ich war immer treu.
Manche nennen mich Zigeunerin, manche Säuferin,
Niemand kennt meinen Namen, niemand weiß, was ich getan,
Ich bin so brav wie jede andre in der Stadt.
Ich bin nicht hell, ich bin ein wenig braun,
Ich werde nicht heiraten, bekomme kein eigenes Heim,
Ich werde guten Branntwein trinken und es den Braunen zeigen.
Sieh, o Herr, die lange, einsame Straße, du weißt, sie muß enden,
Und ich bin eine brave Frau, und ich kann viele Männer be-
                                                    kommen.

Dave und ich schmolzen im Feuer von Bessies Gesang beinahe zusammen; das war keine Stimme, die da erklang, das
war ein Flammenwerfer, der durch den Saal sprühte. Gleich
brachte Bessie eine andere Nummer, die sie berühmt gemacht hatte, «Reckless Blues»:

When I was nothin' but a child, when I was nothin' but a child,
All you men tried to drive me wild.
Now I'm growing old, now I'm growing old,
And I got what it takes to get all of you men told,
My momma says I'm reckless, my daddy says I'm wild,
My momma says I'm reckless, my daddy says I'm wild,
I ain't good-lookin' but I'm sombody's angel child.
Daddy, momma wants some lovin', daddy, momma wants
                                              some huggin',
Hand it pretty poppa, momma wants some lovin' I found,
Hand it pretty poppa, momma wants some lovin' right now.

Als ich ein Kind noch war, als ich ein Kind noch war,
Wollten Männer mir schon den Kopf verdrehn.
Jetzt bin ich erwachsen, jetzt bin ich erwachsen,
Und ich weiß mit ihnen umzugehn.
Mutter sagt, ich bin leichtsinnig, Vater sagt, ich bin schlecht,
Mutter sagt, ich bin leichtsinnig, Vater sagt, ich bin schlecht,

Ich bin nicht schön, doch kann ich für einen ein Engel sein.
Vater, Mutter will Liebe! Vater, Mutter will Zärtlichkeit!
Gib sie ihr, Väterlein, Mutter will auch die Liebe, die ich ge-
Gib sie ihr, Väterlein, gib sie ihr gleich.　　　　　*[funden*

Bessie war eine wirkliche Frau, ganz Frau, war alle Weiblich-keit der Welt. Sie war groß und braunhäutig, hatte tiefe Wangengrübchen und viel Reiz – üppig und stattlich, aber wohlgeformt wie ein Stundenglas und von magnetischer Persönlichkeit. Wenn sie in einem Raum war, floß ihre Vitalität aus wie eine Wolke und sättigte die Luft, bis sich die Wände bogen. Sie gab sich ganz natürlich, sie brauchte keine Verrenkungen und Zuckungen, um ihre goldenen Töne auf den sonnenbeschienenen Weg zu schicken. Sie stand einfach da und sang, ließ Liebe und Lachen aus sich rinnen und auch die schwere Traurigkeit; es war alles empfunden, und sie schwankte nur ein wenig vor Freude und Lebensgefühl, und manchmal vollführte sie mit einer Anmut, daß man gleich-zeitig lachen und weinen wollte, eine beredsame kleine Handbewegung. Bessie mochte nie in einem Konservato-rium Tonleitern geübt haben, aber sie war Künstlerin bis in die Fingerspitzen, eine sehr große Künstlerin, geboren mit Silbersaiten statt Stimmbändern und mit einer glühenden, flammenden Seele, die sie zum Klingen brachten.

Ihr Stil war so individuell, daß niemand ihn nachzuahmen vermochte. Die Art, wie sie ihre reiche Musik hervorströ-men ließ, war ein vollkommenes Beispiel der Improvisation – die Melodie bedeutete ihr nichts; sie erfand ihre eigene Me-lodie, die dem Text angepaßt war, und phrasierte um die Originalmelodie herum, wenn sie nicht gut war, so daß die Vokale gerade die richtige Länge hatten; sie ließ die Konso-nanten fallen, die etwas verderben konnten, und legte just genügend Nachdruck auf jede Silbe, daß man begriff, was sie bezweckte. Sie *erlebte* jeden Text, den sie sang; sie erzählte einfach, wie es ihr ergangen war.

Jimmy Noones Orchester war unerhört. Damals spielten mit ihm Teddy Weatherford, Klavier; Tubby Hall, Schlagzeug; Johnny St. Cyr, Gitarre und Banjo; Little Mitch [George Mitchell], Trompete; Kid Ory, Posaune; und was Jimmy mit seiner Klarinette trieb, die sich durch die Instrumente der andern wob wie ein erfahrener Taxichauffeur durch regsten Verkehr, das muß noch erfunden werden. Jimmys Klarinette war die schönste, die ich je in meinem Leben hörte, sogar noch besser als diejenige von Johnny Dodds, und wenn ich dieses Instrument heute überhaupt spielen kann, so verdanke ich es seiner Anregung. Er spielte reinen New Orleans-Stil mit einem seelenvollen Ton statt mit den schrillen Zwischeneffekten, die man heutzutage zu hören bekommt, und er beherrschte alle Register seines Instruments. Die kleinen Verzierungen, die er in Paranthesen anbrachte, die Wirbel am Ende der Phrasen, wenn die andern Atem holten, waren wahrhaft erstaunlich. Er erfand immerfort neue Dinge, aber jedesmal waren sie im New Orleans-Stil.

Als Jimmys Band einige Monate später im «Apex Club» spielte, erschienen vornehme Gäste. Es war dem Symphonie-Orchester von Chikago zu Ohren gekommen, daß der Klarinettist im «Apex Club» mehr Dinge mit seinem Instrument trieb, als erlaubt war, und der berühmte Komponist Maurice Ravel, der als Gastdirigent in der Stadt weilte, kam eines Abends mit dem Klarinettisten dieser zickischen Gesellschaft in den «Apex Club». Der Mund klappte ihm auf beim ersten Riff, das Jimmy spielte, und den ganzen Abend saß er so, und auch der klassische Klarinettist glaubte Gehörshalluzinationen zu haben. «Erstaunlich», sagte Ravel zu seinem Begleiter, und der andere antwortete: «Unglaublich.» Ravel schrieb stundenlang während des Spiels Jimmys Riffs auf, und der Klarinettist stieß immer wieder hervor, er begreife nicht, wie Jimmy diese Wirkungen mit seinem Instrument erzielen könne. Bevor der Komponist ging, sagte er, er wolle nach den gehörten Phrasen eine Sinfonie schreiben. Ich weiß nicht, ob ihm das jemals gelang, da ich mit der hochwohlgeborenen Welt nicht in Berührung geblieben bin; aber ich wette, daß er Schwierigkeiten hatte, wenn er es versuchte.

An jenem Abend kamen Bessie und Jimmy nach Beendigung ihrer Nummern an unseren Tisch. Als ich ihr erzählte, wie lange ich schon ihre Platten kannte, wie herrlich ich sie fand, und wie ich als Kind durch ihren «Cemetery Blues» dazu angeregt worden war, Musiker zu werden, verhielt sie sich sehr bescheiden – sie lächelte nur, wobei ihre tiefen Grübchen zutage traten, und antwortete verlegen: «Ach, gefällt er Ihnen?» Ich bat sie, «Cemetery Blues» [«Friedhof-Blues»] für mich zu singen, worauf sie in Gelächter ausbrach.

«Mein lieber Junge, wozu beschäftigen Sie sich mit Friedhöfen? Sie sollten mit einem hübschen Mädchen in den Anlagen spazierengehen.»

Sooft ich Bessie von nun an sah, neckte sie mich wegen meiner gekrausten Haare; sie strich mir dann über den Kopf und sagte: «Hast du dich etwa ondulieren lassen, Junge? Woher hast du diese hübschen Wellen? Ich werde ja seekrank, wenn ich sie anschaue.»

Häufig wäre ich bereit gewesen, mir den ganzen Skalp abrasieren zu lassen, um ihn ihr auf einer silbernen Schüssel anzubieten.

Wer hat gehört, wie es dieser prächtigen, lebensvollen Frau ergangen ist? Wer weiß, wie sie gestorben ist?

Also, sie arbeitete noch jahrelang weiter, wurde ausgeraubt von filzigen Direktoren, die ihre eigene Mutter für zwei Nikkel ermordet hätten, mußte in überladenen Flitterkleidern paradieren und ihre große Kunst wegwerfen, während Säufer und Gauner über ihre Größe und Gestalt witzelten. Sie trank ziemlich viel, und es muß viele Abende gegeben haben, an denen sie von der Blues-Schwermut gepackt wurde; aber sie sang weiter und verschenkte ihren nie versagenden Reichtum und ihre innere Schönheit. Dann hatte sie 1937 eines Tages in Mississippi, in dem Mörderstaat, einen Autounfall, wobei ihr der Arm fast aus dem Gelenk gerissen wurde. Man brachte sie ins Krankenhaus; doch anscheinend war dort gerade kein Platz für sie – die Leute dort mochten ihre Hautfarbe nicht. Der Wagen machte kehrt und fuhr weiter, indes Bessies Blut auf die Bodenmatte tropfte. Sie wurde schließlich in einem andern Krankenhaus zugelassen, wo man farbenblind gewesen sein muß; aber inzwischen hatte sie einen solchen Blutverlust erlitten, daß man sie nicht mehr operieren konnte, und kurz darauf starb sie. «Sieh, o Herr, die lange, einsame Straße, du weißt, sie muß enden», hatte sie immer gesungen. So endete die lange, einsame Straße für die größte Volkssängerin Amerikas – während Jim Crow den Verkehr regelte.

Ich weinte, als ich es hörte. Viele Menschen weinten. Sie war mir und vielen andern Mutter, Schwester, Freundin und liebendes Weib, und sie lehrte uns zum größten Teil alles, was wir konnten, und gab uns den Mut, bei unserer Musik zu bleiben – und drunten im Süden wurde sie ermordet, wurde kaltblütig ermordet, weil sie, wie sie gesungen hatte, keine helle Haut hatte, sondern ein wenig braun war.

«WOLVERINES» sind Vielfraße; aber wir waren eher Nachteulen. Abend für Abend sausten wir nach getaner Arbeit in White City zu meiner Wohnung für eine Platten-Session, die nie vor dem Morgen aufhörte. Ich hatte angefangen, Jazzplatten zu sammeln, wie manche Männer Telephonnummern sammeln, und was ich besaß, hätte jedem Plattenliebhaber den Kopf wie ein Karussell kreiseln lassen. Meine Wirtin legte schließlich ihre Klauen auf diese Sammlung, um Mietschulden auszugleichen. Manche Leute machen vor nichts halt, wenn es ums liebe Geld geht; sie würden sogar ihre Familienbilder zu Gold machen.

Die armen Teufel, die mit den Hühnern aufstehen müssen, diese Sklaven des Weckers können uns schöpferische Künstler sicher nicht verstehen. Immer wenn das Grammophon in Betrieb war, begann eine Begleitmusik im Hintergrund; unsere erzürnten Nachbarn schlugen mit Besenstielen und Schuhen an Decke und Wand. An sich machte uns das nichts aus; aber es ärgerte uns, daß sie nicht besser Takt hielten – Frühaufsteher haben offenbar überhaupt kein Musikverständnis. Um ihren schlechten Chor zum Schweigen zu bringen, nahmen wir die Nadel weg und spielten die Platte mit den Fingernägeln, wobei wir uns so nahe darüber lehnten, um die Riffs aufzufangen, daß wir beinahe in den Apparat krochen. Später brachte uns Josh Billings, einer unserer Helfershelfer, einen kunstvoll selbstgebastelten Schalldämpfer, der großartig war – eine Grammophonnadel, die halb in einem Radiergummi stak, und eine zweite, die am anderen Ende eingesteckt war, und deren Spitze hervorkam. Wenn wir diese Apparatur anbrachten, spielte das Grammophon wirklich leise, so daß die braven Bürger ihre schlechten Träume nachholen konnten und alle glücklich und zufrieden waren.

Ich war stets auf der Suche nach neuen Platten, um unsere Schwelgereien zu beleben. Eines Tages fand ich dank einer netten kleinen Verkäuferin eine, die mir fast den Atem nahm. Es war eine im Handel noch nicht erhältliche Platte mit Louis Armstrongs berühmtem «Heebie Jeebies», einem Meilenstein in der Geschichte der Grammophonplatten, weil hier zum erstenmal das «Scat» des großen Musikers aufgenommen worden war. Später erzählte uns Louis, wie sich das zugetragen hat: Er hatte während der Aufnahme vor dem Mikrophon Unsinn getrieben, gerade als er sein Vocal singen sollte, und da fiel ihm das Papier mit dem Text aus den Händen, so daß er irgend etwas erfinden mußte, um den Chorus zu beenden. Wir glaubten zu träumen, als wir ihn die Worte singen hörten – «I got the heebies, I mean the jeebies» – und dann in eine Folge von Riffs abgleiten, die wie sein Saxophonspiel klangen.

Wenn man einen Begriff davon haben will, wie ein Text zerstückelt, zerhackt, durch die Maschine getrieben und zu Hackfleisch gemacht wird, betrachte man zuerst einmal den Text, den Louis singen sollte:

I got the heebies, I mean the jeebies,
Talk 'bout a dance the heebie jeebies,
You'll see girls and boys,
Faces lit with joy, if you don't know it

> *You ought to learn it, don't feel so blue,*
> *Some one will teach you,*
> *Come on now let's do that prance*
> *Called the heebie jeebies dance,*
> *You will like it, it's the heebie jeebies dance.*

> *Ich habe die Heebies, ich meine die Jeebies,*
> *Da sieht man Mädchen und Burschen*
> *Mit strahlendem Gesicht; wenn du's nicht kennst,*
> *Mußt du es lernen, sei nicht so traurig,*
> *Irgend jemand zeigt es dir,*
> *Komm, laß uns das tanzen,*
> *Was Heebie-Jeebies genannt wird,*
> *Es wird dir gefallen, es ist der Heebie-Jeebies-Tanz.*

Gleich nach den Worten «if you don't know it» verlor Louis den Text. Das brachte ihn nicht aus dem Text, diesen Mann nicht. Weiter sang er, erinnerte sich da und dort an ein paar Worte, und als er dann den Text völlig vergaß, machte er synkopierte «Scats», die genau seine Saxophontöne nachahmten. Hier ist eine rohe Skizze, was dabei herauskam:

> *Say I've got the heebies, I mean the jeebies,*
> *Talkiu' about, the dazza heebie jeebies,*
> *You'll see goils and boys, faces wit' a little bit a joy,*
> *Say don't you know it, you don't dawduh,*
> *Daw fee blue, come on we'll teach you,*
> *Come on, and do that dance, they call the heebie jeebies dance,*
> *Yes, ma'am, poppa's got the heebie jeebies bad, ay,*
> *Eef, gaff, mmmff, dee-bo, duh deedle-la bahm,*
> *Rip-bip-ee-doo-dee-doot, doo,*
> *Roo-dee-doot duh-dee-dut-duh-dut,*
> *Dee-dut-dee-dut-doo, dee-doo-dee-doo-dee-dut,*
> *Skeep, skam, skip-bo-dee-dah-dee-dat, doop-dum-dee,*
> *Frantic rhythm, so come on down, do that dance,*
> *They call the heebie jeebies dance, sweet mammo,*
> *Popps's got to do the heebie jeebies dance.*

Gerade in diesem Augenblick, als Louis das Stück Papier fallen ließ und seinem Improvisationstalent freie Bahn ließ, schuf er auf dem Gebiete der Musik eine neue Mode, die Furore machte und ein Teil des kulturellen Lebens Amerikas wurde wie Mickey Mouse und Coca-Cola. Alle die «Hi-deho, Vo-de-o-do- und Boop-boop-a-doo»-Sänger, die sich wie Zahnpasta-Reklamen rings im Lande verbreiteten, waren größtenteils blasse kommerzielle Nachahmer dessen, was Louis spontan und unmittelbar, mit vollkommenem musikalischem Gefühl bei jener Plattenaufnahme tat.

Diese Platte eroberte Chikago im Sturm, sowie sie herauskam. Monatelang begrüßte man sich hernach mit Louis Armstrongs Riffs – «I got the heebies», rief man, und der andere antwortete: «I got the jeebies», und in der nächsten Minute war ein «Scat» in Gang. Die Platte vertrieb die englische Sprache beinahe für immer aus der Stadt.

Als ich die Platte heimbrachte, fielen meine Freunde fast durch den Fußboden. Bud, Dave und Tesch spielten sie beinahe zuschanden, weil sie sie auflegten, bis wir sie auswendig konnten. Gegen zwei Uhr sprang Tesch plötzlich auf und rief mit ausnahmsweise leuchtendem Gesicht: «Paßt auf, ich habe einen Gedanken! Das muß Bix sofort hören! Fahren wir zum Hudson-See und machen wir ihm die größte Freude seines Lebens!»

Es war verrückt. Bix Beiderbecke hielt sich fünfundsiebzig Kilometer entfernt an einem Ferienort auf, wo er zusammen mit Pee Wee Russell und Frankie Trombauer in «Gene Goldkette's Greystone Dance Orchestra» spielte. Unterwegs sangen wir immerzu Louis Armstrongs unheimliche Riffs, wobei ich den Wagen zickzacken ließ, um den Takt anzugeben. Die andern Fahrer auf der Straße müssen gewußt haben, daß wir Musiker waren; denn sie wichen zur Seite, sowie wir in Sicht kamen.

Es war drei Uhr, als wir in das Haus stürmten, wo Bix und Pee Wee wohnten. Hier komponierte Bix sein berühmtes Klaviersolo «In a Mist» [«Im Nebel»]; aber wenn man die unmögliche Bude sah, wunderte man sich, warum er die Komposition nicht «In einem Mülleimer» nannte.

In dem großen Wohnzimmer standen unbeschreibliche Möbel, die sich mühsam aufrecht hielten; aber es war ein Klavier da, das den Ehrenplatz in der Mitte einnahm. An diesem alten Klimperkasten pflegte Bix in den frühen Morgenstunden zu sitzen und herrliche Melodien hervorzuzaubern.

Als wir Bix und Pee Wee zu später Nachtstunde aus den Federn jagten und ihnen «Heebie Jeebies» vorspielten, gerieten sie in Ekstase. Bix lachte und schmunzelte die ganze Zeit, während die Platte immer wieder abspielte, und seine langen, knochigen Arme flogen im Takt durch die Luft wie die Schlegel einer Dreschmaschine. Er wurde es nie müde, Louis Armstrongs Meisterwerk zu hören. Er nahm schließlich die Platte vom Apparat und stürzte aus dem Hause, um alle, die er in Hudson Lake kannte, zu wecken und die Platte anhören zu lassen. Diese gleiche Platte regte etwas später in diesem Jahr Bix und Frankie Trombauer dazu an, zwei eigene Platten herzustellen, die heute Sammelstücke sind – «Royal Garden Blues» und «Singin' the Blues».

Wir feierten das Ereignis gründlich, und Bix setzte sich ans Klavier, um wie in Trance bizarre Musik aus den Tasten hervorzufingern.

Bix streckte schon die Fühler über die Grenzen des Jazz aus, in einen seltsamen musikalischen Dschungel, wo er irgend etwas zu finden hoffte; er hatte Forschergeist, konnte aber nicht sagen, welche neue Fauna und Flora er verfolgte. Wir wollten nicht mit; doch er drängte uns immer, mitzukommen. Er riß an der Leine und versuchte vom Jazz weg in eine ganz neue musikalische Sprache auszubrechen. Immer wieder spielte er «moderne» Musik, die ihm ein Wegweiser war und ihm zeigte, wohin er gehen zu müssen glaubte – Strawinskys «Feuervogel», Dukas' «Zauberlehrling», Debussys «Nachmittag eines Fauns», Eastwood Lanes «Adirondock-Skizzen» [«Dirge to Indian Joe» liebte er ganz besonders], einige Kompositionen von McDowell und Gustav von Holsts Sinfonie «Die Planeten», in der Menschenstimmen die verschiedenen Himmelskörper darstellen. Alle diese Musikwerke, die zu verschiedenen Zielen führten, vermischten sich in Bix' Kopf mit dem Jazz, und aus diesem Durcheinander entstand schließlich seine Komposition «Im Nebel».

«Holla, hört euch das einmal an!» rief er uns in jener Nacht zu, und dann spielte er uns seine neue Komposition vor.

Sie stimmte uns alle etwas verlegen, weil uns vieles davon fernlag. Einige Stellen waren vielleicht hübsch; aber das Werk begeisterte mich nicht, wie es bei Earl Hines immer der Fall war. Wir ließen Bix eine Weile machen, so daß er sich abreagieren konnte, und hernach riefen wir alle: «Nun ‚Royal Garden'!» Als er zum Blues umschaltete und mit rhythmischem Schulterzucken die uns bekannten Melodien hervorhämmerte, erholten wir uns und unterhielten uns gut. Er war nun wieder in unserer Welt.

Um es klarzustellen, wir einfachen, schlichten Jazzleute schauten die «ernsten» Komponisten nicht über die Achsel an; aber sie waren nicht unsere Linie, sie drückten nicht unsere Gefühle und Gedanken aus, und wir wollten uns im Gegensatz zu Bix nicht ändern. Was uns bei der sinfonischen Musik geradezu zu Lachausbrüchen reizte, das war die pompöse Art, wie der Dirigent mit seinem Stab posierte, ungraziös und mechanisch wie ein epileptisches Metronom, vor allem wenn er bei einer gewichtigen Ouvertüre großes Theater machte und mit den Armen herumfuchtelte, als ob er wie ein Baseballspieler den Ball über die Tribüne schleudern wollte. Um die Auffassung des Komponisten kümmerte man sich überhaupt nicht. Wir alle waren ebenfalls Musikmacher, Instrumentalisten ebenso wie Schöpfer – für uns waren diese beiden Dinge eins; das Schaffen und das Spielen fand gleichzeitig statt; wir komponierten, während wir spielten, und wir stellten es uns für einen beschwingten Musiker höchst langweilig vor, brav vom Blatt zu spielen. Konnte man denn etwas hinaussetzen und gestalten, wenn das eine Auge an einer tanzenden Marionette klebte und das andere an einem Blatt Papier? Ebensogut könnte man einen Anarchisten auf der einen Seite mit Handfesseln an einen bewaff-

neten Polizisten schmieden und auf der andern an einen sal-
badernden Priester und ihm dann sagen, er sei glücklich,
weil er ein freier Mensch sei. Ein schöpferischer Musiker ist
ein Anarchist mit einem Instrument, und er läßt sich nicht
fesseln. Geschriebene Musik ist wie Handfesseln, desgleichen
der Taktstock des befrackten Dirigenten. Sinfonie bedeutet
im Wörterbuch des Jazzmenschen Sklaverei. Jazz und Freiheit
sind gleichbedeutend. Der schöpferische Musiker braucht
weder Kompaß noch Reiseführer, weder Landkarten noch
Wegweiser; der Geist in ihm weist ihm den Weg. Hundert
Mann mit einem Führer, ein Musikbataillon, das vom Taktstock eines Diktators hypnotisiert ist – das ist nichts für einen
Menschen mit beschwingter Seele, die sich befreien und aus
seinem Instrument in sorgenloser, aufrichtiger, aus dem Herzen kommender Musik verströmen möchte.

Bix konnten wir das nicht klarmachen. Er hatte von jeher
einen Anflug des Militaristischen, hatte in seiner Instrumen-
taltechnik das Hochdisziplinierte und stets Beherrschte, und
das zeigte sich auch in seiner Einstellung zur Musik. Er war in
technischer Hinsicht ein Virtuose, das stimmt; aber Jazz bedeutete ihm nicht das gleiche wie den wirklichen «Hot»-
Menschen, insbesondere den farbigen – einen Geiser kochen-
der Empfindungen, das Öffnen aller Fenster und das rau-
schende, brausende Ausfließen aller Gefühle. Bei ihm gab der
Kopf immer dem Herzen Befehle und Anweisungen. Der
Jazz war für ihn nicht das letzte, sondern ein Sprungbrett zu
etwas anderem, zu irgendeinem neuen Ausdruck, durch den
er verschiedene Dinge sagen könnte. Bis zu seinem Todestag
fand er dieses «andere» nie. Er rang darum, bis ihn seine Be-
mühungen schließlich töteten oder sich zu Tode trinken
ließen. [Er starb 1931.]

An jenem verrückten Tage in Hudson Lake wäre Bix beinahe von der Eisenbahn überfahren worden. Lange nach
Sonnenuntergang ging uns die Tranksame aus, worauf Bix
mit listigem Blick Pee Wee und mich und noch zwei andere
beiseite winkte und uns zuraunte: «Mir ist etwas eingefallen.

Oben auf dem Hügel habe ich noch etwas vergraben, und wenn wir uns ohne die andern hinschleichen, wird der Stoff für uns gerade reichen.»

Wir folgten ihm über einige Felder, dann über ein Eisenbahn-Geleise und einen hohen Stacheldrahtzaum. Tatsächlich grub er ein Fäßchen aus, reichte es Pee Wee und trat den Rückmarsch an. Beim Überklettern des Zaunes blieb Pee Wee hängen, schrie jammernd um Hilfe und klammerte sich an dem Fäßchen fest, als gälte es sein Leben. Hätte er es losgelassen, so wäre er gut freigekommen, aber nicht so Pee Wee – was ist Menschenhaut im Vergleich zu Alkohol? Inzwischen hatte Bix, der die Böschung zum Geleise hinuntergeklettert war, festgestellt, daß er Sand zwischen den Zehen hatte; also setzte er sich zwischen die Schienen und zog sich die Schuhe aus, um sie auszuschütteln. Gerade da sahen wir einen Zug um die Biegung kommen. Alle schrien wir Bix zu, er solle machen, daß er wegkomme, aber er dachte, wir veräppelten ihn, und bewarf uns mit Steinen. Der Zug war an die dreißig Meter entfernt, als er endlich erfaßte, was da vor sich ging. Daraufhin kugelte er sich einfach vom Geleise hinunter und kullerte kopfüber den Hang hinab, ohne daß ihm Zeit blieb, seine Schuhe an sich zu nehmen. Die schönen Trittlinge wurden sauber durchgeschnitten, als wären sie mit einem Fleischmesser zerteilt worden.

«Da sieht man's», sagte Bix, «es ist gefährlich, sich die Schuhe auszuziehen. Wochenlang habe ich in den Kleidern geschlafen, und kaum ziehe ich die Dinger aus, da geschieht so etwas. Es ist gefährlich, sich zu entkleiden.»

Nie werde ich vergessen, was für schöne Stunden ich mit Bix erlebt habe. Ganze Tage und Nächte musizierten wir in Hudson Lake zusammen und trieben Allotria. Aber dann entfremdete sich Bix uns – schließlich entglitt er unserer Sphäre endgültig und kehrte nie mehr zurück. Seine Liebe zur «ernsten» modernen Musik wandelte seine Persönlichkeit und sein ganzes Leben. Er kam nicht mehr so regelmäßig mit uns zusammen, nachdem er 1928 Paul Whitemans Orchester beigetreten war, ja, als er nach New York übersiedelte, begann er steife Kragen zu tragen, ließ sich ein Schnurrbärtchen wachsen, legte sich einen englischen Tonfall zu und wusch sogar seine Socken. Wir begriffen diese Wandlung nicht.

Wenn man sich's überlegt, wodurch entstand eigentlich die ganze Veränderung in der amerikanischen Musik? Wodurch wurde das Evangelium des Jazz überall im Lande verbreitet, so daß wenigstens ein Teil unserer Nationalmusik endlich von europäischen Einflüssen frei wurde? Durch unseren rebellischen Geist. Unser Rebellendrang befreite die Musik von dem, was ich die Handfesseln- und Zwangsjacken-Disziplin der klassischen Schule nennen möchte, so daß schöpferische Künstler aufs Podium steigen und wieder in ihrer ureigenen, ehrlichen, selbstempfundenen Sprache reden konnten. Auch in Bix war ein Rebell gewesen, aber ein scheuer, gehemmter, der sich fürchtete, loszulegen. Er wurde noch schwächer und blutarmer, als er mit den «disziplinierten» Musikern in Berührung kam.

Der amerikanische Jazz verlor einen seiner größten Schüler, als Bix ihm untreu wurde. Er hätte seine schmutzigen Socken anbehalten sollen.

NEUNTES KAPITEL

Der vergessenste Mensch in der Stadt

DIE schönen Tage waren vorüber, und Schmalhans wurde Küchenmeister. Während wir eifrig in die andere Richtung blickten, waren die fetten Jahre der Jazz-Ära gekommen und gegangen. Die Geschichte spielte uns einen Streich.

1927/28 klang uns zum letztenmal der echte Storyville-Jazz an die Ohren; das war das Schwanzende des goldenen New Orleans-Zeitalters. Es geschah ungefähr zum letztenmal, daß Jazzmusiker, die noch vom alten Geist beseelt waren, Möglichkeiten hatten, ihre beschwingten, freien Kollektiv-Improvisationen vorzunehmen. Storyville wurde rasch lediglich eine weiteres Kapitel im Geschichtsbuch der Jazzmusiker, eine Sage von einem mythischen Traumland. Der Broadway wurde bald die Hauptader der Musikwelt und die Basin Street nichts weiter als eine Einbahnstraße zum Armenhaus.

Von all den großen Jazzmusikern blieben nur noch einige wenige außer Jimmy Noone, Sidney Bechet, Zutty Singleton, Louis Armstrong, King Oliver, Tubby Hall, Baby Dodds, Johnny St. Cyr, die immer noch in Chikago auftraten, und nicht alle von ihnen spielten ihren ursprünglichen freien Stil mit kleinem Orchester. Chikago wurde der Wind aus den Segeln genommen. Binnen kurzem waren die Begründer des Jazz nirgends mehr zu finden. Der Tag der großen Orchester zog herauf. Louis Armstrong hatte nun ein Ensemble von elf Mann hinter sich, und King Oliver vermehrte sein «Plantation-Orchester» um drei Saxophone [statt einer Klarinette]. Die wirklich großen Orchester wie Fletcher Henderson und McKinney's Cotton Pickers traten in großen Häusern auf und schufen sich einenNamen, während sich die kleinen Gruppen verloren. Was die weißen Orchester betraf, die sich erhalten hatten, so schwollen sie derartig an, daß sie auf einer normalen Kabarettbühne kaum Platz mehr fanden: Paul Whitemans, Ben Pollacks und Gene Goldkettes Orchester wirkten auf uns wie Symphonie-Orchester, weil eine Jazzband in unserer Sprache immer eine Fünfer- oder Sechsergruppe bedeutet hatte. Jazz hieß für uns nur etwas: New Orleans. Einerlei, wie viele große kommerzielle Tanzorchester aufschossen, mit unserer Musik hatten sie nichts zu tun, und wir lachten sie nur aus. Wir waren die Treuen, die Puristen, diejenigen, die bei der Stange blieben. Die andern waren darauf aus, Geld zu machen, nicht Musik. Aber das Glücksrad dreht sich, und wir waren überzeugt, daß unsere Zeit kommen werde.

Hätten wir uns eine wohlfeile Kristallkugel angeschafft, so hätten wir gesehen, daß die mageren Jahre nur darauf lauerten, uns zu überfallen, und zwar mit dem Jahr, in dem die Depression kam, als die großen kommerziellen Orchester die gesamte Volksmusik mit Beschlag belegten. Wir hätten die Warnzeichen erkennen sollen, die darauf hindeuteten, daß es der Musik bestimmt war, eine langweilige Fabrik zu werden, darin alles nach gleichem Muster zugeschnitten wurde. Aber vielleicht war es ganz gut, daß wir nicht in die Zukunft blikken konnten. Wir hätten geschaudert, wenn wir vorausgewußt hätten, was unserer harrte. Vielleicht war es besser, daß wir aufs Armenhaus zuschritten, als ob es eine eigens für uns gebaute Villa wäre.

In einer dunklen, häßlichen Januarnacht des Jahres 1932 fuhr Wild Bill Davison, der Trompeter, Frank Teschemacher nach der Arbeit heim; die Türe flog auf, und Tesch fiel hinaus, gerade unter ein schnell fahrendes Taxi, das ihn auf der Stelle tötete. Das war zwei Monate nach Bix' Hinschied in New York. Als Wild Bill endlich den Schock überwunden hatte, konnte er nur den Kopf schütteln und sagen: «Wo finden wir einen zweiten Saxophonspieler wie Tesch?»

Er hätte sich den Atem sparen können. Es hatte keinen Sinn mehr, diese Frage zu stellen. Freilich, es gab keine weißen Saxophonspieler mehr, die den New Orleans-Stil beherrschten; aber das war gleich. Zu dieser Zeit war überhaupt keine Nachfrage mehr nach Jazzsaxophonisten. Im Jahr 1932 war New Orleans tot und begraben. Teschs Tod setzte nur den Schlußpunkt unter das Todesurteil des Hot-Jazz und des ganzen Geschlechts der Chikagoer, der letzten Gruppe weißer Musiker in Amerika, die bestrebt waren, den New Orleans-Geist lebendig zu halten.

Als ich im Herbst 1927 von einer mißglückten Tournee im Westen nach Chikago zurückkehrte, lebten wir immer noch in einem Paradies der Toren. Wir ließen uns durch die Tatsache, daß die Hotjazzmusiker in der Musikwelt die höchste Stufe einnahmen, in falsche Sicherheit wiegen. «Straight»-Musiker[1] brachten uns neuerdings ehrliche Achtung entgegen; denn wenn einer von uns in einem fabrikmäßig betriebenen, kommerziellen Orchester auftauchte, wirkte er genau so wie ein Vorverdichter auf einen Flugzeugmotor. Infolgedessen wurden unsere Dienste ab und zu gefragt. Wir dachten, es würden stets ein paar Schinken für uns abfallen.

Es ist dieselbe alte Geschichte, wann immer Schalterbeamte, die großen Ausbeuter, ein künstlerisches Gebiet betreten und Gold zu münzen beginnen. Zuerst versuchen sie die ernsthaften, sauberen, wirklich begabten Künstler zu kaufen, diejenigen, welche sich vom Goldenen Kalb nicht verblenden lassen. Sie haben Prestigewert und verleihen dem Tand, der verkauft werden soll, Würde. Allzu oft hat der Künstler, wie begabt er auch sein mag, Schwierigkeiten, das tägliche Brot zu finden, wenn er nur von seiner schöpferischen Arbeit leben will. Er findet beim Publikum nicht die Anerkennung, die er seines Erachtens verdient, und während er sich jämmerlich durchmüht, fahren die Verballhorner seiner Kunst in Limousinen herum. Es ist also nicht schwer, ihn zu fangen.

Ich will nicht behaupten, daß ein Jazzmusiker ein Genie sei, nicht einmal, daß er ein besonderes Lob verdiene, weil er ehrlich ist und dem ursprünglichen, unverdorbenen New

1] Straight: nicht jazzhafter, notengetreuer Vortrag.

Orleans-Stil treu bleibt. Jeder Mensch muß die Rechnung mit seinem Gewissen selbst abschließen, und er verdient keine Lobsprüche, wenn er saubere Hände behalten möchte. Ich will nur auf folgendes hinaus: Die «sauberen» Musiker sind es, die dem Jazz sein Prestige verliehen haben, und die Ausbeuter, die sich ihrer Geschäftstüchtigkeit ein wenig schämen, erkennen diese Tatsache an. Das Talent des wahren Künstlers stumpft nicht ab; er strebt fortwährend weiter und setzt sich mit ganzen Kräften ein. Die schlauen Geschäftsleute machten sich schon früh klar, daß er ein Aktivum war, und sie liebten es, ihn einem geistlosen, mechanischen großen Orchester einzuverleiben, weil er wie eine belebende Spritze wirkte.

Damit hatten sie recht. Der Hotmusiker gab jedem Orchester und ebenso den Tänzern einen neuen Geist ein und regte den Pulsschlag an. Sein Ton stach klar, voll und fest hervor, und seine Auffassung befeuerte die müden Seelen ringsum. Sobald er ein Solo hören ließ, schien das ganze Orchester aus seiner Lähmung aufgerüttelt zu werden, schüttelte die Schlafkrankheit ab, wurde wieder lebendig und sprühte ausnahmsweise einmal einige wirkliche Funken. Man höre sich die ersten Platten, die Bix mit Paul Whiteman machte, genau an, damals, als er noch etwas von dem «Riverboat»-Geist hatte – da trieb seine Kraft das ganze Orchester trotz den Zwangsjacken-Arrangements vorwärts. Ein einziger guter Jazzmusiker genügte, um fünfzehn matte Sklaven, deren Nase in Noten vergraben war, zu elektrisieren und in Schwung zu bringen. Sowie ein Hotmusiker loslegte, begannen alle die Schlafmützen im Takt in die Hände zu klatschen und mit den Füßen zu trampeln; hinter dem Solisten wiegten sie sich hin und her, endlich aufgeputscht und zu lebendigem Gefühl angespornt.

Dadurch kam das Wort «Swing» bei uns auf.[1] Wenn wir über einen Musiker sprachen, der «hot» spielte, sagten wir von ihm, er könne «swingen», oder er könne nicht «swingen»,

1] «Swing»: schwingen, schaukeln.

womit wir die Wirkung meinten, die er auf das Orchester ausübte. Dieses Wort wurde später vom großen Publikum aufgegriffen und verdreht. Aus diesem Grunde erfinden wir oft neue Bezeichnungen und Ausdrücke; denn es ärgert uns, wenn die ursprüngliche Bedeutung verloren geht. Man braucht sich nur anzusehen, was mit dem Wort «Swing» in den letzten fünfzehn Jahren geschehen ist, und man hat ein gutes Beispiel. Heute wird damit ein wertloses, gefälschtes Produkt etikettiert, das man dem ahnungslosen Publikum vorsetzt.

Also, wie gesagt, die Dinge sahen gut aus. Kaum war ich wieder in der Stadt, so kam ein Trompeter namens Leo Schuken zu mir und stellte die übliche Frage: «Milton, hast du gerade ein Engagement?» Als ich verneinte, schlug er mir ein Engagement bei einem neuen Orchester im «Rendezvous» vor, einem eleganten Lokal an der Ecke der Clark Street und des Diversey Boulevards. Das Lokal gehörte seinem Onkel, und Leo wünschte, daß ich die Orchestermitglieder aussuchte; die Band sollte «The Immigrants» heißen. Ich erkundigte mich, was für ein Orchester er sich gedacht hätte. «Sweet und hot», antwortete er.

Sowie ich hörte, daß er auch Hotmusiker haben wollte, machte ich mich auf die Menschenjagd, und binnen kurzem hatte ich eine gute Gruppe beisammen: Tesch, Tenorsaxophon und Klarinette; Floyd O'Brien, Posaune; Herman Foster, Gitarre; Leo Schuken, Trompete; sein Bruder Phil, drittes Altsaxophon und Flöte; meine Wenigkeit, erstes Altsaxophon und Klarinette. Dann gab uns Eddie Condon den Tip, er kenne einen hellen und fleißigen Jungen mit wirklich guten Händen, der das Zeug zu einem guten Pianisten hätte wenn wir ihn unter unsere Fittiche nähmen, und so bekamen wir Joe Sullivan an die Elfenbeintasten. Joe hatte guten klassischen Klavierunterricht genossen; aber von unserem Stil hatte er keine Ahnung. Ich brachte ihm Bessie Smiths Platten ins Haus, so daß er sich mit Fletcher Hendersons und James P. Johnsons Begleitung beschäftigen konnte, und er arbeitete angestrengt.

Jetzt fehlte uns nur noch ein Schlagzeuger. Es stellte sich heraus, daß jeder, hinter dem ich her war, entweder ausgeflogen oder schon engagiert war; doch schließlich erhielt ich die Telephonnummer eines Mannes, der anständig, intelligent und sehr ehrgeizig sein sollte, und der einen guten Schlagzeuger abgeben würde, wenn sich ihm eine Gelegenheit böte. Man sagte mir, er brauche etwas Lenkung; er habe großes Talent, das leicht hervorgeholt werden könnte. Sein Name sei Gene Krupa.

Als ich ihn glücklich aufgespürt hatte, freute er sich über die Gelegenheit, bei uns zu spielen; denn er kannte alle Mitglieder des Orchesters und hegte eine hohe Meinung von ihnen. Er war ein adretter, gutgekleideter, sehr hübscher junger Mann, damals kaum älter als siebzehn; er sprach nicht viel, war schüchtern und ernst, und wir hatten ihn sehr gern. Wir engagierten ihn vom Fleck weg, nicht aus Nettigkeit, sondern weil wir einen Schlagzeuger dringend brauchten. Auch er war ganz und gar nicht unseres Stiles, da er nie Hotjazz gelernt hatte; aber er war so lernbegierig, daß er kaum stillzusitzen vermochte. Ich ließ es mir angelegen sein, mich so viel wie möglich mit ihm abzugeben; wir aßen zusammen, tranken zusammen und atmeten vierundzwanzig Stunden am Tag Südviertel-Jazz ein. Dave Tough hatte mir das Versprechen abgenommen, keine lebende Seele jemals in die Geheimnisse des Jazzdrummings einzuweihen; aber da er mich schmählich im Stich gelassen hatte und ohne mein Wissen nach Paris durchgegangen war, fühlte ich mich nicht gebunden, sondern zeigte Gene alles, was ich wußte.

Man konnte in Chikago immer noch einige große farbige Schlagzeuger der alten Schule hören: Tubby Hall trat damals mit Louis Armstrong im «Sunset» auf, Ollie Powell mit Jimmy Noone im «Nest» und Zutty Singleton in Ethel Waters' Kabarett, im «Café de Paris» [«Lincoln Gardens» hieß es in den Tagen, als Joe Oliver dort spielte, und hernach «Royal Gardens»]. Gene, Herman Foster und ich bildeten ein Trio wandernder Delegierter, indem wir jeden Abend die Lokale im Südviertel abklapperten. Gene und Herman saugten Musik in sich ein.

Die Schlagzeuger im Südviertel gaben Gene eine ganz neue Auffassung und zeigten ihm, welch weitgespannte Wirkungen er mit seinem Instrument erzielen konnte. Er war so angeregt, daß er sein Schlagzeug zu Hause im Wohnzimmer aufstellte und Tag und Nacht übte. Als wir einmal sehr lange fortblieben, fragte ich ihn, was seine Mutter denken würde, wenn er so spät heimkäme, worauf er antwortete: «Oh, das ist ganz in Ordnung, Milton, solange ich mit dir zusammen bin. Meine Mutter hält dich für ein Genie, und was ich mit dir tue, findet sie richtig.»

Das fand ich sonderbar, da ich Frau Krupa nie kennengelernt hatte. Nur telephonisch hatte ich mit ihr gesprochen und von Gene gehört, sie sei Lehrerin und ein wundervoller Mensch.

Gene erklärte es mir näher: «Weißt du, Milton, seit ich mit dir zusammen bin, übe ich Tag und Nacht. Ich nehme die Musik wirklich ernst, und ich bleibe dabei, und meine Mutter meint, das sei dein Einfluß.»

Das war das erstemal, daß jemandes Mutter meinte, ich könnte einen anderen Einfluß ausüben als jenen, durch den man im Gefängnis landet. Ich wünschte von Herzen, meine eigene Mutter hätte eine halb so gute Meinung von mir.

Gene machte dieselbe Entwicklung wie ich vor einigen Jahren durch. Auch bei ihm fing es damit an, daß er über das musikalische Genie der Farbigen staunte. Als er aber darüber nachzusinnen begann, erkannte er, daß ihre Musik der Ausdruck von etwas war, das viel tiefer ging. Ihre wundervolle Musik war nur der Spiegel ihrer ganzen Art, ihrer erfrischenden Anschauung und Lebensphilosophie. Man fängt mit dem rein technischen Interesse an ihrer Musik an; doch wenn man sie dann näher ergründet, sucht man zu erfahren, wie sie leben, denken und fühlen.

Alles, was der Neger tat – darin waren wir uns einig –, hatte Rhythmus; er sprach rhythmisch, sein tonaler Ausdruck hatte etwas dem Ohr Gefälliges, seine Bewegungen waren anmutig. Lag es daran, daß ihn die Weißen im Süden so übelwollten, und unterdrückten sie ihn deshalb? Befürchteten sie, daß der freie Neger sie in den Schatten stellen würde, so daß sie neben seiner Begabung für eine entspannte, beschwingte, unbelastete Lebensweise krank und mickrig aussähen? Darüber stellten wir Betrachtungen an. Wir konnten sehen, daß jede seiner Bewegungen so leicht und rhythmisch war wie alles, was Mutter Natur auf dieser Erde geschaffen hat. Sein Lachen war echt und kam von innen. Seine ganze Art und Haltung war einfach und natürlich. Er konnte jeden Tänzer und Sänger überflügeln, auch jeden Sportler.

«Du hast ganz recht, Milton», sagte Gene zu mir. «Die Neger stehen in der vordersten Reihe und geben den Takt an, wenn ihnen nur halbwegs Möglichkeiten geboten werden. Schau doch nur, wie alle Weißen, die sie auf der Bühne nachahmen, berühmt werden. Schau dir Sophie Tucker, Al Jolson, Eddie Cantor und die übrigen an – wo wären sie ohne ihre Urwüchsigkeit und ihre eigene Sprache?»

Mehr als alles andere bezauberte uns das rhythmische Gefühl der Neger. Stundenlang saß ich mit Gene zusammen, nur Zutty Singletons oder Jonny Wells' Rhythmus herausschlagend, bis ich geschwollene Hände hatte. Ich zeigte ihm das Geheimnis, hinter das Dave Tough gekommen war – daß man einer Grundtonalität der Melodie folgen mußte, und daß der scheinbar stete Schlag in Wirklichkeit eine Sequenz verschiedener Töne war, die bei den richtigen Intervallen betont werden mußten, mit dem genau richtigen Maß an Vibrationen, so daß die Solisten eine Grundlage zum Improvisieren hatten und ihr Erfindergeist angeregt wurde.

Gene nickte immerzu mit dem Kopf; er stimmte allen meinen Worten über die Musik der Farbigen zu. Der Eifer, der in seinen Augen glänzte, wenn ich ihm die verschiedenen Rhythmen vorspielte, freute mich so sehr, daß ich bei ihm blieb. Immer wieder sagte er mir, daß er unsere Studien und unsere späteren nächtlichen Übungen nie vergessen werde.

«Glaub ja nicht, daß ich jemals vergessen werde, was du mich von den Negern gelehrt hast, Milton», sagte er später. «Eines Tages werde ich es dir beweisen.»

Gene war ein braver Junge, hochbegabt. Er hatte das Zeug zu etwas, und er war dazu bestimmt, weit herumzukommen. Aber einige Orte, die er bereiste, waren allzu weit entfernt. Er hat es dann doch vergessen.

GEGEN Ende des Jahres 1927 kam Bix plötzlich nach Chikago. Er spielte mit Paul Whitemans Orchester im Theater, und sowie wir die Neuigkeit vernahmen, schossen Eddie Cantor und ich hin. Er kam aus dem Bühnenausgang mit Bing Crosby [Bing sang in Whitemans Trio, den «Rhythm Boys», mit Harry Barris und Al Rinker], und als er uns sah, sagte er als erstes: «Kommt, laßt uns etwas trinken.»

In jener Nacht fing alles an, nachdem wir ein paar Gläser getrunken hatten und Bix zusetzten, er möchte doch nach der Vorstellung seine Trompete mitbringen, damit meine Kollegen ihn hören konnten.

«Wo sollen wir denn spielen?» fragte Bix.

Eddie sagte, er solle nur seine Trompete mitbringen, alles übrige würden wir schon erledigen. Wir sausten durch die ganze Stadt, und schließlich hatten wir Tesch, Gene, Bud, Joe und Herman zusammengetrommelt. Tesch fielen die Augen beinahe aus dem Kopf, als er die Neuigkeit vernahm. Als könnte er es nicht glauben, sagte er immerzu: «So etwas Verrücktes, so etwas Verrücktes.» Tesch verehrte Bix glühend.

Das Haus, in dem wir uns trafen, trug die Adresse North State Street 222. Wir nannten es «Three Deuces» in Anlehnung an die «Four Deuces», und Jahre später, als die Prohibition abgeschafft war, erhielt es offiziell diesen Namen. Ein Schild hing draußen, und es wurde das Zentrum der Hotmusik.

Der farbige Portier, der erfahren hatte, daß wir einen Ort suchten, wo wir spielen könnten, ohne die Polizei auf den

Hals zu bekommen, verschaffte uns die Erlaubnis, im Keller zu spielen, wo ein Klavier stand. Dorthin zogen wir mit unseren Instrumenten, und binnen kurzem war die größte Jam Session der Geschichte in Gang. Auch Bing wurde mitgerissen. Die ganze Nacht schlug er mit den Händen den Takt. In Bix' Bann wurde jeder ein Genie in jener Nacht.

Ich glaube, der Ausdruck «Jam Session» stammt von jenem Keller her. Natürlich waren schon lange zuvor die farbigen Musiker zusammengekommen und hatten zum Vergnügen gespielt; aber das waren größtenteils berufliche Zusammenkünfte gewesen, bei denen es galt, die andern auszustechen und sich als Bester zu erweisen. Diese Impromptu-Konzerte wurden allgemein «Cutting Contests» genannt. Als wir in den Keller hinuntergingen, hegten wir die Absicht, zusammen zu spielen, unsere Improvisationen wirklich kollektiv zu gestalten; hinter dem Solisten sollte ein Klangkörper stehen, damit wir sehen konnten, ob es mit dem Zusammenspiel klappte, und ob wir alle gleichzeitig zum Höhepunkt zu gelangen vermochten. Unten in dem Keller-Konzertsaal wurde mir immerfort zugerufen: «He, Jelly, was hast du vor?» Jelly war mein Spitzname, und manchmal wurde ich auch Rolly genannt, weil ich dauernd Clarence Williams' klassischen «Jelly Roll»[1] spielen wollte. Ich gab jedesmal zurück: «Heute abend wird euch Jelly etwas Jam[2] vorsetzen», einfach bloß als Wortspiel. Den Ausdruck «Session» gebrauchten wir viel, und ich glaube, die Bezeichnung «Jam Session» entstand durch dieses spielerische Hin und Her von Wörtern. Wenigstens erinnere ich mich nicht, sie jemals vor unseren Zusammenkünften im Keller der «Three Deuces» gehört zu haben.

Es waren herrliche Stunden – ungefähr der letzte Spurt kollektiver Improvisationen, den die Chikagoer erleben sollten, bevor sie sich über die ganze Landkarte zerstreuten. Es war der Schwanengesang des Hotjazz in Chikago, den wir Abend für

1] Jelly roll: ursprünglich ein Gebäck mit Gelee.
2] Jam: Gelee, Konfitüre.

Abend zwischen spinnwebverhängten Kellerwänden hervorposaunten. Die Hausbesitzer, recht unternehmungslustige Leute, stellten bald Tische und Stühle auf, und ehe wir's uns versahen, war ein kleines Kabarett in vollem Schwunge. Hier begannen wir unsere ersten Jam Sessions vor dem Publikum abzuhalten. Jedermann kam. Ben Pollack war manchmal da, die Trommel zu schlagen; Jimmy MacPartland und Bix spielten oft Trompete, während Tesch seine Klarinette erklingen ließ. Ebenso oft tobte sich Bix am Klavier aus, wenn er nicht gerade seinem Saxophon einen Chorus entlockte. Jimmy arbeitete damals mit Ben Pollacks Orchester im Hotel Southmore, zusammen mit Benny Goodman und Glenn Miller, und ein paarmal brachte er die beiden mit. Gene Krupa wurde mit seinem Schlagzeug eine feste Säule des Ganzen, und Eddie Condon war nie ohne sein Banjo. Ich amtete als Zeremonienmeister, und vermutlich machte ich meine Sache recht; denn das Publikum bewarf mich nie mit faulen Eiern oder Tomaten. Welch schöne Zeit! Wir waren immer fröhlich.

In den «Three Deuces» machte Red McKenzie unsere Bekanntschaft. Red war ein untersetzter, krummbeiniger Mann mit rotem Haarschopf, der einen rheumatischen Stier zum Tanzen gebracht hätte. Er hatte als Jockey angefangen, war aber vom Pferd gestürzt und hatte das Reiten wegen einer Verletzung aufgeben müssen. Wie er auf das Gebiet der Musik geriet, ist eine ulkige Geschichte. Er war in St. Louis im Hotel Claridge als Page angestellt, und auf der gegenüberliegenden Straße war ein Lokal, wo ein junger Mann namens Dick Slevin arbeitete. Dort lief die ganze Zeit ein Grammophon, das ein kleiner farbiger Schuhputzer benutzte, um im Takt die Schuhe zu putzen. Red gefiel der Rhythmus des Buben, und er stimmte ein, indem er einen Kamm nahm, um den er Seidenpapier gewickelt hatte. Slevin spielte Rohrflöte, weil er kitzlige Lippen hatte und die Vibrationen des Seidenpapiers am Kamm nicht ertrug. Nun, eines Tages lernte Slevin einen Mann namens Jack Bland kennen, der ein Banjo besaß. Sie begannen zusammen zu spielen, und dann nahmen sie Red dazu. Jetzt bildeten sie ein Trio: Kamm, Rohrflöte und Banjo. Sie nannten sich die «Mound City Blue Blowers», und später wurde daraus ein Quartett, als Eddie Lang mit der Gitarre dazukam. 1924 wurden sie nach Chikago in den «Friar's Inn» engagiert, und Isham Jones hörte sie und ließ zwei Platten für Brunswick aufnehmen, «Arkansas Blues» und «Blue Blues», von denen über eine Million Exemplare verkauft wurden. Kurz darauf spielten sie in New York im «Palace», dann machten sie eine Europa-Tournee, bei der sie vor dem Prinzen von Wales spielten, und schließlich tauchte Red wieder in Chikago auf. Bei dieser Gelegenheit lernten wir ihn kennen.

Red war keineswegs unsere Linie, obwohl ihn die New Orleans-Musik anzog, wenn er sie hörte. Daß seine frühen «Blue Blowers»-Platten solchen Erfolg gehabt hatten, lag daran, daß sie etwas Neues gewesen waren, und in den verrückten zwanziger Jahren war das sensationshungrige Publikum alle vierundzwanzig Stunden für etwas Neues zu haben.

Dieselbe Geschichte wie bei Red spielte sich auch bei der «Original Dixieland Jazz Band» ab, die 1917 in New York im «Reisenweber» debütierte und sofort in zwei Erdteilen eine Sensation wurde. In Wirklichkeit war es ein zickisches Orchester, und wenn es überhaupt einen Anflug von New Orleans hatte, so einen sehr schwachen, blassen mit weißer Verpantschung. Aber es war flott und vital, und es benutzte neuartige Wirkungen, die das Publikum entzückten – scheppernde Kuhglocken, Autohupen, Hofgegröl, lauter Geräusche, die wie alles klangen, nur nicht wie Musik. [Wohlgemerkt, als Kind in Pontiac machte mir «Livery Stable Blues» der «Dixieland Jazz Band» größten Eindruck; aber was mich eigentlich packte, das waren Larry Shields' Klarinettenspiel und Nick LaRoccas Trompete.] Das Publikum wußte nicht, daß dies kein echter Jazz war, und es scherte sich auch nicht darum. Sehr bald erwarb sich die «Dixieland Jazz Band» im Osten und in Europa Ruhm, und

«Dixieland-Stil» wurde das Paßwort vieler Pseudojazz-musiker.

Also, die «Mound City Blue Blowers» hatten denselben Erfolg von heute auf morgen. Sie spielten nicht viel Musik; aber ihre Spielzeug-Instrumente und ihre neuartigen Wirkungen trafen den Geschmack des Publikums. Red war sehr begabt, und wenn er sich hingesetzt hätte, ein richtiges Instrument zu lernen und die New Orleans-Musik ernsthaft zu studieren, wäre etwas Rechtes aus ihm geworden. Doch der rasche Erfolg schob ihn aufs kommerzielle Geleise. Anstatt zu arbeiten, lief er mit der gleichen primitiven Ausrüstung wie zu Anfang hinter dem Geldverdienst her. So geht es immer: Einer müht sich ab, um eine neue und echte Kunstform zu schaffen; dann kommen die Kopisten mit der Geschäftsader daher und beuten sie aus, ohne sich mit einem Studium abzuplagen. Die Folge ist, daß das Publikum nur die Bastardversion hört und sich dafür begeistert, in der Meinung, sie sei das wahre.

Red war sehr kräftig; er sprach mit kehliger Stimme aus dem Mundwinkel und versuchte Negerslang anzuwenden. Er trank ziemlich viel; aber er war strenger Katholik und lehnte Marihuana schroff ab. Er und Eddie Condon waren beide sehr geschäftstüchtig; sie waren praktisch, verstanden sich aufs Organisieren und hielten immer nach kommerziellen Möglichkeiten Ausschau. Wir übrigen waren die Künstler, die den Kopf in den Wolken hatten und alles verachteten, was Buchführung, Handel und Bilanz hieß. Es mußte Menschen wie Red oder Eddie geben, wenn man sicher sein wollte, daß am Ende der Woche etwas Geld einkam. Wir brauchten wirklich einen Geschäftsleiter. Aber die Geschichte der Musik wäre vielleicht etwas anders verlaufen, wenn Red, der diesen Posten übernahm, dem Geist der Musik, von dem wir alle besessen waren, näher gewesen wäre.

Eddie Condon brachte eines Abends McKenzie in die «Three Deuces» mit, und die Dinge entwickelten sich schnell. Red hatte vor, Plattenaufnahmen für die Chikagoer zu organisieren, und er engagierte die Musiker schon an diesem Abend. Beim erstenmal sollten für Okeh vier Stücke aufgenommen werden [später von Columbia herausgegeben] unter dem Titel «McKenzie and Condon's Chicagoans» mit Jimmy MacPartland, Trompete; Frank Teschemacher, Klarinette; Bud Freeman, Tenorsaxophon; Joe Sullivan, Klavier; Eddie Condon, Banjo; Jim Lannigan, Baß und Tuba; Gene Krupa, Schlagzeug. Red schien zu spüren, daß ich zu den Chartermitgliedern der Chikago-Gruppe gehörte, und es behagte ihm wohl nicht, daß er mich ausgelassen hatte; denn er nahm mich beiseite und sagte: «Weißt du, Mezz, wir nehmen diese Jungen für die Aufnahmen; aber wir können dich nicht dabei haben, weil Tesch Klarinette spielt und Bud Tenor, und wir sind immer nur sieben Mann gewöhnt. Du mußt wissen, ich komme im Frühling wieder, um noch mehr Aufnahmen zu machen, und dann bist du bestimmt dabei.»

Vermutlich sah Red, daß Gene und einige andere sozusagen unter meinen Fittichen waren, und er wollte nicht, daß ich mich ärgerte. Er forderte mich auf, jedenfalls ins Studio mitzukommen und die Aufnahmen zu beaufsichtigen.

Vor der Aufnahme kam Tesch zu mir heim, und wir schrieben die Einführungen zusammen. Dabei benutzten wir teilweise Eddie Condons Ideen und arbeiteten die richtige Phrasierung aus, indem wir Klarinettenduette spielten, bis wir fanden, daß es gut klang. Da uns noch eine Woche Zeit blieb, unternahmen Tesch, Gene und ich viel gemeinsam; jeden Abend fuhren wir in meinem Wagen los, um miteinander zu «jammen». Dann nahm mir Eddie am Tag vor den Aufnahmen nochmals das Versprechen ab, im Studio zu erscheinen. Da wir kurz zuvor im «Rendezvous» Schluß gemacht hatten, war ich wieder einmal knapp bei Kasse, und als ich mein Vermögen nachzählte, stellte ich fest, daß ich noch 1,50 Dollar besaß.

«Ach was», sagte Eddie, «davon nimmst du dir ein Taxi, und ich gebe dir dann das Geld zurück.»

Als der große Tag kam, gab ich also mein letztes Geld für ein Taxi zum Studio aus.

Zu dieser Zeit hatten die Grammophon-Aufnahmen einen großen Fortschritt gemacht – von dem alten akustischen Verfahren zum elektrischen System. Früher mußten die Musiker in mächtige hölzerne Lautsprecher blasen; jetzt aber begann man Mikrophone zu benutzen, und die Techniker im Kontrollraum trugen Kopfhörer, so daß sie alles hörten und den Spielern signalisieren konnten, wenn etwas verbessert werden mußte. An diesem Tage gab es viele Schwierigkeiten. Dies war eine der ersten Aufnahmen, bei der ein Schlagzeuger seine ganze Garnitur anwenden durfte, und die Baßtrommel neigte dazu, die Nadel aus der Rille zu schlagen oder zu tief kratzen zu lassen. Wir stellten alle möglichen Versuche an, um Genes große Trommel zu dämpfen. Da alles nichts half, wickelten wir schließlich alle unsere Mäntel um die Trommel, so daß sie aussah wie eine Totenglocke für Admiral Byrd am Südpol; aber so klang sie richtig. Dann stellte sich heraus, daß die Zimbeln nicht klar genug durchdrangen; also hielt ich sie nahe ans Mikrophon, und Gene schlug über seine Trommel hinweg daran.

Vier Aufnahmen kamen an jenem Tag zustande: «Nobody's Sweetheart», «China Boy», «Sugar» und «Liza». Diese Platten machten Geschichte. Als sie zusammen mit den andern, die zwei Monate später aufgenommen wurden, auf den Markt gelangten und den Jazzexperten in die Hände fielen, riefen sie, vor allem in Europa, viele Kommentare und Kontroversen hervor, und ehe die Kritiker ihre Lobsprüche beendet hatten, war eine neue Bezeichnung geboren – «Chikago-Stil».

Ich hatte damals kaum Grund, die Nase hoch zu tragen; aber ich tat es wohl doch, denn ich sagte meinen Freunden einiges Abfälliges über die Aufnahmen. Tesch habe zu hart angesetzt, Jimmy gedehnt, und meinem Gefühl nach habe niemand Louis Armstrongs alte Verve gehabt. Sie waren etwas böse auf mich wegen meiner Kritik, zumal alle fanden, sie hätten sich selbst übertroffen. Ich wollte ihnen ja bloß erklären – nur fand ich die richtigen Worte nicht, und meine Gedanken waren wohl auch noch nicht so klar –, daß sie vorwärts kämen, daß sie den klassischen New Orleans-Stil begriffen hätten, aber noch viel lernen müßten, das müßten wir alle, und es hätte keinen Zweck, sich selbst auf den Rücken zu klopfen. Wir wären nicht in derselben Klasse wie die Armstrongs und Bechets, die Noones und Olivers, und wir sollten das zugeben und weiterarbeiten.

In diesem Punkt waren sich nicht alle einig. Einige fragten sich allmählich, ob wir überhaupt jemals in diese erste Klasse vorrücken könnten. Andere bezweifelten, ob es sich lohnte, das zu erstreben. Vielleicht war der Chikago-Stil gut genug – als Klasse für sich, so daß es sich lohnte, dabei zu bleiben und auf Hintergrund und Ursprung zu pfeifen. Mein Instinkt sagte mir immer wieder, daß der Chikago-Stil keine neue Schule sei, die auf eigenen Füßen stehen könne, sondern nur der Stil einer Gruppe junger Weißer mit viel Talent, die den New Orleans-Stil zu absorbieren begannen, jedoch noch längst nicht fertig geschult waren. Er war lediglich eine unvollkommene Spiegelung, ein Zerrbild des einzig echten Jazz, der Musik des Farbigen. Wir durften auf unseren Lorbeeren nicht ausruhen, auch wenn die ahnungslosen Kritiker dachten, wir hätten eine funkelnagelneue Musikform gefunden. Wir mußten erkennen, woher wir stammten, und danach streben, echter, reiner, der Quelle näher zu sein. Dadurch entstanden Reibereien zwischen uns.

Oh, ich möchte Eddie Condon an eine kleine Schuld erinnern, die in seinen Büchern noch nicht getrichen ist – er hat mir die 1,50 Dollar nie zurückgegeben. Aber ich glaube, ich bin ihm doch noch voraus; denn einmal borgte er mir fünfzig Dollar. Herrschaft, ich hätte die Rede gar nicht darauf bringen sollen. Es sieht ja aus, als ob ich ihm noch 48,50 Dollar schulde.

IRGENDWO unter der Oberfläche, tief drunten, war eine Mißstimmung, gewissermaßen ein Bruch in der Perspektive, zwischen mir und einigen andern Chikagoern. Das trat nie ganz offen zutage, und wir konnten nicht den Finger darauf legen und es bezeichnen. Wir kannten uns und unsere Musik damals nicht gut genug, um es klarzustellen. Aber es war da, und es begann unsere Gemüter zu belasten – die Tatsache, daß wir uns in bezug auf die Platten nicht einigen konnten, war ein Beispiel dafür. Diese Reibung bedrückte mich sehr. Manchmal fragte ich mich sogar, ob bei mir vielleicht irgend etwas nicht stimmte, weil ich fast eine Einerminderheit bildete.

Kurz nach unserem Engagement im «Rendezvous» arbeitete Herman Foster in einem Kabarett außerhalb Chikagos, und eines Abends fuhren Gene, Bud und ich dorthin. Ich bekam Lust zum Improvisieren, und als ich aufgefordert wurde, kletterte ich aufs Podium und ergriff das Tenorsaxophon. Ich kam wirklich in Schwung bei dieser Session. Wahrscheinlich war ich etwas in der Defensive nach all unseren Diskussionen wegen der Platten, so daß ich mir die Lungen aus dem Leibe blies, um reinen New Orleans-Stil nach Armstrong-Noone-Oliver-Muster zu spielen. Jeder Ton, den ich hinauszwang, war eine Antwort an die übrigen Chikagoer in bezug auf unsere Streitfrage. Sooft ich meinen Kameraden ein Riff ins Gesicht blies, erklärte ich: «Seht ihr? Das meine ich! Dorthin müssen wir gelangen!» Ich weiß nicht recht, was mit mir vorging; aber auf jeden Fall wollte ich an jenem Abend etwas beweisen.

Mitten in einer besonders belebten Stelle, als wir uns alle ganz einsetzten, kam der farbige Koch aus der Küche gelaufen, die weiße Mütze auf dem Kopf, und stellte sich auf dem Podium vor mir auf, während ich weiterblies. Er stützte die Hände in die Hüften und spreizte die Beine, und sein Mund stand so weit offen, wie es ohne chirurgische Instrumente nur möglich war. Dann wies er plötzlich auf mich, stampfte mit dem Fuß auf und schrie mir ins Gesicht: «Mensch, du bist der tollste Saxophonist, den ich jemals gehört habe. Woher kommst du?»

Bud starb beinahe vor Freude, und für mich war es wie ein elektrischer Schlag. Ich weiß nicht, wieso, aber es war, als hätte ich den ärgsten Kampf meines Lebens gewonnen, in dem alles, was ich besaß und woran ich glaubte, auf dem Spiele stand. An diesem Abend war ich glücklich.

ANFANGS 1928 leitete ich ein Orchester im «Purple Grackle», einem eleganten, modernen Kabarett mit spanischem Patio und üppig verteilten roten Plüschdraperien. Dieses «Roadhouse» lag rund fünfzig Kilometer von Chikago entfernt an der Straße nach Joliet, zwischen Aurora und Elgin. Draußen war ein großes Schild angebracht, auf dem stand: «Milton Mezzrow and his Purple Grackle Orchestre», und noch heute rätsle ich daran herum, weil ich immer noch nicht weiß, was ein purpurroter oder sonst ein Grackle ist. Dieses Engagement dauerte ungefähr drei Monate, das längste, das ich jemals um Chikago herum hatte. Zu dem Orchester gehörten: Freddy Goodmann [Bennys Bruder], Trompete; Floyd O'Brien, Posaune; Pete Viera, Klavier; Herman Foster, Gitarre; Gene Krupa, Schlagzeug, und ich selbst als Klarinettist. Der Besitzer des Lokals, ein Hot-Jazzliebhaber namens Val, der erste wirkliche Plattensammler, den ich kennenlernte, war wild auf Johnny Dodds und gab sein ganzes Geld dafür aus, das Orchester in «Kelly's Stables» zu hören und alle Platten zu kaufen. Er merkte sofort, daß Floyd, Gene, Herman und ich uns den Stil der Neger angeeignet hatten, und darum engagierte er uns und ermunterte uns so sehr. Seine Anerkennung versetzte uns in Verwunderung; denn alle Kabarettbesitzer, die wir kannten, verstanden mehr von Maschinengewehren als von Musik.

Diese ersten Monate des Jahres 1928, als wir im «Grackle» arbeiteten, waren bedeutsam für uns, weil wir damals mehrere Grammophonaufnahmen machten, die ersten, bei denen ich mitwirkte.

Erste Aufnahme: «I Found a New Baby», «There'll Be Some Changes Made» und «Baby Won't You Please Come Home» [die letztgenannte Platte kam erst 1945 heraus], dazu eine Rückseite, die nie auf den Markt gebracht wurde. Mac Kenzie und Condon machten den Vertrag mit Brunswick und die Platten wurden unter dem Titel «Chicago Rhythm-Kings» hergestellt. Inzwischen waren Bud Freeman und Jimmy MacPartland nach New York zu Ben Pollacks Orchester gegangen; deshalb wurde Muggsie Spanier als Trompeter und ich als Tenorsaxophonist genommen; alle übrigen waren die gleichen wie bei der früheren Okeh-Aufnahme. Ich mußte mit einem entliehenen Saxophon spielen, da ich mein eigenes versetzt hatte, und ich hegte zu dem fremden Instrument ebenso großes Zutrauen wie ein Verurteilter für seinen Richter. Im «Grackle» hatte ich die ganze Zeit Klarinette gespielt, und die beiden Instrumente haben ein ganz verschiedenes Mundstück.

Zweite Aufnahme: «Friar's Point Shuffle» und «Darktown Strutter's Ball» mit den gleichen Musikern, außer daß George Wettling am Schlagzeug saß und McKenzie den Fehler beging, zu singen. Diese Platte wurde für Paramount unter dem Titel «The Jungle Kings» hergestellt.

Dritte Aufnahme: Nur eine Seite, «Jazz Me Blues» unter dem Titel «Frank Teschemacher's Chicagoans». Diese Paramount-Platte erschien erst 1938, als Hugues Panassié, der französische Jazzkritiker, von Paris herüberkam und Milt Gabler, den Besitzer des «Commodore Record Shop» in New York, überredete, sie unter der Etikette UHCA [«United Hot Clubs of America»] herauszugeben. Bei dieser Aufnahme benutzten wir außer vier rhythmischen Instrumenten zwei Saxophone und eine Klarinette, so daß sich die Formation folgendermaßen zusammensetzte: Tesch, Klarinette; Rod Cless, Altsaxophon; meine Person, Tenorsaxophon; Sullivan, Klavier; Condon, Banjo; Lannigan, Tuba; Krupa, Schlagzeug.

Mit diesen Platten war der Chikago-Stil ein für allemal

146

festgelegt. Um ihn herum hatten sich viele Mythen gebildet; aber sie beweisen endgültig, daß wir, als wir auf der Höhe unserer Chikagoer Laufbahn standen, immer noch eine Gruppe unausgeglichener, suchender Musiker waren, zwar Leute mit viel Talent, aber noch längst keine festgesetzte, unabhängige Gruppe. Unsere Musik war *abgeleitet*, das tun diese Platten kund: Wir übernahmen einiges von den farbigen Musikern [das «Flare-up», die Explosion, den Shuffle-Rhythmus, das Break], und manchmal machten wir das gut; wir entfernten uns von ihrem Vorbild, und alles wurde matt. Die Chikago-Schule war nur ein Wendepunkt auf dem ganzen Wege, ein Zwischending. Man spiele diese Platten mit den Armstrongs und Noones und Bechets, und man wird es selbst sehen.

KURZ und gut, kaum hatte die Chikagoer Schule ihren Namen, da war sie auch schon nicht mehr da; alle besten Schüler verließen das Klassenzimmer und verdufteten. Das war vorauszusehen. Überall wurden die «Austin High Boys» von äußeren Einflüssen bedrängt, die sie vom Wege abbrachten. Tesch war ein Musterbeispiel: Während er sich zu einem Stil durcharbeitete, der der Armstrong-Noone-Schule ziemlich nahe kam, beschäftigte er sich zu Hause immer mehr mit seinem Grammophon, lauschte allen möglichen sinfonischen Wirrnissen wie Holsts «Planeten», Strawinsky und Ravel. Der arme Kerl wurde so verwirrt und verirrte sich so sehr, daß er seine eigenen Platten mehrmals ablaufen ließ, sie dann ergriff und zu Boden schmetterte, daß sie in tausend Stücke zerbrachen. Man darf auch nicht vergessen, daß Bix, der für Tesch ein Hexenmeister und ein Virtuose aller Arten war, seinen Kollegen zusetzte und sie mit seinem schwerverständlichen klassischen Gerede aufhetzte. New Orleans hatte die Hände nach ihnen ausgestreckt wie ein Magnet; aber es gab noch viele andere Magneten, die sie ebenfalls anzogen. Meistens wußten sie nicht, ob sie fortschrittlich waren oder hinterdrein hinkten. Verwirrung herrschte.

Das schlimme war, daß ich selbst immer noch im Dunkeln tappte. Ich hatte in bezug auf Musik einen starken Instinkt und ausgeprägtes Gefühl. Aber ich hatte keine durchgearbeitete Philosophie oder Musiktheorie, womit ich die andern hätte stützen können. Größtenteils war mir selbst nicht klar, wohin ich steuerte, wenn ich auch viel mehr Volldampf aufzusetzen vermochte. Ich konnte kritisieren, aber nicht begründen. Die Folge war, daß sie sich oft gegen mich auflehnten.

Außerdem begann man dem reinen Hotmusiker die kalte Schulter zu zeigen; die Orchester mit großem Namen hatten dicke Einnahmen und taten, was von ihnen verlangt wurde; wir hingegen hatten Mühe, unser tägliches Brot zu verdienen, wenn wir uns nicht nach dem Geschmack des ungebildeten Publikums richteten und unsere Musik zu einer dünnen, trostlosen Sauce verwässerten, die nicht mehr Würze hatte als abgestandenes Spülwasser. Als Red McKenzie meinen Freunden mit seinem einseitig praktischen Blickpunkt erklärte, wieviel Geld man verdienen konnte, dachten sie, sie wären schon hinter das Geheimnis der Musik gekommen. Sie ließen sich nicht unbedingt vom Mammon blenden; aber das spielte auch eine Rolle. Was Red ihnen bot, war ja gleichzeitig ein Ausweg aus ihrem musikalischen Dilemma. Red meinte es auf seine Weise gut. Er machte sich nur nichts aus unserem einstigen Ziel, den authentischen Jazz zu beherrschen.

Schließlich faßten alle eines häßlichen Tages den Plan, unter Reds und Eddies Führung Chikago den Rücken zu kehren und sich den hellen Lichtern New Yorks zuzuwenden. Für mich war dabei kein Platz. Sie hatten einen praktischen Grund, mich nicht mitzunehmen, den gleichen wie damals bei der ersten Grammophon-Aufnahme: Da Tesch Klarinette und Bud Tenorsaxophon spielten, blieb für mich keine Vakanz mehr, es sei denn, das Orchester würde stark vergrößert. Es lag aber noch ein Grund vor. In Chikago gab es wenigstens eine wirkliche Tradition, und einige große

Negermusiker, die Gründer unserer Schule, spielten immer noch ihre wundervolle Musik. New York hingegen war ganz Broadway, überflutet von Kommerzialismus. Dort hatte man bisher kaum irgendwelchen Jazz gehört, höchstens anfangs der zwanziger Jahre die Hinterhof-Imitationen der «Original Dixieland Jazz Band» und die süßliche, verkitschte Operettenmusik rachitischer Bühnenorchester. Meine Freunde wollten bei diesem Ausflug keinen Besessenen mithaben. Sie hatten mich immer geneckt, weil ich den Farbigen nachlief, bis ich wie sie sprach und einigermaßen wie sie spielte. Und nichts ließ bei mir darauf schließen, daß ich mich ändern würde. Ich war bockig wie ein Maulesel, obwohl ich keine Gründe für mein Verhalten anzugeben vermochte. Ein Mensch wie ich wäre in New York keine angenehme Gesellschaft.

An ihrem letzten Abend in Chikago, als sie schon ihre Fahrkarte besorgt und ihre Siebensachen gepackt hatten, waren wir alle zum Abschied im «Nest» zusammen. Das war unser Stammlokal geworden, wenn wir nicht gerade in den «Three Deuces» spielten, weil Jimmy Noone dort auftrat, von dem wir nicht genug bekommen konnten. Man hielt uns in einem Winkel neben dem Podium einen Tisch frei, und dort saßen wir zappelnd und kopfschüttelnd, weil es einfach zuviel für uns war. Jimmy begann das Programm gewöhnlich mit Arrangements populärer Tagesmelodien – und wie er sie spielte! – aber wenn wir ihm dann unsere Wünsche zuriefen, spielte er Blues für uns. Er strahlte uns an und erkundigte sich, was wir als nächstes wünschten, so daß es für uns ein wirklicher New Orleans-Genuß wurde. Jimmy war nach unserem Herzen.

An diesem Abend waren meine Freunde etwas verlegen und rot im Gesicht, und sie saßen steif und linkisch herum. Gene Krupa ging mit ihnen auf die Schatzsuche im dicken Apfel New York, und alle wußten ja, daß Gene mein Schüler war, und daß ich ihm die Schlagzeug-Technik der Neger beigebracht hatte, obwohl ich Dave Tough hatte versprechen müssen, sie keinem Menschen auf Erden zu zeigen. Ich möchte gewiß nicht den Eindruck erwecken, als ob ich der Jazzpapst gewesen wäre, umgeben von unwissenden Schülern, die sich gegen ihren Lehrmeister erhoben hatten. Nein, so war es nicht. Ich war bloß ein paar Jahre älter als die meisten andern, und ich hatte mich früher als sie mit dem New Orleans-Stil befaßt. Ich hatte selbst noch einen langen, mühseligen Weg vor mir, und ich teilte, was ich wußte, mit ihnen allen.

Als wir an diesem trüben Abend um unseren Tisch im «Nest» saßen, war ich still wie eine Schleiereule, traurig und wunden Herzens. Wir hatten gemeinsam eine große, schmerzensreiche Wegstrecke zurückgelegt, und nun sollten wir in verschiedenen Richtungen auseinandergehen. Vielleicht sahen wir uns nie wieder. Vielleicht waren wir einander entfremdet, wenn wir uns in späteren Jahren einmal wiedertrafen. Die Zukunft lag in Dunkelheit gehüllt. Herrschaft, ich hatte das heulende Elend.

Die ganze Zeit baten wir Jimmy, für uns Blues zu spielen, und er sagte bereitwillig zu; aber die ganze Zeit spielte er nur Arrangements von Operettenmelodien, die er auf dem Repertoire hatte. Es begann uns zu dämmern, daß wir trotz unseren Bitten keinen einzigen Blues zu hören bekamen. Jimmy und seine Musiker hatten uns gern, und sie wußten, daß wir uns für ihre Musik begeisterten. Und dies war ein besonderer Abend, ein Abschiedsabend – man hätte meinen sollen, daß Jimmy deshalb besonders nett zu meinen Kameraden sein würde. Aber noch immer wurde kein Blues gespielt. Es verstimmte uns, auf diese Weise übergangen zu werden, und dadurch legte sich noch ein nasses Tuch auf unsere Runde, die ohnehin schon trübetimpelig war.

Es wurde spät. Das Publikum brach teilweise auf. Wir erhoben uns, drückten ringsum unter Abschiedsgemurmel die Hand, wobei wir uns gezwungen anlächelten wie berufsmäßige Trauergäste, die nicht bezahlt worden sind. Ich war wie gelähmt – es war mir plötzlich aufgegangen, daß es für immer sein würde, wenn meine Kameraden durch die Türe gingen. Von nun an wurde dieser Tisch nur noch für mich reserviert. Ich war ganz niedergeschlagen. Ich schäme mich nicht, zu gestehen, daß ich vor lauter Tränen nichts mehr sehen konnte.

Sie bahnten sich ihren Weg zum Ausgang, und dort blieben sie stehen, um noch einen letzten Blick zurückzuwerfen. Gerade in diesem Moment stimmte das Orchester mit einer Zeitberechnung auf Sekundenbruchteil einen durch die Nieren gehenden Blues an, der wie ein großes Schluchzen durch den Saal brach, einen tieftraurigen «preaching» Blues.

Stundenlang hatte das Orchester jede erbetene Bluesnummer verweigert, und jetzt, als alle gingen, kam er, eine Kohlenladung von Stöhnen und Klagen. Mir wurde klar, daß etwas dahinter stak. Das war kein Zufall. Meine Freunde wußten, daß es Absicht war; denn sie standen stockstill und schauten mit fragenden Mienen zum Orchester hinüber.

Gleich mußte der zweite Chorus kommen. Und wahrhaftig, da stand der alte Doc Poston, der Altsaxophon und Klarinette spielte, auf und begann zu predigen. Ich traute meinen Ohren nicht. Man muß nämlich wissen, daß das Orchester in all der Zeit, die wir im «Nest» verkehrten, niemals einen «preaching» Blues gespielt hatte. «Preaching» Blues war eine selten zu hörende Musik, da die Farbigen sie nur für sich spielten. Von all den verschiedenen Bluesarten war es ungefähr die einzige, die weiße Musiker nicht übernehmen konnten. Und jetzt bekamen wir sie hier zu hören. Während das Orchester leise begleitete, stand Doc Poston auf dem Podium und begann seine Litanei. Er war ein Prediger, wie ich keinen zweiten hörte. Und was er an jenem Abend predigte, das war eine spontane, sezierende Psychoanalyse eines jeden Mannes, der dort beim Ausgang stand.

Red McKenzie stand als erster in der Reihe, dann kamen Eddie Condon und Joe Sullivan, und Gene Krupa war der letzte. Doc nahm sie in der gleichen Reihenfolge vor, von links nach rechts. Er sang:

There stands Red McKenzie right over there,
He's goin' to New York with his mop of red hair,
He'll be back pretty soon I do declare,
Cause the stuff he's puttin' down really ain't nowhere.

   Condon's standin' side him and he's all red in the face,
Leavin' Mezz behind him, thinks he's really goin' some place,
But if he knew like I do he would make a change of pace
Cause he ain't goin' nowhere but on a wild goose chase.

   Sullivan's goin' with them an' I don't understan'
Why he'd travel that runt an' that red-headed man,
He'll be writin' home for help but he won't have the stamps,
The only thing he'll have will be the miss-meal cramps.

   Dort drüben sieht man mit rotem Haar Red McKenzie stehn,
Er hat im Sinn, von hier nach New York zu gehn.
Er wird bald wiederkommen, das wird von mir erklärt,
Denn was er dorten schaffet, das ist nichts wert.

   Neben ihm steht Condon, ganz rot im Angesicht,
Läßt Mezz allein zurücke, weil ihn der Hafer sticht.
Doch wüßte er, was ich weiß, er würde nicht so rasen,
Denn was er jagt, das sind nur, das sind nur Seifenblasen.

   Sullivan geht auch davon, und das versteh' ich nicht,
Wie kann er mit dem Rotkopf gehn und mit dem armen Wicht.
Er wird nach Haus um Hilfe schreib'n, doch wird die Marke
                                                          fehlen,
Er wird sich nur, er wird sich nur mit Hungerschmerzen quälen.

Gene war der nächste auf der Liste; aber bevor Doc ihn vornehmen konnte, rannte Gene durch den Saal und setzte sich wieder zu mir. Die andern standen reglos wie Eiszapfen; sie bemühten sich, zu lächeln, sahen jedoch aus, als ob sie etwas Bitteres gekaut hätten. Dann machten alle kehrt und stürzten in den Vorraum. Sie konnten nicht schnell genug hinauskommen. Gene saß den Rest der Nacht bei mir, bis er gehen mußte, um seinen Zug nach New York zu bekommen.

   Ich kann nicht sagen, wie mir zumute war. Was Jimmy Noone und Doc Poston an jenem Abend taten, war für mich ungefähr das nachdrücklichste Erlebnis meines Daseins. Es war, als wäre ich zum drittenmal untergegangen, und ganz plötzlich hätte mir ein Unbekannter, von dessen Freundschaft ich gar nichts wußte, einen Rettungsring zugeworfen. Wahrhaftig, an jenem Abend wurde ich gerettet, und zwar in letzter Minute. Noch immer war zwischen dem Orchester und mir kein Wort gesprochen worden; doch nun spielten sie Blues und blieben bis zum Schluß dabei; sie spielten jede Nummer, die ich ihres Wissens besonders liebte. Ich versuchte meine Gefühle nicht in Worte zu fassen, und sie erwarteten es auch nicht von mir. Hätte ich den Mund geöffnet, so wäre ich in Tränen ausgebrochen.

Auch das ist ein Zug bei den Negern, der mich zutiefst berührt. Sie diskutieren fast nie über etwas, zerreden die Dinge nicht. Sie verstehen, was vor sich geht, durch Blicke und wortlosen Ausdruck, durch kleine Gebärden und subtile Andeutungen wie durch Telepathie. Sie verstanden auch, was an jenem Abend mit uns los war. Nie sprach ich mit ihnen über den Fortgang meiner Freunde; aber sie hatten von diesem Auszug nach New York gehört, und sie wußten, was dahinter stak. Den ganzen Abend hatten sie gesagt – zuerst indem sie ihre Musik nicht spielten, als sie darum gebeten wurden, dann durch die Anklage mit dem «preaching» Blues –, daß ich in ihren Augen dem Geist ihrer Musik treu bleiben wollte, einerlei, wie ich irrte und kämpfte, und daß sich die andern nicht nur von mir abkehrten, sondern auch von der guten, festen, ehrlichen Jazzwelt, wo die Gemütsbewegungen sauber und gerade sind und auf richtige, empfundene Weise geäußert werden.

Doc meinte mit seinen Worten nicht, daß Red und die andern gemein oder etwas dergleichen wären. Nein, im Grunde waren sie alle gute Burschen, und das wußte Doc. Aber wenn sie von der echten Jazzmusik abwichen und sich vormachten, auf geradem Kurs zu bleiben, würden sie nirgendshin gelangen und am Ende ihres Regenbogens in New York statt des erwarteten Goldtopfes eine faulige Konservenbüchse finden. Hier haben wir eine schöne neue Musik geschaffen, meinte er, machen wir sie weiter, so gut und ehrlich wir können, und wenn wir weder Ruhm noch Geld ernten, zum Teufel damit, wir werden wissen, daß wir immer unser Bestes getan haben und uns treu geblieben sind. Das hatte Doc gepredigt. Um dem noch mehr Nachdruck zu verleihen, hatte das Orchester den Musikern seine Musik vorenthalten und ihnen dann zum Abschied die echte Negermusik nachgeschmettert.

Gene und ich waren für den Rest des Abends die Gäste der Farbigen. In einer Pause kamen sie mit freundlichem, väterlichem Lächeln an unsern Tisch, klopften mir die Schulter und waren so nett und herzlich, daß ich kaum zu sprechen vermochte. Sie verstanden alles. Daß es mir gelang, diese traurige Nacht überhaupt durchzustehen, habe ich Jimmy Noone und seinem Orchester zu verdanken.

Gene sprach kein Wort über das Geschehene und ich auch nicht. Ich glaube, wir haben bis zum heutigen Tage nie davon gesprochen. Aber bestimmt begriff er, worum es ging.

SOBALD alle meine Kameraden nach dem Broadway gezogen waren, verwandelte sich Chikago von einem fröhlichen Jahrmarkt in ein Einbalsamierungs-Institut. Wirklich trostlos. Nachdem sich unsere Bruderschaft der Musik aufgelöst und in alle Winde verstreut hatte, trieben Josh Billings und ich wie zwei heimatlose Katzen umher und steckten die Nase in alle möglichen Lokale, um ein Lebenszeichen zu finden. Vergeblich.

«Das alte Nest hat sich hingelegt und ist gestorben», seufzte Josh, «nur will es die Augen nicht schließen. Alles Leben ist ihm bis zum letzten Tropfen ausgesaugt worden. Wir befinden uns in einem Leichenschauhaus, umgeben von zwei Millionen Leichen.»

Er übertrieb nicht. Die Stadt war traurig wie eine Landkarte und für uns doppelt so flach. König Jazz hatte die Koffer gepackt und war abgezogen, mitsamt all seinen Affendrüsen und Injektionsnadeln. Keine Adrenalinspritze war mehr geblieben, die diese trübselige Stadt neubelebt hätte.

Es stand schlimm, und es wurde noch schlimmer. Ich war niedergeschlagen und hatte Sorgen; keinen Heller besaß ich, und ich lief in dem einzigen Anzug herum, der mir gehörte, und meine Haare wurden so lang, daß Louis Armstrong den Eindruck gewann, ich wäre ein Geiger. Ich hauste mit meiner Frau und meinem Stiefsohn in einem mottenzerfressenen, dumpfen möblierten Zimmer, und wenn die Miete bezahlt wurde, so wußte ich nichts davon. Bonnie arbeitete ein wenig als Hutmodellistin, um Geld fürs Essen zusammenzuscharren; aber dann kam die tote Saison; also hieß es betteln, borgen oder stehlen, und zum Stehlen war ich zu ängstlich. Die Schwermut hatte mich in den Fängen. Ich war wirklich schlecht daran, war der vergessenste Mensch in der Stadt; meine Lippen verzogen sich beim Lächeln nach unten, und wenn mir jemand einen Witz erzählte, wurden mir die Augen feucht von Tränen. Die ganze Nacht saß ich mit Josh zusammen und spielte meine Platten [bis meine Wirtin wegen der gestundeten Miete kam]. Josh war keine aufheiternde Gesellschaft; auch er hatte Katzenjammer.

Es trug sich so zu, daß wir eines Abends ausfuhren, um die Düsterkeit mit den Fingernägeln abzukratzen. Der Wagen gehörte meinem prächtigen Freund Mike, einem Saxophonspieler, der treu und fleißig arbeitete und auch Blues sang. Er war eng befreundet mit Gene Krupa, von dem er seit zwei Wochen kein Wort gehört hatte.

«Sag, Mike», hob ich an, «ist dein Wagen versichert?»

Als er bejahte, redete ich sehr schnell: «Ich habe dir einen Vorschlag zu machen, und wenn du darauf eingehst, wird es unsere Lebensrettung sein. Josh und ich müssen weg von hier, bevor wir in einer Zelle sitzen. Würdest du den Wagen mit Benzin und Öl füllen und uns damit nach New York fahren lassen? Laß uns nur vierundzwanzig Stunden Zeit, und dann melde bei der Polizei, dein Auto sei gestohlen worden. Sowie wir im dicken Apfel sind, lassen wir die Kiste stehen, und wenn die New Yorker Polypen sie finden, muß deine Versicherung sie aufsammeln und dir zurückschicken. Was meinst du dazu, Mike?» Ich wäre auf die Knie gegangen, wenn der Wagen etwas geräumiger gewesen wäre.

Es war ein guter Plan – wir beäugten ihn von allen Seiten, konnten aber keine Ritze finden. Der gute alte Mike! Ohne eine Sekunde zu zögern, erklärte er sich sofort einverstanden, nur unter der Bedingung, daß wir ihn nachkommen ließen, wenn wir in New York Arbeit fänden. Das versprachen wir. Um allem die Krone aufzusetzen, kramte er in seiner Tasche und legte fünfzig Dollar als Taschengeld für uns dazu. Wir küßten ihn nur deshalb nicht, weil wir gerade auf einem belebten Fleck parkten, und die Leute hätten es vielleicht mißverstanden.

Wir sausten nach Hause und packten ein paar Sachen zusammen – einige Platten, meine Instrumente, ein Reisegrammophon, einen guten Vorrat an Marihuana. Um sicherzugehen, machte ich im Südviertel halt und kaufte mir zwanzig Kapseln Kokain, damit ich die Non-Stop-Fahrt in den Osten durchhalten konnte. Ein paar von uns hatten vor kurzem angefangen, zu koksen; es gefiel uns, weil es den Kopf sehr klar macht, man denkt wie geschmiert und redet ungehemmt. Viele Nächte hatten wir geschnupft und philosophiert, philosophiert und geschnupft bis zum hellen Morgen.

Dann waren wir endlich bereit. Leb wohl, Chikago, du altes Steinmeer! Fort ging's in einer Staubwolke; wie zwei Flüchtlinge sausten wir über die Straße.

Der Wagen mußte so etwas wie einen automatischen Piloten haben; denn wir achteten nicht sehr aufs Lenken. Wenn wir nicht Koks schnupften, tranken wir Tee, und meistens wußten wir kaum, ob wir in einem Unterseeboot durchs große Meer pflügten oder in einem Flugzeug über den Wolken segelten. Wir konnten es nicht erwarten, mit den Kameraden wiedervereint zu sein. Wir malten uns immerzu aus, wie es sein würde, wenn wir sie überraschten, mit welchen Freudensprüngen sie uns begrüßen und wie wir die mitgebrachten Platten spielen und Marihuana rauchen würden. Auf diese Weise verflog die Zeit, und auf einmal befanden wir uns auf irgendeinem Berg, wo wir mitten in einer Wolke fuhren. Es muß in Pennsylvanien gewesen sein, irgendwo im Alleghanygebirge, soviel ich später feststellen konnte. Menschenskind, der Nebel war so dicht, daß man nichts zu sehen vermochte. Die Sichtbarkeit stand auf null und sank noch tiefer. Wir waren ganz droben, wo die Hänge steil abfielen, und wir hatten Angst. An Bix' Nebel zu denken – die Luft war vollgepackt mit einer Mischung von Rasierseifenschaum, Bierresten, Watte und Meeresbrandung. «Im Nebel», du meine Güte! Hätte Bix das erlebt, so hätte er eine Nummer «In der Erbsensuppe» geschrieben.

Ich war ziemlich nervös, und ich wollte nicht, daß Josh von meiner Seite wich; aber es mußte sein. Während ich am Steuer klebte, stieg er aus und ging etwa einen Meter vor dem Auto zu Fuß; er rief: «Es geht!» und dann rückte ich fünf oder zehn Zentimeter vor. Meine Lebensgeister sanken rasch; denn trotz meiner Unfähigkeit für Mathematik konnte ich mir ausrechnen, daß wir auf diese Weise ums Jahr 1970 herum in die große Stadt gelangen würden, und es blieben uns nur noch ein paar Stunden, bis Mike wegen seines gestohlenen Wagens Alarm schlagen würde. «Es geht!» rief Josh. Ich schwamm wieder einen halben Meter durch die Suppe.

Plötzlich war Josh nicht mehr da. Ich guckte mir die Augen aus dem Kopf – keine Spur war von ihm zu entdecken. Ich wurde von panischer Angst ergriffen. «Josh!» brüllte ich. «He, Josh, wo bist du? Komm zurück! Hörst du mich?»

Ich bekam ein sonderbar unwirkliches Gefühl, als ob sich die ganze Welt in schmutzig grauen Sprühregen aufgelöst hätte und ich mitten in diesem grauen Gewoge triebe, zehn Millionen Kilometer von irgendwo, nur ich und der kleine Wagen, verirrt im Raum. Ich fühlte mich wirklich verlassen. Ein Rekordsitzer auf dem Mount Everest hätte sich im Vergleich zu mir mitten im Großstadtverkehr gefühlt. Es wäre mir gleich gewesen, wäre Josh mit grünem Haar und einem einzigen Auge in der Stirn zurückgekommen, wäre er nur zurückgekommen. «He, Josh, hörst du mich?» Keine Antwort. Ich wünschte, wir hätten mehr Kokain mitgenommen. Meine Hände zitterten.

Endlich gewahrte ich etwas – zuerst war es nur ein unbestimmter schwankender Schatten, der aus dem Nebel auftauchte, und dann begann er Umrisse anzunehmen. Uff! Josh war doch da. Welche Erleichterung! Aber es war etwas Merkwürdiges daran, es sah nicht richtig aus, es war zwar ein Gesicht, aber... Das Gesicht wurde immer größer und größer, immer deutlicher, und es gefiel mir immer weniger. Der Kopf war nämlich so gräßlich groß, und die Augen glotzten so riesig, und die Lippen waren so dick und sabberten; ulkige spitze Ohren standen in die Höhe, und der Hals hatte einen Umfang wie ein Baumstamm. Himmel, ich glaubte in einer anderen Welt zu sein, wo es nur Tote gab und Josh in eine Kuh verwandelt worden war. «Lieber Gott», hauchte ich, «laß Josh keine Kuh mehr sein, und ich gelobe, nie mehr zu koksen oder Marihuana zu rauchen, mein Ehrenwort...»

Mein Gebet fand Erhörung; ganz plötzlich war Josh in eigener Gestalt wieder da; er stand neben dem Auto und lehnte sich zu mir vor. «Stell dir vor», stöhnte er, «wir stecken mitten in einer Viehherde!»

So war es. Kurz darauf glotzte mich ein zweites blödes Kuhgesicht an, dann noch eins, dann eine ganze Bande, alle rings um mich. Es war tatsächlich eine Viehherde, und der Bauer, der sie dahintrieb, konnte nichts machen – er wollte uns den Weg freigeben; aber die stumpfsinnigen Tiere ballten sich wieder zusammen und blockierten von neuem die Straße. Infolgedessen dauerte es zwei Stunden, bis wir über den Paß kamen, jeweils einen halben Meter vorrückend. Endlich bogen die Kühe auf eine Weide ab, und wir fuhren weiter, bis wir aus dem Nebel waren. Ich erzählte Josh nichts von meiner Angst, daß er sich in eine Kuh verwandelt haben könnte; ich lachte nur etwas krampfhaft, sooft ich seine

Stimme hörte, und ließ es dabei bewenden. Immerhin dachte ich eine Zeitlang ernsthaft daran, das Rauschgift aufzugeben. Ich wollte nie mehr von Josh mit dem dummen Glotzen wiederkäuend angestarrt werden.

Also, wir schafften es trotzdem. Mike sollte uns einen vierundzwanzigstündigen Vorsprung geben, und wir hatten für die Fahrt dreißig Stunden gebraucht; folglich mußte die Chikagoer Polizei den gestohlenen Wagen schon einige Stunden gemeldet haben. Ich war recht zittrig, als wir durch den Holland-Tunnel schossen, und Josh ebenfalls. Sowie wir im guten alten Manhattan angekommen waren, ließen wir das Auto stehen und vollführten mit unseren Siebensachen eine Verschwinde-Nummer. Aber wir waren erst zwei Straßen weit, als Josh plötzlich mit einem Schreckensruf stehenblieb. «Du», stieß er hervor, «wir haben zwei volle Dosen Marihuana im Auto gelassen!»

Ich war durchaus dafür, darauf zu verzichten – inzwischen konnte eine ganze Schwadron den Wagen schon umschwärmen, und ich wollte weg aus dieser Gegend. Ein Zusammenstoß mit der Polizei wäre mir sehr ungelegen gekommen. Aber man versuche einmal, in Joshs dicken Schädel Vernunft einzuhämmern. Ihn dünkte es unerträglich, seinen Vorrat im Stich zu lassen. Er kehrte um, während ich mit dem Gepäck wartete, und einige Minuten später kam er wieder, beide Rocktaschen vollgestopft mit den Blechdosen.

Wir eilten in eine Telephonkabine und riefen das Hotel Cumberland an, wo unsere Freunde abgestiegen waren. Ich konnte kaum stillsitzen, während ich auf die Verbindung wartete. Endlich erklang eine Stimme am andern Ende der Leitung, Eddie Condons Stimme!

«Wo bist du, Roll?» rief er.

Meinen Ohren war es liebliche Musik, den alten Spitznamen wieder zu hören. Ich vernahm einen erstickten Ausruf, als ich ihm nachlässig mitteilte, daß ich mit Josh in der Canal Street sei. Meiner Vermutung nach war Eddie ohnmächtig geworden.

Eine Minute herrschte Stille, dann kam Teschs Stimme über den Draht. Er versäumte keine Zeit mit Höflichkeiten. Er fragte: «He, Milton, hast du Marihuana mitgebracht?»

Da wußte ich, daß ich wieder daheim war, wieder bei meiner eigenen Familie. Das war gut.

Josh und ich sausten die Straße entlang, so schnell uns unsere zittrigen Beine zu tragen vermochten, um zur Untergrundbahn und zu unseren Freunden zu kommen. Ich verrenkte mir den Hals, als wir über die Avenue schossen: Da waren alle die Wolkenkratzer, wie sie in den Büchern beschrieben wurden, und die Menge wirbelte umher; da war die Broadway-Spannung und die pulsende Erregung. Es war, als ob ein Märchen Wirklichkeit geworden wäre. Wir hatten es endlich geschafft. Nichts konnte uns mehr zurückhalten. König Jazz zog ein an der Spitze seiner ganzen Bläser- und Trommlerarmee, und ich war mitten darin, zu allem bereit.

Da baumelte der dicke Apfel gerade vor meiner Nase, glänzend rot, rund und saftig. Bestimmt wollte ich davon kosten. New York, aufgepaßt! Hier sind wir, und wir werden dich erobern. Wir werden dich bei den Hörnern packen und nie mehr loslassen, hast du gehört? Dein Lichtermeer am Broadway soll tanzen!

Geschafft, juhu!

DRITTER TEIL

DER DICKE APFEL

1928–1935

Praise Allah! Wiggle, wiggle, wiggle,
Praise Allah! Wiggle and dance...
Everybody's doin' fine
All you folks that ain't in line
Come on out and rise and shine,
BIG APPLE! [*Have a bite...*]
                [*Big Apple*]

Gelobt sei Allah! Regt euch, regt euch, regt euch!
Gelobt sei Allah! Regt euch und tanzt!
Alle sind vergnügt und froh;
Wer nicht im Kreise ist,
Komm herbei und freu sich mit...
Dicker Apfel! [Beiß hinein...]

ZEHNTES KAPITEL

Wenn man kein Geld verdienen kann

I'd rather drink muddy water, Lord,
Sleep in a hollow log,
I'd rather drink muddy water, Lord,
Sleep in a hollow log,
Than to be up here in New York,
Treated like a dirty dog.
    Lieber trink' ich schmutziges Wasser, Herr,
Und schlafe auf der nackten Erden,
Als hier in New York zu sein
Und wie ein räudiger Hund behandelt zu werden.

DIESE Klage sang Jack Teagarden auf einer Platte, die «Makin' Friends» hieß; sie hätte das Leitmotiv der Chikagoer sein können. Es herrschte Panikstimmung. Als wir unsere Kameraden aufsuchten, fanden wir sie allesamt in einem einzigen schäbigen Zimmer, wo sie sozusagen aufeinander schliefen. Es fehlte nur das Schild eines Nachtasyls. Eddie Condon streifte mit Red McKenzie in der Stadt herum, um irgendwelche Arbeit zu suchen. Sie hatten kaum mehr Geld, und sie konnten sich nicht erinnern, wann sie zum letztenmal etwas Warmes gegessen hatten.

Bei der Ankunft hatten sie sogleich ein Engagement gefunden, doch als sie auf Probe spielten, brauchte der Lokalbesitzer nur ein Ohrvoll von der Chikagoer Musik zu hören, und schon warf er sie hinaus. So hielt der Jazz seinen Einzug am Broadway. Nachdem sie eine Woche lang im Palace langweiligen Salontänzerinnen aufgespielt hatten, waren sie in diesem Loch gelandet, wo sie Trübsal bliesen, wie Doc Poston es vorausgesagt hatte.

Also, zwei trostlose Wochen lungerten wir alle in der Flohkiste herum, und dann bekam ich durch einen Fiedler, der sich für Jazzmusik begeisterte, draußen in Valley Stream auf Long Island in den «Castilian Gardens» ein Engagement. Gene, Eddie, Sullivan und Billings zogen schnurstracks mit mir in die Vorstadt. Bald reiste Gene nach Chikago ab. Dann setzten wir unseren Gitarrespieler freundlich hinaus und holten uns Eddie mit seinem langhalsigen Banjo; als nächster ging der Pianist, dessen Platz Sullivan übenahm. Schließlich sagte unser Tenorsaxophonist: «Milton, Tesch sollte in diesem Orchester sein. Ich kann mit einem Tanzorchester gehen, und ich überlasse ihm gern meinen Platz, wenn du mir Jazzunterricht gibst.» Binnen wenigen Tagen begannen wir nach etwas zu klingen. Es war gute Filtrierungstaktik – wir schufen dieses Orchester richtig von innen her. Der Trompeter ging auch kurz darauf, weil er keinen einzigen Ton kannte, den wir spielten, wie wir ihm dauernd klarmachten, und da der Leiter des Orchesters ein lohnendes Angebot irgendwo erhielt, übergab er das ganze Orchester mir. Der Lokalbesitzer wollte Tesch nicht engagieren, und Gene und Bud ließen sich nicht aus Chikago zurückholen; doch immerhin blieben von sieben Musikern vier, und drei waren Chikagoer, so daß die Jazzband gar nicht so schlecht klang.

Eines Abends erschien Jack «Legs» Diamond[1] mit einer Schar Gefolgsleute in der Spelunke und ließ die Türen schließen, worauf es losging. Unsere Musik befeuerte Legs' Freundin so sehr, daß sie aufs Tanzparkett hüpfte und mit den Hüften wackelte, als ob sie frisch aus Waikiki gekommen wäre. Dann hob sie ihren Rock, so daß sie mehr aus- als angezogen war, und zeigte ihre hübschen Kurven. Ich verschluckte beinahe mein Instrument, während ich Legs beobachtete, um zu sehen, wie er es aufnahm. Ich war darauf vorbereitet, das Orchester zu stoppen, sowie er mit der Wimper zuckte. Der Boß verlor fast seine Perücke, während er mir hinter einem Pfeiler Zeichen machte – er wußte, daß Legs in der Unterwelt nicht sehr beliebt war, und bei ihrem letzten

1] Jack «Legs» Diamond, ein berühmter Bandit, war gegen Ende der Prohibition Staatsfeind Nr. 1. [Anmerkung der Übersetzerin]

Auftauchen hatte die Bande das Lokal beinahe demoliert. Aber als die Musik aufhörte, lief die Maid schmollend zu ihrem Liebsten, und Legs bedeutete uns, weiterzuspielen.

In den «Castilian Gardens» arbeiteten wir ungefähr drei Monate, gerade während der Sommersaison. Derweil reiste Tesch mit Sam Lannins Orchester, und ich sah ihn nie wieder, bis er 1932 ums Leben kam.

Als wir dann am «Labor Day», dem ersten Montag im September, in unserem besten Anzug abends zur Arbeit antraten, um die Herbstsaison zu eröffnen, fanden wir ein funkelnagelneues Vorhängeschloß an der Türe und konnten nicht hinein. Der Boß tauchte auf und seufzte: «Kinder, so steht's – da ich die Pacht nicht zahlen konnte, wurde ich ausgesperrt. Und dabei ist gerade der Eisschrank voller Enten für die Wochenend-Gäste.» Es stand so schlecht mit ihm, daß er uns nicht einmal unsere Gage zu zahlen vermochte, was für mich sehr schlimm war, da meine Frau mit ihrem Jungen soeben aus Chikago gekommen war. Je nun, wir zertrümmerten ein Fenster und kletterten hinein, um unsere Instrumente zu holen, und auf den Vorschlag des Boß unternahmen wir einen Raubzug auf den Eisschrank und beluden uns mit so viel Geflügel, wie wir tragen konnten. So kam es, daß wir in Valley Stream statt mit Dollars zum Schluß mit Enten bezahlt wurden. «Wir möchten unser Geld und haben einen Vogel», sagte Joe Sullivan; aber niemand brachte ein Lächeln auf.

Als ich eines Nachmittags harmlos den Broadway entlang ging, hob sich mir das Pflaster zu meiner Verwunderung plötzlich entgegen, und die Häuser begannen zu schaukeln und zu schwanken und wollten mir auf den Schädel krachen. Meine Muskeln wurden zu Gelee, und ich klammerte mich an einen Laternenpfahl. Der Schweiß lief mir übers Gesicht; mein Magen übte sich in Seemannsknoten; im Nacken hatte ich Schmerzen, und mein Skalp spannte sich derartig, daß ich fürchtete, er würde mittendurch platzen. Ich hielt mich verzweifelt fest, während der dicke Apfel zu Apfelmus wurde,

165

in dem ich herumwatete. Meine Knie waren Kastagnetten. Herrschaft, es ging mir schlecht. Ein Blick auf mich, und Doktor Freud wäre vor Schrecken zum Medizinschrank gelaufen.

Ich sah die Leute vorüberstürmen. Alle Männer hatten breite Capone-Hüte tief in die Stirn gedrückt und den Mantelkragen aufgeschlagen. Ihre gekrümmten Schultern und die in den Taschen vergrabenen Händen verrieten mir, daß jeder eine Pistole bei sich trug. Aus der Art, wie sie mich beäugten, ersah ich, daß sie mir alle ans Leben wollten, sofort oder in fünf Minuten. Das war der Grund, warum sie so eilig umhertrieben; sie schmiedeten Pläne und wollten mir im Hinterhalt auflauern. Ich erkannte, daß sie lauter Wegelagerer waren. Sie hatten mich umzingelt. Jede Sekunde konnten die automatischen Pistolen auf mich losgehen. Der Magen drehte sich mir um.

Ich wußte, daß ich mehr Komplexe hatte als alle Insassen einer Heilanstalt, und daß sich dieser Nervenzusammenbruch schon lange vorbereitet hatte. Die Psychose fing an, als ich in East Bronx im «Woodmansten Inn» arbeitete. Dort erblühten mir Neurosen. Ein Schlagzeuger namens Johnny Powell leitete dort das Orchester, und neben einem Geiger spielten Eddie Condon, Joe Sullivan und ich mit. Es war schon Herbst, als wir unser Engagement antraten; aber die Luft war noch milde; deshalb spielten wir auf einer großen abgeschirmten Kaffeehaus-Terrasse, die mit den üblichen Palmen und Lampions beladen war.

Es hätte keinen netteren Menschen geben können als Johnny Powell, einen großen, temperamentvollen Französisch-Kanadier mit gezwirbeltem Schnurrbart. Er verehrte den Boden, auf dem wir Chikagoer schritten, und er lechzte danach, die Jazztechnik am Schlagzeug zu lernen, weil er wußte, daß Gene Krupa bei uns die Lehre gemacht hatte. Aber wir reagierten allergisch auf ihn. Erstens einmal machte uns seine Gewohnheit verrückt, daß er dauernd das Wort «interpolieren» benutzte. «Wie kann ich diesen Schlag interpolieren?» fragte er mit Vorliebe, worauf wir alle zusammenzuckten. «Meint ihr, wir sollten jetzt oder später interpolieren?» wollte er wissen. Johnny war sehr gebildet, lebte ganz für sein Schlagzeug, aber er hatte es eben nicht im Blut, interpolieren hin oder her, und wir standen die Qualen der Verdammten aus, weil sein Fuß so schwer war und er das Tempo zerdehnte, bis Joe und ich aus dem Häuschen gerieten. Sein lahmes Tempo verursachte mir als erstes die nervöse Indigestion.

Auch der Geiger ging mir auf die Nerven. Er spielte schön, mit vollem, rundem Ton, und er war technisch auf der Höhe; aber bei ihm gab es ebenfalls das verschleppte Tempo. Früher hatte ich mit Bix oft über die schleppenden Violinen gesprochen. Wir hatten gedacht, daß es vielleicht die große Zahl im Symphonie-Orchester sei, die bewirkte, daß sie hinterdrein hinkten, aber hier spielten wir nur mit einer Geige, und trotzdem verhedderten wir uns in ihren Saiten. Diese Geige bereitete uns, zusammen mit dem widerspenstigen Schlagzeug, Albdrücken. Joe trank ein Glas nach dem andern und zerbrach sich beinahe die Finger auf den Tasten, und ich blies, bis ich blau im Gesicht war, so sehr bemühten wir uns, diese Phlegmatiker in Schwung zu bringen; aber wir hätten ebensogut versuchen können, zwei hungrige Maulesel vorwärts zu treiben. Es war schlimmer als die chinesische Wassertortur, bei der man angebunden wird und Tropfen um Tropfen auf die Stirn herunterfällt. Dabei wird man wahnsinnig und zerbeißt sich die Zunge, während man auf den nächsten Tropfen wartet, und so erging es uns auch jedesmal, wenn Johnny mit sich im Streite lag, ob er jetzt oder später interpolieren sollte. In dem Sekundenbruchteil, wo wir warteten, daß die beiden Burschen uns einholten, schwitzte ich Blut, und mein Herz setzte einfach aus. Ich schwöre, nach einigen Wochen begann ich mich zu fragen ob Johnny Powell nicht etwa meinen Kopf als Gong benutzte, während der Geiger mit zackigem Glas über meine bloßgelegten Nerven strich. Es bedeutete eine Anstrengung, nicht zu schreien: Gut, gut, schlagt mich zu Mus, zerstückelt mich, nur haltet das Tempo ein, um Himmels willen haltet das Tempo ein!

Mit seinem gewichsten Schnurrbart und seinem pomadisierten Haar nahm Johnny in meinem Geist groteske Formen an. Wenn ich ihn anschaute, sah ich in ihm einen Dämon, kühl und glatt nach außen, aber mit einem Herzen voller Bosheit und Niedertracht. Manchmal dachte ich, er wolle mich absichtlich, kaltblütig zugrunde richten und zum Platzen bringen. In Manhattan bestand eine Verschwörung, die er angezettelt hatte, und die darauf abzielte, alle Musiker aus Chikago zum Wahnsinn zu treiben, so daß sie versorgt werden mußten.

Er war der freundlichste, liebenswürdigste, rücksichtsvollste Mensch von der Welt, und ich begann ihn zu verachten. Den ganzen Tag zitterte ich, als hätte ich die Schüttelkrankheit, und fürchtete die Schicksalsstunde, in der ich ihm gegenübertreten mußte. Ich glaube, ich war damals sehr empfindlich. Das rührte davon her, daß ich in musikalischer Hinsicht gehemmt war, und daß ich mit ansehen mußte, wie die Chikagoer von den großen Orchestern erdrückt wurden. Ich sah für uns nichts als gähnende Vergessenheit voraus, und Johnny grub uns mit seinem Besser-spät-als-nie-Schlag das Grab.

Um den Zwangsjacken-Musikern einen Sprung vorauszubleiben, fuhren wir nach der Arbeit immer nach Harlem, wo wir anständige Musik suchten; aber sie war nirgends zu finden, auch nicht in der größten Negergemeinde der Welt. Das Südviertel fehlte mir arg; da der New Orleans-Chikago-Jazz noch nicht nach New York gedrungen war, hungerten wir auch in Harlem nach unserem musikalischen täglichen Brot, abgeschnitten von unserer Lebens- und Geistesquelle. Ich fühlte mich hier wie ein Fremder, ein Außenseiter; denn ich redete eine Sprache, die nicht verstanden wurde. Dieses Gefühl des Fremdseins wurde noch dadurch verstärkt, daß die meisten Kabarette in Harlem von weißen Gangstern geleitet wurden, die sich an den großen Nachtlokalen, «Speak-easies» und Spielbetrieben bereicherten. Ich merkte, daß die Verschwörung gegen uns, die Verschwörung der Weißen, bis nach Harlem gedrungen war.

Mittlerweile hatte ich von den Gangstern und Muskelmännern genug. Sie hatten mich immer fangen wollen, hatten versucht, mich von der Musik zu ihrer lausigen Lebensweise wegzulocken – alle miteinander von den Spielern des Syndikats in Chikago bis zu Frank Hitchcocks Leuten in Burnham und den Opiumrauchern in Detroit. Unsere ganze Jazzmusik war sozusagen das Leitmotiv der Unterwelt; denn infolge der Prohibition konnten wir nur in illegalen Lokalen so spielen, wie wir wollten. Die Gangster steckten ihre schmutzigen Pfoten auch in unsere Musik, wie sie alles in diesem Lande gepackt hielten. Wenn ich ihren Verführungen widerstand, so nur wegen meiner Musik-Besessenheit. Sooft ich in Ungemach und Schwierigkeiten geriet, lag es daran, daß ich von der Musik abgewichen war. Solange ich an der Musik festhielt, war ich auf dem richtigen Wege. Ich spürte allmählich in all dem eine hohe Moral; aber mein starker Drang, bei der Musik und auf geradem Wege zu bleiben, wurde jetzt arg behindert. Da ich die weißen Gangster in Harlem herrschen sah, schob ich ihnen die Schuld zu. Ich sank immer tiefer und tiefer. Jeden Abend befand ich mich in Harlem, wo es nichts anderes für mich zu tun gab, als schlechtes geräuchertes Schweinefleisch in roter Sauce hinunterzuwürgen. Das beruhigte meinen nervösen Magen keineswegs. Zuerst waren meine Beschwerden nur nervöser Natur; sehr bald hatte ich überhaupt keine Verdauung mehr.

Ich löste sogar mein Engagement im «Woodmansten; Inn», gemeinsam mit Eddie Condon und Sullivan; aber die Nervosität besserte sich nicht. Am letzten Abend dort kniete ich mich wirklich in die Arbeit und führte das Orchester mit aller Kraft an, und da versagte mir der Verstand. Ein Rudel häßlich aussehender Gangster hatte sich im Saal breitgemacht, und sie torkelten mit ihren Mädchen auf dem Tanzparkett herum, so betrunken, daß sie kaum zu stehen vermochten. Einer pflanzte sich gerade vor dem Podium auf und starrte mich an. Wenn ich mich wiegte, wiegte er sich auch. Wenn ich aufstampfte, stampfte er auch auf. Plötzlich fing ich so zu zittern an, daß ich die Klarinette kaum mehr halten konnte. Mir war etwas eingefallen, daß es mir kalt über den Rücken lief. Joe E. Lewis hatte in Chikago in einem Nachtlokal gearbeitet, das von einigen Gangstern geleitet wurde, und eines Abends erwähnte er seinen Arbeitgebern gegenüber, er wolle ein anderes Engagement annehmen, weil er ein besseres Angebot erhalten habe. Sie lächelten nur, statteten ihm einen Besuch ab und schlitzten ihm die Kehle auf.

Ich beobachtete den Kerl, während meine Klarinette ihn in Bann schlug, und ich dachte: Wahrhaftig, die Musik hält ihn gepackt. Angenommen, er besitzt irgendein Lokal und liebt mein Spiel so sehr, daß er mich engagieren will? Vielleicht überlegt er es sich gerade jetzt. Wenn ich für ihn arbeitete, hätte er mich unter dem Daumen, und wenn ich wegwollte, wird man mich aufschlitzen wie den armen Lewis... Schnell änderte ich Phrasierung und Rhythmus und spielte mich in den Hintergrund. Das Publikum merkte das Nachlassen und verlangte mehr Schwung; aber ich hatte keine Lust mehr zu einem Solo.

An diesem Abend rannte ich von der Autobus-Haltestelle im Sprungschritt nach Hause. Auf der Treppe nahm ich drei Stufen auf einmal. Die ganze Zeit hörte ich Schritte hinter mir, auch auf der Treppe. Sie waren langsam und schleppend. Sie klangen wie Johnny Powells Schlagzeug.

MEIN Kopf war eine Zisterne voller unangenehmer Erinnerungen. Es fiel mir ein, daß kurz vor meiner Abreise aus Chikago in der Wohnung über mir eine Frau mit einer Lampenschnur erdrosselt worden war. Dann kam das Massaker vom St. Valentinstag; da hatten sich Capones Gangster als Polizisten verkleidet, waren in einem Polizeiwagen vorgefahren und hatten eine andere Gaunergruppe an die Wand gestellt und mit Maschinengewehren niedergemäht. Kurz nach meiner Ankunft in New York war Arnold Rothstein, der Spieler, im Hotel Park Central mit einer Ladung Blei im Bauch die Treppe hinuntergekollert. Dann war da die Untergrundbahn gewesen, die am Times Square entgleiste, so daß zweihundert Tote auf dem Schauplatz liegenblieben. All das kam mir in den Sinn und noch vieles andere. Zehn Jahre des Mordens rollten vor mir ab. Ein zehnjähriges Blutbad spukte in meinem Kopf.

Es kam mir vor, als würde der ganze Erdteil von einer Küste zur andern in einem Blutbad ertränkt. Das Volk verübte Massenselbstmord – es war wie eine schleimige Schlange, die sich in Zuckungen drehte und wand und ihren eigenen Schwanz zu verschlingen begann. Natürlich war ich von Gangstern umgeben, von hundert Millionen Amokläufern, die Eiswürfel statt Herzen hatten und den Appetit eines Kannibalen. Niemand war sicher in diesem giftigen Urwald. Alles war eine einzige große Unterwelt, und sie hatten ihre schmutzigen Finger auf das eine Gute, das es auf Erden noch gab, gelegt, auf unsere Musik, und sie mit sich in den Dreck gezogen.

Ich stellte fest, daß ich sehr empfindlich gegen Gerüche wurde; jeder starke Geruch war mir eine Qual. Fast jeder schwere Geruch bereitete mir Übelkeit und Schwindel. Die schlimmste Prüfung bedeutete es, von der Siebenten Avenue mit der Untergrundbahn zu meiner Wohnung an der Park Avenue zu fahren. Zwischen der 96. und 110. Straße fährt die Bahn eine lange Strecke unter dem Central Park nach Harlem dahin, und dort wurde ich fast verrückt von dem besonders starken Geruch nach heißem Stahl. Er erinnerte mich an den Äthergeruch bei der Blinddarmoperation, und ich konnte ihn nicht aushalten. Ich kauerte auf meinem Sitz und drückte mich in den Winkel, senkte den Kopf und umklammerte mich mit den Armen, um nicht zu schreien.

Als der Zug eines Tages in den Bahnhof der 110. Straße einfuhr, fühlte ich ein sanftes Klopfen an der Schulter. Ich nahm allen Mut zusammen, um den Kopf zu heben, und da sah ich einen nett aussehenden alten Neger mit dichtem schneeweißem Haarschopf vor mir, der mich mit dem freundlichsten, mitfühlendsten Ausdruck anschaute, den ich jemals sah. «Söhnchen», sagte er sehr milde zu mir, «wenn du kein Geld verdienen kannst, schaff dir Freunde.» Damit stieg er aus und verschwand. Er rettete mir an jenem Tage das Leben. Natürlich sorgte ich mich nicht wegen des Geldes, sondern der Metallgeruch erinnerte mich ans Gefängnis, an Pulver und an das schwelende Böse in der Gangsterwelt, die mich umgab. Der Alte aber hatte auf jeden Fall die Lösung: Tu dich mit ehrlichen Menschen zusammen, und du bist gerettet. Ich hegte solch zärtliche Gefühle für den Mann, daß ich später bei einer Grammophon-Aufnahme an seine Worte dachte, und so fanden wir den Titel für den Blues, den Jack Teagarden sang: «Makin' Friends.»

«Zehnmal am Tag sollst du lachen und fröhlich sein; sonst wird dich dein Magen in der Nacht stören», so spricht der alte Weise zu Zarathustra. An diese Worte dachte ich viel – ich hatte wahrhaftig das Lachen verlernt, und mit meinem Magen stand es auch nicht gut. Vielleicht gab es da einen Zusammenhang. Die Ärzte konnten mir zwar kein Lächelrezept verschreiben; doch wenigstens mochten sie in der Lage sein, meinen Magen in Ordnung zu bringen.

Tommy Dorsey schickte mich zu seinem Arzt, Dr. Irving Grad, der mir den Magen auspumpen wollte; aber dagegen verwahrte ich mich. «Na, schön», sagte er, «irgendwie muß sich Ihr Körper reinigen, wie wär's denn mit einer Seereise, wenn Sie keine Pumpe benutzen wollen? In ihrem Zustand müssen Sie ja seekrank werden, und die Natur wird alles übrige besorgen.»

Ich hatte keine Lust, zur See zu gehen, und ich hätte auch gar nicht gewußt, wohin ich reisen sollte. Es verlangte mich nur danach, ein Loch in die Erde zu graben und hineinzukriechen. Ich sagte ihm, ich wolle es mir überlegen.

Der Arzt riet mir, lange Spaziergänge zu machen und so

viel frische Luft wie möglich zu schöpfen. Folglich trottete ich jeden Tag zum Bronx-Zoo, der nicht weit von unserer Wohnung entfernt lag. Einmal stand ich lange am Seehund-Becken und schaute einem großen schwarzen Seehund zu, der durchs Wasser glitt und seine Kunststücke vollführte. Ganz plötzlich ging mir auf, daß dieses vergnügte Tier, dessen Anmut mich fast zu Tränen rührte, um das Geheimnis wußte. Dieser Seehund mit seinem Schnurrbart und seinen glänzenden, klaren Augen kam mir vor wie ein gütiger Weiser, der die ganze Welt verstand und in Frieden mit ihr lebte. Während wir engstirnigen Zweibeiner außerhalb seines Gitters herumrasten, einander die Kehle durchschnitten und abknallten, schwamm er einfach mit beneidenswerter Leichtigkeit und Sicherheit durchs Wasser, eine schöne Einheit vom Kopf bis zum Schwanz, sonnte sich, wohl wissend um seine natürliche Kraft und Anwendungsfähigkeit, freute sich an seinem glatten, geschmeidigen Körper und lebte fröhlich dahin ohne Spannung und ohne nervenzermürbende Sorgen. Dieses schöne Tier litt nie an nervösen Verdauungsbeschwerden; sein Magen störte nie seinen gesunden Schlaf. Es lachte zehnmal am Tag über uns armselige Tröpfe. Es wurde sehr bedeutsam für mich, jede Bewegung seines Leibes zu verfolgen und seine wunderbare Beherrschung, das Geheimnis seiner Ungehemmtheit, zu ergründen.

Wahrhaftig, das Tier tollte sich vor meinen Augen, als ob es mir helfen wollte. Es tauchte und vollführte dann seine Zeitlupen-Wendungen gerade an der Oberfläche des Wassers, so daß ich ihm folgen konnte. Hierauf kletterte es vor mir herauf und blickte mir in die Augen. Ich wußte, daß es zu mir sagte: Siehst du, Brüderlein, so macht man's, schau mir nur gut zu. Du mußt bloß gelöst sein, nichts überhetzen und das tun, was die Natur gewollt hat; dann wirst du glücklich sein wie alle Seehunde, wirst lange leben und brauchst kein Medikament. Es wies mit seiner klugen Schnauze geradeswegs ins Glück und forderte mich auf, ihm dorthin zu folgen. Wir verstanden einander so gut, daß ich ganz verlegen wurde. Sehr bald lief ich weg, weil andere Leute herzukamen, und ich wollte nicht, daß irgend jemand dabei war, wenn der Seehund und ich miteinander sprachen. Man hätte es nicht begriffen.

AM 23. Januar 1929 erhielt ich von Dave Tough ein Kabel aus Paris, in dem stand: «Habe gutes Engagement. Kommt sofort, bringt Platten und Noten mit. Drahtet gleich.» Unmittelbar fiel mir Dr. Grads Rat mit der Seereise ein. Hier war mir die Lösung in den Schoß gefallen.

Nun mußte ich nur das Geld für die Schiffskarte aufbringen. Das Glück wollte es, daß sich Gil Rodin, der gerade mit Ben Pollacks Orchester im «Park Central Grille» spielte, die Mandeln herausschneiden lassen mußte und mich bat, ihn zwei Wochen zu vertreten. So kam es, daß ich dort mit Benny Goodman und seinem Bruder Harry, Jimmy MacPartland, Glenn Miller, Jack Teagarden und Ray Bauduc spielte. Wir spielten zwar lauter Operettenmelodien und langweilige Tänze; aber manchmal wurde es anders, wenn Jack Teagarden seine Posaune auseinandernahm und wie die Farbigen nur mit einer Hälfte und einem Wasserglas spielte. Dann begann der Blues in Dur zu erklingen und wechselte wie in «Makin' Friends» zu Moll. Jack beherrschte die Jazzsprache, und er tat viel, mir die Arbeit erträglich zu machen.

In dieser Zeit hatte ich mit dem Pollack-Orchester eine Grammophon-Aufnahme, genau zwei Stunden nachdem man mir mehrere Zähne gezogen hatte; denn mein Gebiß versagte ebenso den Dienst wie alle übrigen Körperteile. Es stellte sich heraus, daß sich der Pianist am Vormittag ebenfalls einen Zahn hatte ziehen lassen; so saßen wir beide neben einem Spucknapf und spuckten abwechselnd zwischen den Strophen Blut. Dann gab es noch eine Aufnahme unter dem Titel «Eddie Condon And His Foot Warmers» für Okeh, bei der sich das Orchester fast ganz aus Chikagoern zusammensetzte; wir spielten «Makin' Friends» und «I'm Sorry I Made You Cry». Dann traten wir für Victor unter dem Titel

«Eddie Condon's Hot Shots» zusammen und stellten die Platte «I'm Gonna Stomp Mr. Henry Lee» und «That's a Mighty Serious Thing» her. Bei dieser Aufnahme bildeten wir eins der ersten «gemischten» Orchester; außer drei farbigen Musikern aus Harlem wirkten Teagarden, Sullivan, Condon und ich mit. Jimmy Dorsey bat mich, ihn vierzehn Tage im Bühnenorchester bei der Revue «Rain and Shine» zu ersetzen. Endlich hatte ich genug Geld für die Reise.

Ich schrieb nach Hause wegen eines Geburtsscheines, den ich für meinen Paß brauchte, und mein Vater schickte ihn mir mit einem Brief. «Geh, wohin du willst, mein Sohn», schrieb er, «aber denk stets daran: Sei ein Mensch.»

Ich buchte auf der «Ile de France» eine Kabine zweiter Klasse. Außer meiner Frau wußte niemand etwas von meiner Abreise. Am 2. Mai fuhr ich kurz vor Mitternacht zum Pier 54. Bonnie kam mit mir, weil ich so aufgeregt war, daß sie mich nicht allein gehen lassen wollte. Die hupenden Taxis und die brüllenden Gepäckträger machten mich fast verrückt; ich mußte mich auf die Zunge beißen, um nicht zu schreien. Bis die Sirene zum letztenmal ihr phlegmatisches Abfahrtszeichen gab und der Dampfer den Hudson entlangkroch, war ich in ständiger Angst. Ich zitterte immerzu.

Taumelnd ertastete ich mir den Weg zu meiner Kabine. Mein Magen drehte sich schlimmer als ein Karussell. Ich dachte, ich würde die Nacht nicht überleben. Ich kletterte in meine Koje und stellte fest, daß mein Kabinengenosse ein verbindlicher, öliger Europäer war, der ein großes Bündel Hundertdollarscheine zählte. Er teilte mir fröhlich mit, daß er in Europa einen Mann wegen Vergewaltigung seiner Schwester erdrosselt, einen andern in einer Spielerschlägerei erstochen hätte und nun wegen eines dritten Mordes die Vereinigten Staaten verließe.

ELFTES KAPITEL

Vo-do-de-o und ein Pizzicato à la Minsky

VATER Neptun bekam einen epileptischen Anfall – sechs Tage und sechs Nächte schäumte er aus dem Mund. Wir wurden auf einem wilden Meer herumgeworfen, bis unsere Gesichter grün waren wie Durchfahrtssignale, und der Verkehr spielte sich auf einer Einbahnstraße ab, alles nach außen. Keinen Bissen nahm ich auf der ganzen Reise zu mir. In meinem Kopf drehte es sich, mein Magen übte sich in Loopings. Ich war ein Häuflein Elend. In meinen schlimmen Träumen sahen das stampfende Schiff, die wirbelnden Wellen und der strömende Himmel wie Teile einer Höllenmaschine aus, wie eine große Magenpumpe. Irgendwo mitten im Ozean hörte ich in der Ferne ein rasselndes Dröhnen, als ob Jupiter auf einer Baßgeige fiedelte, um die zweite Sintflut anzukünden. Trotz meinem Delirium kroch ich auf allen vieren zum Bullauge, und als ich hinausschaute, gewahrte ich in der Ferne die Lichter eines Dampfers, der den Vereinigten Staaten zustrebte. Auf diesem Schiff war Dave Tough.

Zehn Stunden später fuhren wir in Le Havre ein, wo man uns mitteilte, daß wir eine der schlimmsten Reisen seit fünfundzwanzig Jahren gemacht hatten. Die «Ile de France» lag hernach zwei Wochen lang im Dock, weil ihr eingedrücktes Heck instand gesetzt werden mußte. Niemand kümmerte sich darum, wie reparaturbedürftig ich war.

Als der Zug in den Pariser Bahnhof einfuhr, hatte ich einen Zusammenstoß mit einem Walroß, das sich als Gepäckträger ausgab – ich händigte ihm immer wieder fünfzehn Cent aus, das einzige Kleingeld, das ich besaß, und er warf das Geld immer wieder mit der Bemerkung «Merde alors» auf den Boden, wobei sich die Lenkstangen seines Schnurrbarts sträubten. Schließlich erbarmte sich ein Cook-Führer meiner und brachte mich – mehr einen Toten als einen Lebendigen –

zu einer angenehmen kleinen Pension. Als ich in das kleine Vestibül schwankte und dort eine grauhaarige, kleine Dame stehen sah, die mich anlächelte und auf französisch begrüßte, wußte ich, daß ich in Sicherheit war. Mein Magen begann sich wieder einzurenken. In einem Englisch, das nicht nur gebrochen sondern auch zerstampft war, sagte mir die Wirtin, sie wisse Bescheid über unsere fürchterliche Überfahrt, und sie wies mir einen Sessel an, während sie Kognak holen ging. Ich hatte Angst, Alkohol anzurühren – allzu gut erinnerte ich mich, wie alle Gebäude in Manhattan ins Wackeln geraten waren, sooft ich ein Glas gekippt hatte. Aber sie reichte mir einen Martell mit drei Sternen, und als ich dies wunderbare, magenwärmende Manna schlürfte, begann alles in meinem Innern zu schnurren. Bis in die Zehen wurde mir wohl. Wahrhaftig, ich lächelte. Ich versuchte es nochmals, um die Größe zu erproben, und es paßte. Ich lachte. Da wußte ich, daß ich geheilt war – Dr. Grad hatte recht gehabt, als er sagte, daß die gute Mutter Natur meinen Magen in Ordnung bringen würde. Bis zum heutigen Tage habe ich nie mehr an nervösen Magenbeschwerden gelitten.

NACHDEM ich wie König Tut-anch-Amon geschlafen hatte, wachte ich frischfröhlich wie ein Zweijähriger auf, erlabte mich an gutem Kakao und Brioches, die mir von der heiteren alten Dame vorgesetzt wurden, und sauste zum «American Expreß», um Dave zu finden. Keine Spur von dem Menschen. Wo konnte ich die Adresse eines amerikanischen Musikers in Paris erfahren? Der Mann am Schalter meinte, unten könnte mir ein Landsmann Bescheid geben. Ich ging also hinunter, und ehe ich den Treppenabsatz erreichte, vernahm ich das rhythmische Klatschen eines Schuhputzlappens, das mir mehr sagte als eine lange Rede. Dieser Ragtime war süße Musik für meine Ohren; ich wußte schon, wen ich finden würde; denn ein solches Konzert hatte ich viele Male im Südviertel gehört. «Hallo, Poppa![1]» rief ich. Der Kopf des

[1] «Poppa-de-Da-Da», ein New Orleans-Tanz.

jungen Negers fuhr herum, und sein Gesicht strahlte mich an. «Woher kommen denn Sie?» fragte er mich.

Seine freundliche, gemächliche Stimme tat mir wohl. Ganz plötzlich wurde ich in ein anderes Leben zurückversetzt, wo man wie in einer Dusche warmblubbernder Empfindungen war, wo die Nerven zu beben aufhörten und an die richtige Stelle rückten.

Wir waren uns fremd; dennoch war uns, als kennten wir einander seit Jahren, und er freute sich über die Begegnung ebenso wie ich. Eine Weile plauderten wir. Schließlich fragte ich ihn, ob er etwas von Dave Tough wisse. Seine Augen blitzten. «Meinen Sie den Schlagzeuger? Ob ich den kenne? Kennt eine Mutter ihre eigenen Kinder? Gehen Sie nur zur ‚Maison du Jazz‘ auf dem Montmartre, Rue Victor Massé, dort sagt man Ihnen Bescheid.»

In der «Maison du Jazz», einem Musikgeschäft und Treffpunkt der Jazzmusiker, erfuhr ich, daß Dave auf jenem Dampfer nach den Vereinigten Staaten gefahren war – ich hatte vergessen, sein Kabel zu beantworten; deshalb dachte er, ich würde nicht kommen. Aber wenigstens spürte ich Jack O'Brien auf, den Pianisten, der mit Dave zusammen gearbeitet hatte, und sowie er mich sah, fragte er: «Hast du deine Klarinette mitgebracht?»

Am gleichen Nachmittag begann ich, nachdem ich in Jacks Behausung, ins Hotel Victor Massé, gezogen war, im Grand-Ermitage Moscovite, 24, Rue Caumartin, zu arbeiten, in einem Kabarett, das von Weißrussen geführt wurde, die dort herumstolzierten, als ob sie immer noch am Zarenhof einen Ball veranstalteten.

Welch ein Personal war das! Ein jazzliebender Generalssohn namens Mischa Lewendowsky war unser Orchesterchef; der Oberkellner war Admiral in der Marine des Zaren gewesen; unsere Kellner und Barmixer waren lauter Grafen und Fürsten, und die Taxichauffeure draußen hatten einstmals unter den königlichen Hoheiten Europas ihre Geliebte ausgelesen. Sogar die Angestellten im Waschraum sahen gelangweilt genug aus, um blaues Blut in den Adern zu haben – sie reichten einem das Handtuch so elegant, daß man das Gefühl hatte, man müsse drei Verbeugungen vor ihnen machen. Im Vestibül des «Ermitage» wimmelte es immer von pomadisierten Gigolos, die mit amerikanischen Witwen Tango und Charleston tanzten und nach jeder Runde ihr Honorar einsteckten, als ob sie soeben ein ehrliches Tagewerk beendet hätten. In dieser Wodkakneipe sah man titulierte Franzosen mit Russen zusammensitzen, die immer noch in ihren blankgeriebenen zaristischen Orden prangten, alles gemischt mit Chinesen, Swaheli, beturbanten Indern, steifen, bemonokelten Engländern, braungebrannten Viehzüchtern aus Argentinien, Zuckerpflanzern aus Batavia, preußischen Offizieren mit Schmissen, Stierkämpfern aus Madrid, Studenten mit Bürstenhaarschnitt aus Wilkes-Barre und Des Moines und ganz gewöhnlichen Menschen, deren Nationalität abgerieben war, so daß sie nichts weiter als Weltbürger oder Unterweltbürger waren. Unsere fünfköpfige Jazzband, ein Zigeuner-Orchester unter R. Wolodarsky, eine Jodlergruppe, die sich «Unique Quatour de Boyards» nannte, und etliche andere Kabarettisten mit zungenbrecherischen Namen ernteten bei jedem Auftreten großen Erfolg. «Royal Garden», «Jelly Roll» und alle übrigen Jazzklassiker bildeten unser Repertoire, und die Zuhörer verschlangen sie noch gieriger als «Oche Chornia».

Das Zigeuner-Orchester begeisterte mich wirklich. Es bestand aus fünf Sologeigern vom Pariser Symphonie-Orchester, bei denen der authentische Jazz wegen seiner seelenvollen Phrasierung und wegen der interessant eingesetzten Viertelstöne Neugier erregte. Wir wurden alle gute Freunde. Es dauerte nicht lange, und ich gab Francis Lucas, dem *contrebasse solo de l'orchestre de Paris*, Unterricht in Altsaxophon, weil er auf Blues versessen war und ihn ernsthaft lernen wollte. Dann waren da noch zwei Musiker, deren Begabung mir den Atem nahm – Nitza Codolban, der größte Zigeuner-Zimbelschläger der Welt, und der Pianist Constantinoff, ein Neunzehnjähriger, der bei den Sinfonikern spielte und schon mehrere Kompositionen bei ihnen angebracht hatte. Nitza waren fabelhafte Summen geboten worden, weil man ihn für Paul Whiteman gewinnen wollte; aber er liebte Paris so sehr, daß er nicht fort wollte. Von diesen beiden Künstlern hörte ich zum erstenmal kollektive Improvisationen auf klassischem Gebiet; denn beim Stimmen und Einspielen begann Nitza mit einigen schönen Akkorden, die Constantinoff rasch aufnahm und mit Riffs fortsetzte, welche stets mit dem Ton endeten, der nicht stimmte, und dann ging es los. Am schönsten war es, als ich Constantinoff meine Platten mit Louis Armstrongs «West End Blues» und Bix' «Im Nebel» borgte. Da spielte er ein paar Tage später Earl Hines' «West End Blues» Note für Note solo auf dem Klavier, natürlich mit leichtem europäischem Akzent, aber mit vollkommener Meisterschaft, und dieses Solo ist verflixt schwer. Über Bix' Stück sagte er: «Das zeigt Talent und eine Vorliebe für Ravel und Debussy; aber euer Earl Hines ist ein wahres Genie.» Ich platzte beinahe vor Glück: Hier war selbst ein Genie, ein wirklicher Meister der klassischen Schule, der genau das aussprach, was ich über die Verdienste des authentischen Jazz dachte. Louis Armstrong sei, sagte dieser tiefsinnige Junge, zweifellos das größte Genie von allen.

Außer den beiden Platten, die ich Constantinoff borgte, hatte ich Bessie Smiths «Empty Bed Blues», Joe Olivers «Dipper Mouth», Louis Armstrongs «Heebie Jeebies» und Ethel Waters' «Dinah» mitgebracht, und sie wurden mein wirklicher Paß für Paris; denn sie führten zu noch einer schönen Freundschaft. Eines Nachmittags erschien ein ernster junger Mann, ganz Augen und Ohren für unsere Musik, lebhaft wie eine Disney-Figur, der nach langem Zögern zu mir sagte: «Ich interessiere mich sehr für Jazz, Herr Mezzrow. Könnten Sie mir wohl Saxophonstunden geben?»

Er hieß Hugues Panassié, stammte von einer Familie ab, die viele Bergwerke in Rußland besessen hatte, und sein Schwager war etwas wie *Fondé de pouvoir de la direction géné-*

rale de la Banque Chinoise pour le Commerce et l'Industrie. Ich weiß nicht recht, was dieser Titel bedeutet; jedenfalls rief er Verbeugungen und Kratzfüße hervor, als ich ein Empfehlungsschreiben von ihm zückte, um eine Arbeitserlaubnis zu erlangen.

Ich hatte Freude an der Begeisterung dieses jungen Menschen; deshalb ging ich eines Tages mit meinen Platten und Instrumenten zu ihm. Er wohnte in einem großen Hause, wo er ein besonderes Atelier mit Plattengestellen hatte. Als er meine Version von «My Blue Heaven» gelernt hatte, spielten wir zu zweit, worauf er unter Volldampf geriet. Dann ließ ich ihn die Platten hören; da lief er ganz aufgeregt in die Diele und rief seine ganze Familie zusammen. Die Frage, die er stellte, brachte mich zum Erröten: «Wieso habe ich diese tollen Platten noch nie gehört, Milton? Ich sah sie auch nie in einem Katalog.» Da wurde mir klar, wie die Plattenfabriken damals diese herrliche Musik von der Welt fernhielten. Die Platten der großen farbigen Jazzmusiker wurden in den amerikanischen Katalogen immer unter der besonderen Rubrik «Race records» aufgeführt. Für einen ahnungslosen Franzosen, der kein Rassenvorurteil kennt, weil er nicht mit Jim Crow aufgewachsen ist, bedeutet das englische Wort «race»[1] nicht braune Haut, sondern eine solche Eintragung läßt ihn wahrscheinlich an Pferde- oder Autorennen denken, jedenfalls an alles andere als an Jazz.

Ich schenkte Hugues alle jene Platten, weil er sie so sehr liebte. Seine aufrichtige, von Herzen kommende Begeisterung tat mir wohl. Ganz hingerissen begann er noch mehr Platten zu sammeln, «race» und andere, und die Saxophonstunden, die ich ihm gab, regten seinen Appetit auf die Musik noch mehr an. Nachdem er sich zum fanatischsten Plattensammler der Welt entwickelt hatte, brachte er seine musikalischen Ideen in Form und schrieb sie nieder, und so wurde er neben dem Belgier Robert Goffin der erste wirkliche Jazz-

1] Das englische Wort «race» kann sowohl «Rasse» als auch «Rennen» bedeuten. [Anmerkung der Übersetzerin]

Wissenschafter und -Kritiker. In den folgenden Jahren war er sehr fleißig; er schrieb ein Buch mit dem Titel «Le Jazz Hot», gab in Paris eine kritische Monatsschrift mit demselben Namen heraus [sie fand bald in ganz Europa in vielen Sprachen viele Rivalen] und gründete in Frankreich die «Hot Clubs», die eine weltweite Bewegung werden sollten. Dann überwachte er die Plattenaufnahmen auf beiden Seiten des Atlantischen Ozeans, leitete die Jazz-Programme im Radio und schrieb ein zweites Buch, das in Amerika unter dem Titel «The Real Jazz», in Frankreich als «La Véritable Musique de Jazz» veröffentlicht wurde. Sozusagen jeder Jazzkritiker, den ich heute kenne – Timmy Rosenkrantz, Harry Lim, Roger Kaye, Nesuhi Ertegun, John Hammond, Charles Edward Smith, Frederic Ramsey, Charles Delaunay, Walter Schaap und sogar Leonard Feather – wurde durch Hugues entdeckt, gefördert oder irgendwie beeinflußt. Selbst die deutsche Besetzung in Frankreich konnte ihn nicht hindern: Es gelang ihm, trotz dem Haß der Deutschen auf «entartete» amerikanische Musik im Radio ein Jazzprogramm beizubehalten. Als der deutsche Zensor seine Nase in das Programm steckte, um zu sehen, was Hugues da trieb, wurde ihm eine Platte mit der Etikette «La Tristesse de St-Louis» gezeigt, und Hugues erklärte ihm hilfreich, daß es ein trauriges Lied über den armen Ludwig XIV. sei, ganz in der alten französischen Tradition. Was der Kulturschnüffler nicht wußte, war die Tatsache, daß unter dem gefälschten Schild eine echte Victor-Etikette war, auf der Louis Armstrong angegeben war und der wirkliche Titel des Musikstücks – «St. Louis Blues». In all diesen bösen Jahren schrieb Hugues weiter seine Bücher und Artikel für die Schublade – erst jetzt sind sie veröffentlicht worden. Seit Hugues Panassié dem Jazz verfiel, war er eine Ein-Mann-Bewegung.

Was mir solchen Eindruck machte, während ich die Laufbahn dieses jungen Mannes verfolgte, war die Beobachtung, daß er in seinen Anschauungen über Musik dieselbe Richtung einschlug wie ich und sich bis zum echten Jazz zurück durcharbeitete. Da er zunächst nicht viele Original-Negerplatten in die Hand bekommen konnte – es gab ja ohnehin nur wenige –, hörte er natürlich viel mehr weißen Chikago-Jazz als echten New Orleans. Deshalb irrte er sich in seinem ersten Buch etwas über die Frage der weißen Musiker, die sich um die Chikagoer gruppieren. Mir erging es ebenso, da ich in Chikago aufgewachsen bin. Viele sind bis dahin gegangen, das heißt, sie haben den halben Weg zurückgelegt und sich dann nicht weitergerührt. Nicht so Hugues. Je mehr er von der authentischen Negermusik hörte, um so mehr nahm sie ihn gefangen, und seine Augen erkannten den Unterschied zwischen der ursprünglichen Musik und der abgeleiteten, zwischen dem festen, kräftigen Stamm und den schwachen, verkrümmten, beschnittenen Ästen. So verbesserte er sich in seinem zweiten Buch und zollte dem Neger den ihm zuzukommenden Tribut.

Manche Einfaltspinsel lachten ihn aus wegen dieser Meinungsänderung; aber meiner Ansicht nach erforderte sie viel Mut, und er war ehrlicher als diese wirrköpfigen Kritiker, die all das dumme Zeug von «wahrer Kunst» schwatzen und dafür große Summen einheimsen. Ganz allein auf sich gestellt, durch einen Ozean vom Jazz-Schlachtfeld getrennt, bahnte er sich den Weg zur guten, rechten Quelle zurück, genau wie ich es mit meinem Spiel und meiner Lehre versuchte. In mancher dunklen Stunde, die mir später zuteil wurde, hielt mich nur der Gedanke daran aufrecht, wie dieser prächtige Freund jenseits des Meeres kämpfte, um die richtigen Antworten zu finden, wie er gegen die ganze «moderne» und «fortschrittliche» Strömung anging, um den Weg beizubehalten, den er gehen mußte. Heute drücken allzu viele Skribenten, die den künstlerischen Wert nach einem Bankbuch beurteilen, ihren Stempel des Lobes auf jedwede mondäne und effektvolle Musik; Hugues hingegen errichtete auf dem Gebiet der Jazzkritik die Tradition, stets nach dauerndem Verdienst auszuschauen, anstatt nach Tagesmeriten. Er lauschte immer angespannt und nahm einen wirklich geschichtlichen Standpunkt ein, anstatt nach der Kasse zu schielen, um zu entscheiden, ob jemand gute oder schlechte Musik machte.

Das gelobte Land, nach dem er strebte, war dasselbe, das ich suchte. Wir gelangten schließlich dorthin, jeder auf seinem besonderen Wege. Im jungen Hugues Panassié fand ich einen wirklichen Freund.

JUNGE, wie sehr liebte ich Paris! Die Stadt eroberte mich völlig, und ich konnte sie nie vergessen. Aber da ich nun aufgefrischt war, mußte ich mich wieder mit meiner Musik befassen, und hier war sie nirgends zu finden. Die Leute, mit denen ich spielen und die ich hören wollte, waren allesamt auf der anderen Seite des Wassers. Es wurde Zeit, weiterzuziehen. Ein dicker Impresario bot mir etwas Gutes an: Ich sollte ein Orchester auf einer Tournee durch Afrika und den Nahen Osten leiten. Also gedachte ich heimzureisen und zu sehen, ob ich die Formation auftreiben konnte, und dann zurückzukehren. Ich blickte mich noch einmal ringsum, atmete eine Lungevoll der schönen Pariser Gerüche, ließ mir von Hugues Panassié auf beide Backen einen Kuß geben, drückte den Geigern des Symphonie-Orchesters die Hand, den ungekrönten Häuptern und dem jungen Schuhputzer und bestieg die «Aquitania» im April. Diesmal gab es unterwegs keine Seekrankheit. Mein Magen gurrte und zwitscherte die ganze Zeit, und bei jeder Mahlzeit nahm ich mir zweimal und verlangte noch mehr.

ZEHN Minuten nachdem ich «Heim, trautes Heim» gespielt und Bonnie eine Flasche Chanel Nr. 5 und schöne handgearbeitete Wäsche auf den Tisch gelegt hatte, fuhr ich zu den «Riverside Towers» im Westquartier am Hudson, wo meine Kameraden saßen. Sie hatten sich gerade mit Red Nichols zusammengetan, und da es die Zeit der Examina war, wollten sie eine Tournee durch die Universitäten des Ostens unter Reds neurotischem Stab machen, und es gab einen Platz für mich. Dies war ungefähr das letztemal, daß eine Gruppe echter Chikagoer beisammen war, und es war herrlich. Wir fuhren nach Dartmouth, Brown, Harvard, Cornell und den Weißen Bergen im Vo-de-o-do-Expreß.

Es war eine wilde Bande, die Red Nichols um sich geschart hatte. Außer zwei Fremden aus Kalifornien, die Trompete und Trombone spielten, gab es eine Saxophon-Abteilung, die sich aus Pee Wee Russell, Bud Freeman und mir zusammensetzte; dazu kamen Dave Tough, Schlagzeug; Eddie Condon, Banjo; Joe Sullivan, Klavier; und der kleine Max Kaminsky als Trompeter. Wir hatten Red Nichols mit oder ohne seine zickischen «Dixieland Five Pennies» immer als eine Null betrachtet; aber die Burschen hatten genug von der schmalen Kost und wollten mit dieser Tournee einmal rasch zu Geld kommen und sich's gut ergehen lassen.

Unser Bassist, ein kleiner Sechzehnjähriger namens Sammy, mußte tatsächlich auf den Zehen stehen, um sein Instrument zu handhaben; doch er galt als Genie, und da Red in seinem Alter und seiner Kleinheit eine Goldgrube sah, wurde er mitgenommen. Wir schlugen unser Standquartier in Boston auf und zogen los, Neu-England zu erschüttern. Wir reisten in zwei großen Siebenplätzern, und der kleine Sammy machte eigentlich nur die Fahrt mit, da er nicht viel dazu kam, seinen Baß zu spielen. Wir versuchten, die große Fiedel auf dem Verdeck des einen Wagens unterzubringen; aber sie rutschte so sehr herum und steckte die Nase alle paar Minuten durchs Fenster, daß wir beschlossen, sie mit dem «American Expreß» zu befördern. Der «American Expreß» ist auf seine ruhige, stille Art ein besonderer Freund des Hot-Jazz. So regelmäßig wie eine Uhr kam der Baß in jeder Stadt vierundzwanzig Stunden nach der Vorstellung an, gerade wenn wir weitergezogen waren. Der kleine Sammy fiedelte mit seiner Krawatte und zupfte an seinen Hosenträgern.

Red liebte das Scheinwerferlicht. Er wollte dem kleinen Maxie Kaminsky kaum jemals einen Chorus lassen, bis sich die Studenten eines Abends um ihn drängten und ihm ins Gesicht schrien: «He, lassen Sie's sein, wir wollen den Kleinen einmal spielen hören!» Reds Gesicht wurde röter als sein Haar; aber er mußte Maxie die Trompete überlassen, nachdem er so angepöbelt worden war. Maxies reicherer Ton und seine intelligente Phrasierung befeuerten Dave Tough so sehr, daß das Schlagzeug ganz anders klang, überhaupt das ganze Orchester ohne Reds Fuchtel. Red dachte, wir wollten ihn verdrängen, und von da an war er ein böser Zeitgenosse.

An einem regnerischen Abend hatten wir nur zwei Zuhörer, die mit dem Boot gekommen sein mußten. Red übertrug Maxie die Leitung, und sowie er außer Sicht war, rief ich: «Wir wollen jammen!» Alle waren einverstanden, und als wir «Sweet Sue» spielten, bedeutete es eine solche Erleichterung, Reds Arrangements abzuschütteln, daß wir wunderbar in Schwung gerieten. Gerade als wir fertig waren und uns mit glücklichem Wohlbefinden zurücklehnten, kam Red in den Saal gerannt und sprang aufs Podium. «Die ganze verfluchte Bande ist entlassen!» brüllte er. «Ihr habt alle vierzehntägige Kündigungsfrist!»

Die weiteren Engagements wurden rückgängig gemacht. Zurück nach New York ging es – wieder engagementslos und ohne Pension in Sicht. Sammys Baßfiedel kam ungefähr drei Wochen später an, nachdem sie langsam und stetig die Runde gemacht und nur vierundzwanzig Stunden hinterdrein alle die gestrichenen Engagements allein gespielt hatte.

ANSCHEINEND muß man alles einmal versuchen – als nächstes saß ich im Orchester einer Possenbühne. Es handelte sich um Minskys berühmten «National Winter Garden» im sechsten Stock an der Ecke Houston Street und Zweite Avenue. Das war im Sommer 1929. Jack Levy war damals der Dirigent, und ich wurde als Tenorsaxophonist und Klarinettist engagiert, weil Jack den Hot-Stil liebte. Das Orchester war jämmerlich. Das Klavier und die Baßgeige hörte ich nie, weil sie einen Kilometer entfernt auf der andern Seite waren;

aber mit den andern Instrumenten hatte ich kein solches Glück. Alle Kollegen waren bezaubernd nett zu mir, genau wie Johnny Powell, aber sie konnten nicht spielen. Sooft ich ein hottes Solo anstimmte, beugte sich Jack über seine Fiedel, bis er einen Buckel bekam, zupfte ein Pizzicato aus den Saiten, das klang, als ob er mich auf einem Besenstiel verfolgte, und der Schlagzeuger wurde so angefeuert, daß er ebenfalls mit seiner Zimbel hinterdreinschlug und mit dem Fuß am Trommelpedal einen Vorsprung gewann. Wir hielten lauter verschiedene Tempi, und um das Ganze zu krönen, spielte die gestopfte Trompete etwas Altmodisches, aber sie war nicht gestopft genug, denn ich konnte sie immer noch hören. Ich kettenrauchte Marihuana-Zigaretten, ohne daß es mir gelang, tot umzufallen. Ich fragte mich allmählich, warum man in diesem Lande der Technik geräuschlose Schreibmaschinen und Schalldämpfer herstellte, wenn niemand geräuschlose Musik-Instrumente für Theater-Orchester erfand.

Die Gebrüder Minsky, die sich auf den Gimpelfang verstanden, hatten vor dem Theater einen Lautsprecher angebracht, der fortwährend zickische Platten abspielte. Das brachte mich auf einen Gedanken. Der eine Lift im Theater wurde von einem prächtigen Neger namens Columbus Covington betrieben. Ihm sagte ich, er solle doch statt dieser süß-sauren Absude Jazzplatten spielen. Das schlug er den Minskys vor, und sie erklärten sich einverstanden. Columbus hatte meine Lieblingsmusiker noch nie gehört; aber als der Lautsprecher ihn mit Louis Armstrongs «West End Blues», «When You're Smiling» und «Ain't Misbehavin'» bekannt machte, vollführte er Freudensprünge. Wahrhaftig, die Platten verursachten ringsherum eine Verkehrsstockung. Den ganzen Tag war die Halle dichtgefüllt mit bärtigen Großpapas in langem, schwarzem Gehrock und schwarzem Käppchen, die sich auf dem Rücken die Hände rieben und bei Louis Armstrongs Gestöhn traurig den Kopf schüttelten, als ob sie alles verstünden, was er vorbrachte.

«Mensch, wo bekommt man diese Platten?» fragte Columbus ganz atemlos. «Herrschaft, der Armstrong kann wirklich blasen, und wenn er zu singen anfängt, ist es fast zuviel.»

Ich war so stolz, als hätte ich die Platten selbst gemacht. Columbus und ich wurden dicke Freunde.

Hier war wieder das Phänomen des Jazz. Ganz gleich, wem ich die Platten vorspielte – den Pariser Sinfonikern oder dem Minsky-Orchester, den Hochnäsigen in den Salons der Park Avenue oder den Leuten, die nicht einmal lesen konnten –, ich bekam immer die gleiche Antwort. «Wundervoll!» riefen alle, überwältigt von der Schönheit dieser pulsenden, romantischen, seelenvollen Musik. «Genial!» sagte der Sinfoniker. «Wer ist das eigentlich?» fragte der Laie ungläubig. Das lehrte mich, daß wir hier alles in allem eine wirkliche Volksmusik hatten, die auf allen Lebenswegen, wo es überhaupt nur Leben gab, ein Echo hervorrief. Es war eine Musik, die aus dem Keller kam, von den räudigen Gassenkötern; aber ihre Wahrheit war so nackt und traf so ins Mark, daß sie sogar die verzärtelten Stammbaumpudel in den Villen verblüffte. Ich freute mich über die Art und Weise, wie die Negermusik, vor allem der Blues, zu Herzen ging. Das beweist wohl, daß die Sprache der Unterdrückten eine Weltsprache ist und geradeswegs über die Grenzen der Nationen springt. Am aufregendsten aber war es, zu sehen, wie Columbus Covington vor Rührung zitterte, wenn Louis sang oder spielte. Er war fast in Tränen. Besser als alle übrigen verstand er, was Louis sagte.

Columbus und ich begannen zusammen auszugehen. Nach der letzten Vorstellung fuhren wir nach Harlem, wo wir stundenlang an der großen Kreuzung zwischen der 131. Straße und der Siebenten Avenue herumlungerten. Zwischen den Vorstellungen liefen wir zu dem berühmten Restaurant «Moskowitz & Lupowitz» und erlabten uns an fünf Zentimeter dicken Beefsteaks, die auf Holztellern serviert wurden. Columbus war so musikbegeistert, daß ich ihn mit Eddie Condon, Joe Sullivan, Gene Krupa und Dave Tough bekannt machte. Meine Kameraden mußten sich auch Minskys unbeschreibliche Inszenierungen ansehen. Sie setzten sich in die erste Reihe, und wir belustigten uns über das Publikum, das Joe Millers zickische Abgeschmacktheiten verschlang. Oft schlichen wir uns in ein Separatzimmer des Gebäudes – Columbus besaß alle Schlüssel – und spielten auf dem Klavier Blues. Columbus hatte selbst einen kleinen Blues komponiert, den er uns vorspielte – er war wirklich hübsch.

WOCHENLANG litt ich in dem Theater-Orchester, hielt mich mit Marihuana am Leben und starrte benommen auf die Bühne, wo das Ballett wie eine Herde asthmatischer Kühe herumhüpfte. Es stimmte mich niedergeschlagen, Menschenwesen so albern herumwackeln zu sehen, ohne ein Zeichen der natürlichen Anmut, die sie zur Rechtfertigung ihres Daseins zeigen sollten. Es war beschämend, Menschen so hölzern herumklappern zu sehen; man verdient keinen Körper, wenn man ihn nicht mit flüssigem Rhythmus und weichem Gleiten benutzen kann, gleichsam mit Stolz, der zu richtiger Behandlung verpflichtet.

Abend für Abend saß ich dort trübselig und erbittert, schaute zu, wie sie durch ihre mechanischen Bewegungen schlurften, und in dem ganzen Ballettkorps fielen mir nur zwei Mädchen auf, die nicht in einer geistigen Zwangsjacke staken. Diese beiden lohnten das Zusehen; jeder Schritt, den sie machten, atmete Leben und Geist; sie tanzten mit echter Freude und gaben sich mit dem ganzen Körper dem Rhythmus hin, steppten leichtfüßig und lebhaft, während die andern schwerfällig und unbelebt wie Roboter umherstolperten. Dann ging es mir auf. Natürlich, die beiden waren so gut – sie mußten Negerinnen sein, die als Weiße aufgemacht waren! Ich sagte es Columbus auf den Kopf zu, und er starb beinahe. «Menschenskind», stöhnte er, «wie bist du bloß dahintergekommen? Ich hatte den gleichen Verdacht.»

Die beiden Tänzerinnen setzten sich aufs hohe Roß, als wir sie deswegen ausfragten – die eine behauptete steif und fest, reine Spanierin zu sein, und wies ein Kruzifix, das sie auf der bloßen Haut trug, vor, um es zu beweisen; die andere, die uns wissen ließ, sie sei Jüdin mit einem Schuß Araberblut, hatte einen ebenso großen Davidstern um den Hals.

Columbus und ich schmiedeten ein Komplott, und eines Abends brachten wir die beiden Mädchen nach Harlem, wo wir die Sache vorher abgekartet hatten. Den ganzen Abend saßen wir dort in einem Lokal, und nacheinander kamen unsere Freunde, setzten sich zu uns und spielten ihre Rolle. Ganz natürlich, wie nebenbei ließen wir bestimmte Wörter und Ausdrücke in unsere muntere Unterhaltung einfließen. Wir erzählten lustige Anekdoten, und die beiden Mädchen lachten immer an den richtigen Stellen und begriffen kleine Wendungen, die keine Weiße verstanden hätte, da dieser Jargon, sozusagen eine sprachliche Stenographie, einem weißen Mädchen nie zu Ohren kommt. Damit verrieten sie sich. Schließlich gaben sie klein bei und bekannten, und als wir sie nach Hause brachten, stellte sich wahrhaftig heraus, daß sie an der 109. Straße in Harlem wohnten.

Der Abend endete damit, daß sie mich beschuldigten, als Weißer gelten zu wollen; denn sie konnten nicht glauben, daß irgendein Weißer den Negerslang beherrschte. Sie sagten mir, sie hätten mich schon längst verdächtigt, da ich ihnen im Minsky-Orchester aufgefallen wäre. Durch diese Wendung hatte Columbus sein doppeltes Vergnügen. Er sagte immer wieder: «Los, gesteh's doch! Es macht ja nichts, wenn sie wissen, daß du kein Weißer bist.» Er redete, als wäre er auf der Seite der Mädchen und wüßte, daß ich in Wirklichkeit ein Farbiger wäre. Wahrscheinlich glauben die beiden Tänzerinnen heute noch, daß ich kein Weißer sei. «Wenn du keiner von uns bist», trumpften sie auf, «wie könntest du dann so Klarinette spielen?» Wie sehr wünschte ich, sie hätten recht.

Das Minsky-Theater machte mich ganz krank. Die Hauptdarstellerin kam auf den Laufsteg, entblößte sich und verpestete die Luft, während die kurzsichtige Menge «Bravo! Bravo!» schrie und eine Wiederholung verlangte. Ich begriff nie, warum sie solchen Beifall erntete. Sie war gutgebaut und sinnlich-üppig, gewiß, aber sie tat mit ihrem Körper nichts, das ein Elefant nicht ebenfalls fertiggebräct hätte. Diese simplen Gemüter brauchten nur ein Hüftengewackel zu sehen, und schon bekamen sie triefende Lefzen. Sie fanden es herrlich, eine kopf- und seelenlose Sex-Maschine zu beobachten – sie merkten überhaupt nicht, daß dieses Geschöpf keinen einzigen Tanzschritt beherrschte und kein Jota Talent im Körper hatte. Wenn ihnen etwas Kräftiges, Brutales vorgesetzt wurde, das die Nerven kitzelte, war es Kunst für sie.

Ich mußte daran denken, wie anders es in Harlem war. Wenn man in die 110. Straße kam, war es, als beträte man einen anderen Planeten, wo zwischen Wünschen und Tun, zwischen Trieb und Aufführung keine Mauer errichtet wurde. Dort führten die Menschen, auch die Kinder, ein volles, natürliches Leben, einerlei, welch schwere Unterdrückung sie belastete. Sie waren keine wandelnden Hemmungen in Kleidern, die sich nach der Uhr sexuelle Ausbrüche erlaubten. Sie mußten nicht wie Taschendiebe des Gefühls ins Kino schleichen, um aus zweiter Hand erotische Freuden zu erleben.

Ich hatte größte Lust, alle die Tugendhaften, die scheinheiligen Heuchler ins Minsky-Theater zu führen, damit sie einmal das Parkett erhitzter Gesichter sahen und beobachten konnten, wie die Augen hervorquollen, wenn die Hauptdarstellerin ihre Hüften schwenkte. Dann sollten sie mir sagen, daß durch ihre «Moral» eine gesunde Menschenrasse entstünde. «Kulturmenschen» konnten nicht gelockert und sorglos wie meine Harlemer Freunde leben? O ja, Kultur bekam man, in Mengen. Eine Kultur, bei der sich alle Träume um die verdrängte Sexualität drehen. Man schaue sich nur bei Minsky um. Bei unserer «Kultur» stehen zwischen Trieb und Ausführung die Scheinwerfer oder jedenfalls ein Film-Projektionsapparat. Das mag ja Kultur sein, aber eine Kultur von Masturbanten. In Harlem muß eine Tänzerin wirklich begabt sein, muß wunderbar anmutige Schritte mit den Füßen machen und behutsam mit dem Körper umzugehen wissen, muß wirklich etwas ausdrücken, ehe man ihr Beifall spendet. Da triefen die Lefzen nicht beim Anblick eines zuckenden Torsos.

Ich kündigte bei Minsky. Das war mein letztes Engagement bei Weißen, das letztemal, daß ich mit etwas Weißem und Linkischem, Häßlichem und Seelenverkümmertem zu tun hatte. Im Herbst 1929 siedelte meine Seele geradeswegs nach Harlem über, und ich folgte hinterdrein. Seither leben wir beide dort. Ich war nie wieder in einem Possentheater.

Manche Leute meinen, ich sei meiner eigenen Rasse weggelaufen, geflüchtet wie ein erschrockener Hase. Bisweilen sagt man mir, ich sei ein Renegat, ein Verräter an meinem «eigenen» Fleisch und Blut. Je nun, wie T. S. Eliot sagt:

In einer Welt von Flüchtlingen
Scheint derjenige, der die entgegengesetzte
Richtung einschlägt, davonzulaufen.
Das muß man einmal bedenken.

ZWÖLFTES KAPITEL

Zünd an und sei jemand

DIE Musik hatte mich damals am Kragen gepackt und zum «Corner» im Nordwest-Quartier von Chikago befördert. Jetzt brachte mich die Musik wieder zu einer Straßenecke, diesmal mitten nach Harlem, wo die 131. Straße und die Siebente Avenue zusammenstoßen.

Das war keine gewöhnliche verkehrsreiche Straßenkreuzung mit einem Billardsaal zum Zerstreuen. O nein. Diese Ecke war ein ganzer Atlas für sich – Straßenkreuzung des Weltalls, Treffpunkt der Bruderschaft der Eingeweihten. In diesem häuserblocklangen Bienenstock brodelte und dampfte es von Leben, schäumte es von Neuem, und in den vielen Winkeln konnte man alle Freuden und Tollheiten finden, die das Herz begehrte. Im «Corner» in Chikago hatte man mit Spielern, Gaunern und Haifischen zu tun, und den ganzen Tag ging das Gerede von Pferden zu Frauen und zurück. Dort war der Horizont viel enger, auf eine einzige Dimension zusammengedrückt. Am «Corner» in Harlem hingegen stand man mit weit offenem Mund, während die verrückte Welt, die ganze wirbelnde Welt vorbeitoste. Das Leben war voll und quirlend an diesem phantastischen Ort, bedeckte jeden Fleck und breitete sich in alle Dimensionen aus, auch in die vierte.

Alles, was man begehrte – das ist keine Lüge. Man konnte kaum sehen vor lauter Schauen, so viele Dinge gab es auf dem «Stroll», auf der Promenade zwischen der 131. und 132. Straße zu betrachten. Dramen und Tragödien den ganzen langen Tag, bis man mehr Klöße im Hals hatte, als man schlucken konnte. Auch Glück und Freude in so großer Dosis, daß tagein, tagaus frohe Lieder erklangen. Alle Gemütsbewegungen brodelten immerzu wie in einem einzigen großen Kessel in diesem Quartier. Die meisten großen Musiker, Darsteller und Kabarettisten der farbigen Rasse strömten am «Corner» zusammen, wie von einem starken Magneten angezogen, nachdem sie die ganze Welt bereist hatten. Dieser Ort war die Zentrale eines erdumfassenden Nachrichtenkanals – man konnte unter dem Baum der Hoffnung stehen, ohne sich ein Jahr lang vom Platz zu rühren, und man erfuhr alles, was im Süden, in Hollywood und Chikago, in Paris, London, Berlin und Stockholm vor sich ging. Mochte einer der Unsern in Memphis oder in Little Rock mit den Weißen aneinandergeraten, die Engländer in der Albert Hall aufrütteln oder die Dänen im Tivoli in Ekstase versetzen, schon drang die Neuigkeit geradeswegs zu uns auf der Siebenten Avenue.

Als der gute alte Buck von der Nummer «Buck und Bubbles» in seinem großen Cadillac in den Süden fuhr und sich unterstand, die Überlegenheit der weißen Rasse zu mißachten, indem er zwei elende Kerlchen in einem alten Ford-Ratterkasten überholte, verbrachte er die Nacht zur Sühne für dieses Verbrechen im Gefängnis, und wir wußten es alle, ehe sich die Zellentür hinter ihm geschlossen hatte. Als Fats Waller eine Tournee im Süden machte und regelmäßig mit seinem Lincoln Pech hatte – einmal war Sand im Benzintank, ein andermal waren die Reifen aufgeschlitzt –, ließ er durch seinen Impresario einen ganzen Privat-Pullmanwagen mieten, um seinen Engagements nachkommen zu können, und wir vernahmen es, bevor Fats seinen Sonderzug bestiegen hatte. Als ein kleines weißes Mädchen, das mit seiner Mutter auf einem Pariser Boulevard spazierenging, Louis Armstrong gewahrte, auf ihn zulief und ihn mit dem Ruf «Monsieur Armstrong, Monsieur Armstrong, comme il est beau!» umarmte, und Louis vor Freude lächelte, wußten wir es, bevor er mit dem Lächeln aufgehört hatte. Wir saßen dort in der Telephonzentrale der Schwarzen, am Lauscherposten des ganzen Planeten. Fortwährend hatten wir die Kopfhörer an.

Man konnte sich die schwarzen Bretter am «Corner» wählen. Allein auf der Siebenten Avenue, die von der 131.

Straße nordwärts abgeht, gab es nebeneinander ein Friseur-
geschäft, einen Drugstore, den Artistenklub, den eleganten
«Connie's Inn», das Lafayette-Theater, ein Schokoladege-
schäft und im Kellergeschoß den Klub der Tänzer und zum
Schluß Big Johns berühmtes Kabarett. Um die Ecke an der
132. Straße fand man das Restaurant Tabb und daneben den
«Rhythm Club», wo man zu jeder Tages- und Nachtzeit
einen Musiker dingen konnte. Und sowie man in die 131.
Straße einbog, stand man vor einem guten kleinen Restaurant, «Barbeque» genannt, über dem Säle lagen, wo erst-
klassige Orchester wie Armstrong, Count Basie, Jimmy
Lunceford, Cal Calloway und Erskine Hawkins zu proben
pflegten. Dort war auch ein Nachtlokal, das «Bandbox»
hieß. Am wichtigsten von allem war eine breite Passage, die
um das ganze Eckgebäude herumführte und sowohl von
der Siebenten Avenue als auch von der 131. Straße zu erreichen war. Diese Passage führte zum Bühneneingang des
Lafayette-Theaters sowie zu einer besonderen Bar im Hintergrund der «Bandbox», und hier spielte sich unser gesell-
schaftliches Leben größtenteils ab. Louis Armstrong stand
zuoberst auf dem Plakat der Vorstellung in «Connie's Inn»
[mit «Hot Chocolates», der Revue von Fats Waller und Andy
Razaff, inszeniert von Leonard Harper; gleichzeitig lief die
Revue im Hudson-Theater an der 46. Straße], und alle Darsteller kamen immer in die Passage und mischten sich mit den
andern Bühnengrößen von Harlem, die im Lafayette-Theater auftraten. Dazu gesellten sich Besucher von überallher,
auch viele weiße Musiker, die ich hierher lotste. So viele
brachte ich her, daß ich nach einer Weile als «Bindeglied
zwischen den Rassen» bezeichnet wurde.

Schließlich gab es vor «Connie's Inn» auf der Siebenten
Avenue auch noch den sagenhaften Baum der Hoffnung,
Harlems Wunderbaum, den die Leute halb im Scherz zu
umarmen und zu küssen pflegten, wenn sie die Verwirkli-
chung ihrer Träume erhofften. Einmal lief ein Freund von
mir, ein ausgezeichneter Tänzer, der kein Engagement fin-

den konnte, zu diesem Baum, gab ihm einen schallenden Kuß und rief: «Lieber Gott, laß mich Zuhälter werden! Ich mag nicht mehr trainieren, und meine Füße waren allzu lange nicht mehr auf den Brettern.» Viele Jahre später, als die Siebente Avenue verbreitert wurde, ließ Bill Robinson den Baum der Hoffnung auf den Grünfleck verpflanzen, der mitten auf der Straße geschaffen wurde, und dort steht er immer noch.

Dies war mein glückhafter Jagdgrund. Von Anfang war ich von vielen prachtvollen Freunden umgeben, von den erstrangigen Harlemer «Vipern» [die ich nicht zu «Vipern» machte, was man auch behaupten mag; sie besorgten sich nämlich ihr Kraut durch irgendwelche Spanier an der Lenox Avenue, bevor ich jemals nach Harlem kam]. Es gab auch noch andere feine Burschen, darunter Little Fats, der jeden kannte und den Schlüssel des Nachrichtendienstes bildete; einen anderen jungen Mann namens Mark; einen Waisenknaben namens Travis; einen Tänzer, der George Morton hieß; den kleinen Frankie Walker mit seinem Tanzpartner Dooley; Oakie, Nappy, Brother Raymond, die das berühmte Tanztrio Tip, Tap & Toe bildeten; und zwei Mädchen namens Thelma und Myrtle. Wir waren alle zum größten Teil richtig arm, bis einige von uns mit Marihuana zu handeln anfingen; aber wir liebten einander, und wir hatten unseren Spaß. Wir saßen im «Barbeque», gerade gegenüber der Bühne von «Connie's Inn» und warteten auf die ersten Töne aus Louis Armstrongs Trompete. Zutty hieb auf seine Trommel wie ein Zuchtmeister ein, wenn Louise Cook ihren Salome—Tanz vollführte, und das ganze Gebäude hüpfte und tänzelte mit ihr. Sowie wir das Finale hörten, wußten wir, daß Louis nun zum Tanz aufspielen würde; dann rasten wir auf die Straße und hockten uns auf dem Gehsteig vor ein vernageltes Fensterchen, durch das Louis lauter und klarer zu hören war.

Als dann der Winter kam und Schnee die Straßen bedeckte, liefen wir in die Passage und scharten uns vor einem großen abgeschirmten Ventilator, der in einen Schuppen eingebaut war. Auch dort konnte man Louis hören, wenn man vorher nicht an dem Rauch erstickte, der uns ins Gesicht wehte. Ich wollte bei meinen Freunden bleiben, weil sie jeden Ton genossen, den Louis hervorbrachte, und ihre Begeisterung erhöhte mein Vergnügen. Ich konnte nicht hinunterschleichen und den Genuß allein erleben; eine solche Selbstsucht verging einem, wenn es sich darum handelte, Louis zu hören, weil man den Wunsch hegte, die ganze Welt möchte vernehmen, was er mit seinem Instrument zu sagen hatte. Marihuana-Stummel wurden herumgereicht, und wir verbrachten fast den ganzen Winter des Jahres 1930 zusammen vor diesem Ventilator.

Ja, das war mein Jagdgrund, ein glückhaftes Gefilde. Allerdings wohnte ich nicht in Harlem – Bonnie war in dieser Beziehung nicht ganz mit mir einverstanden, und sie mußte auf ihren Sohn Rücksicht nehmen; deshalb ging ich einen Vergleich ein und zog in die nächste Nachbarschaft von Harlem, nämlich nach Bronx auf der andern Seite des Flusses, auf den «Grand Concourse». Aber von unserer Wohnung war es nur eine zehnminutige Fahrt nach dem «Corner», wo ich alle meine wachen Stunden verbrachte. Mein Kopf konnte alles, was meine Augen und Ohren tranken, gar nicht aufsaugen. Es war wirklich zuviel.

Am «Corner» wurde ich bekannt als «Marihuana-König», als «Bindeglied zwischen den Rassen», als «Philosoph», «Mezz», «Poppa Mezz», «Mutter Mezz», «Pop's Boy», als «weißer Bürgermeister von Harlem», als «der Mann, der Geschichte machte», als «Vater Neptun». Ich will nicht prahlen; so wurde ich zu verschiedenen Zeiten wirklich genannt. Ich war dort tatsächlich das Bindeglied zwischen den Rassen. Dort fand meine Erziehung ihren Abschluß, und ich wurde ein Neger. Die nächsten zehn Jahre meines Lebens sollte ich am «Corner» von Harlem und in einer unweit gelegenen Opiumhöhle verbringen.

WIR «Vipern» hausten im «Barbeque», aßen dort fünf- bis sechsmal am Tag ein Kotelett und lauschten einem der ersten automatischen Grammophone in Harlem. Der kleine Frankie Walker war immer an meiner Seite, obwohl wir ihn wegen seiner Jugend nie zum Mariuhuana-Rauchen verführten. Frankie war ein außerordentlich helles Bürschchen, erst ungefähr vierzehn Jahre alt, und er liebte mich ebenso wie ich ihn. Er hatte Säbelbeine, Pferdezähne und Sabberlippen, und viele meiner weißen Freunde gerieten in Verlegenheit, als ich ihn zum erstenmal in ihre Gesellschaft mitnahm; aber sowie Frankie ihnen ein paar Schritte vorgetanzt hatte, waren alle hin und schlossen ihn ins Herz. Der Junge konnte es mit den besten Tänzern von Harlem aufnehmen und steckte sie alle in die Tasche. Er war Halbwaise und lebte mit seinem Partner Dooley und seiner Mutter zusammen. Ich adoptierte Frankie gewissermaßen und kleidete ihn ein, und wohin ich auch ging, da kam er mit und tanzte seine Nummer.

Als ich den «Stroll» kennenlernte, war Guy Lombardo der Star der automatischen Grammophone; vor allem die Frauen liebten ihn, weil sein Saxophon etwas Lyrisches hatte, und weil die sentimentalen Stellen bei ihm so hübsch herauskamen. Eines Tages knöpfte ich mir den Mann vor, der im «Barbeque» die Platten auswechselte, und nannte ihm die Titel von einigen Armstrong-Platten. Kurz darauf teilte mir Frankie mit, daß er gehört habe, der Mann suche mich. Ich ging zu ihm, worauf er mich freudestrahlend begrüßte und mir etliche Gläser spendierte.

«Wissen Sie», sagte er, «die Armstrong-Platten bringen mir bei meinen Apparaten ein Vermögen ein.» Er bat mich um weitere Vorschläge; ich nannte ihm Louis Armstrongs «Ain't Misbehavin'», «Black and Blue», «Some of These Days», «After You're Gone», «St. Louis Blues», «Rockin' Chair» und «Song of the Islands». Alle eroberten das Publikum schnell und erschütterten ganz Harlem. Überall wurden Apparate aufgestellt, und überall ertönte Louis, Louis und noch mehr Louis. Die Armstrong-Leidenschaft verbreitete sich rasch von Harlem aus, und binnen kurzem gab es keinen Apparat mehr im Lande, aus dem nicht Louis erklang. Am «Corner» erlaubten wir neben Louis nur eine einzige Platte, nämlich Bing Crosbys «When the Blue of the Night». Das war eine Konzession an die sentimentalen Mädchen, die nach süßer Romantik lechzten und bei Louis' Platten in dieser Beziehung nicht sehr auf ihre Rechnung kamen.

Louis hatte seinen Privatchauffeur nach New York mitgebracht, den wir alle vom «Sunset» und «Nest» in Chikago her kannten. Wo man auch im Südviertel erschien, da traf man Too Sweet, der stets bereit war, der Jugend als Führer zu dienen. Dazu ist zu sagen, daß Too Sweet ungefähr zwei Meter groß war, sehr massig und dick. Als Louis dann berühmt wurde, pflegte er mit einem Spazierstock über die Promenade zu wandeln, daß man meinen konnte, er sei Louis Armstrong in Person. Als der kleine Frankie und ich eines Tages zum «Corner» gingen, sahen wir vor «Connie's Inn» eine Menschenmenge, und wir bahnten uns einen Weg, um zu sehen, was da los war. Offenbar ertrug Too Sweet es nicht, daß Louis allen Ruhm im dicken Apfel einheimste, so daß er überhaupt nicht beachtet wurde. An diesem Abend wollte sich Too Sweet auch einmal bemerkbar machen, und so stand er denn da in roter Hose und gelbem Hemd, einen Spazierstock mit eichstammdickem Knauf schwingend, und auf seiner Schulter saß wahrhaftig ein Affe. Too Sweet hielt an diesem Abend den Verkehr auf, und er war glücklich. Er kam sogar in die Zeitung.

Louis und ich waren viel zusammen, und wir kleideten uns so elegant, daß man uns die «Herzöge von Harlem» nannte. Man stelle sich unsere Aufmachung vor: Doppelreihiger, oxfordgrauer Anzug, weißes Seidenhemd [beim Spielen trug Louis bequemlichkeitshalber Dantonkragen], doppelreihiger schwarzer Mantel mit Samtkragen, weißseidener Schal, durchbrochene Socken, maßgearbeitete schwarze Schuhe, Melone für Louis, hellgrauer Filzhut für mich. Louis hatte immer ein Taschentuch in der Hand, weil er stark schwitzte, ob auf der Bühne oder nicht, wodurch er eine richtige Mode lancierte – binnen kurzem trugen alle Burschen auf der Avenue ebenfalls ein Taschentuch in der Hand, um zu zeigen, wie sie ihn liebten. Louis stand auch immer mit gefalteten Händen wie ein braves Kind, und sehr bald wurde diese Haltung nachgeahmt. Alle die ungepflegten jungen Leute, vor allem diejenigen, welche «Vipern» wurden, verwandelten sich in adrette, saubere Kerlchen, als sie sahen, wie aus dem Ei gepellt Louis war; sie waren selbst stolz auf ihre Wandlung, denn was Louis tat, war recht getan. Der Slogan in unserem Vipernkreis lautete: «Zünd an und sei jemand.»

Jeden Tag sprang ich, sowie ich gegen vier Uhr nachmittags aufwachte, zu Louis hinauf, und meistens saß er dann gerade in der Badewanne. Dieser Mann genoß das Baden und Rasieren wirklich. Ich schaute ihm zu, wie er seinen Rasierapparat gebrauchte; er handhabte ihn so anmutig und rhythmisch, daß man jedes einzelne Haar zu fühlen glaubte. Auf die gleiche Weise bewegten sich seine Finger beim Spiel, überhaupt bei allem, was er tat. Wenn seine Finger über die Klappen glitten, behutsam und zart wie eine Stickerin und doch so männlich, bekamen die Töne Flügel, als ob sie seinen Händen, nicht seinen Lippen entsprängen. Die Art, wie er sich rasierte, erinnerte mich an das Erlebnis, als ich einmal während des Spiels aus Versehen an ihn stieß – da fühlte ich wahrhaftig seinen ganzen Körper vibrieren wie die Apparate auf dem Jahrmarkt, bei denen man erproben kann, welche elektrische Spannung man auszuhalten vermag. Wenn Louis spielte, tanzten alle Moleküle seines Leibes. So tat er alles – anmutig und leicht, doch voller Kraft und Schwung. Er war ein beherrschter Dynamo.

Damals war er ziemlich fest – das war viele Jahre, bevor er durch Hollywood veranlaßt wurde, für den Film mit Bing Crosby abzunehmen –, und er hatte die magnetischste Persönlichkeit, die ich jemals erlebt habe. Seine blitzenden Zähne, weiß wie Watte, gemahnten mich an die Platte, auf der Bessie Smith singt: «Mein Liebster hat Zähne, die schimmern wie ein Leuchtturm auf dem Meer.» Welch ein warmherziger, gütiger, verständnisvoller Mensch war Louis! Trotz allem Geld und Erfolg, die ihm zuströmten, konnte man immer noch mit ihm reden, weil er nie etwas sagte, das ihm nicht ernst war, und keine Albernheiten äußerte. Er sah stets die komische Seite des Lebens, und wenn er einen Unzufriedenen traf, überlegte er sich den Fall und sagte freundlich: «Na ja, er hat das Leben noch nicht begriffen; aber im Grunde ist er ein guter Kerl.» Er mißachtete niemand und glaubte von seinen Mitmenschen immer das Beste. Viele Leute, insbesondere Weiße, machten sich sein gutes Herz zunutze; doch er wurde deshalb nicht böse. Er war ein Fürst. Ja, er war der König seines Stammes.

Einer meiner Freunde, ein vortrefflicher Musiker, stellte mich eines Tages und begann die Frage des «Tees» zu erörtern. Ich verkaufte ihn damals noch nicht, und wir versuchten den Unterschied zwischen Marihuana und Whisky zu ergründen.

«Man kann über uns ‚Vipern‘ sagen, was man will», erklärte er, «aber die Säufer erkennt man immer sofort an ihrem lauten dummen Geschwätz. Sie verprügeln ihre Frau, verschwenden ihre Gage, und am nächsten Tage haben sie einen Kater, als ob alle Klavierhämmer eine Melodie auf ihrem Schädel schlügen. Schau dir den Unterschied zwischen dir und ihnen an. So wird man nicht, wenn man etwas guten Tee raucht.»

Ich verstand, was er meinte. Dieser Unterschied zwischen den Trinkern und den «Vipern» war mir schon in Chikago und Detroit aufgefallen. Das sagte ich ihm.

«Ja», nickte er, «der Tee ist auch viel hygienischer. Da trinken sie nacheinander aus einer Flasche und stecken sich wer weiß wie an; aber wenn man eine Zigarette raucht, braucht man sich keine Gedanken zu machen, wer sie in der Hand gehabt haben mag. Die Indianer müssen auch Tee in ihrer Friedenspfeife gehabt haben, die sie herumgehen ließen. Und was die Schädlichkeit betrifft.. wir beide wissen ja, daß man am nächsten Morgen mit klarem Kopf aufwacht und seiner Arbeit nachgehen kann, Marihuana hin oder her. Es ist nicht gegen das Gesetz, und du sagtest mir ja, daß man es nicht der Harrison-Akte unterstellen konnte, weil die Raucher nicht süchtig werden. Also machen wir einmal die Probe. Wir wollen beide zwei bis drei Monate lang jeden Tag rauchen, und dann soll einer von uns für eine Weile aufhören. Sehen wir einmal selbst zu, was dann geschieht.»

Das taten wir. Ich mußte als erster wegen einer Gerichtsverhandlung aufhören, und es bleibt mir immer noch, irgendwelche schlimmen Nachwirkungen außer einer zwanzigmonatigen Gefängnisstrafe herauszufinden.

[Ehe ich fortfahre, möchte ich einen Punkt klarstellen: Ich habe das Marihuana-Rauchen nie befürwortet, und ich denke hier gewiß nicht damit anzufangen. Auch in den Jahren, wo ich Marihuana verkaufte, pries ich meine Ware nie an wie ein Staubsauger- oder Nähmaschinenverkäufer. Ich verkaufte die Zigaretten meinen erwachsenen Freunden, die sich schon von selbst daran gewöhnt hatten, und ich gab sie niemals Jugendlichen, nicht einmal dem kleinen Frankie Walker. Ich machte keine Reklame für meinen Handel – es war eine Familienangelegenheit, kein Hochdruckgeschäft. Jeder nach seinem Geschmack, das war das Motto. Vor fünf Jahren hörte ich mit dem Marihuana auf, und wenn mich heute jemand um meinen Rat fragt, sage ich dem Betreffenden klipp und klar, er soll die Finger davon lassen, weil er sonst mit dem Gesetz in Konflikt kommt. Das ist mein letztes Wort an alle Jazzmusiker: Heute weiß ich, daß der Tee sehr böse Folgen zeitigen kann – er kann einen ins Gefängnis bringen. Basta.]

Wir bekamen unseren Tee größtenteils von einigen Spaniern, die eines Tages mit einem Mann auftauchten, der die Zigaretten in Detroit verkauft hatte, als ich mich dort aufhielt. Jetzt verkaufte er sie nicht mehr; aber er brachte uns mit einem andern zusammen, der uns echtes Goldkraut aus Mexiko verschaffte, das beste, das es gab. Sowie wir diese mexikanischen Zigaretten bekamen, gerieten wir nahezu in Ekstase. Nie hatte ein Marihuana-Raucher in seinem ganzen Leben etwas Besseres gekostet. Die Zigaretten hatten einen wunderbaren Geschmack, und die Wirkung war geradezu himmlisch. Manche verglichen sie mit einer Milchschokolade, die noch erfunden werden müßte. Ich gab sie meinen Freunden im «Barbeque», und sehr bald lief ganz Harlem mir nach, um versorgt zu werden. Ich war damals ohne Engagement, und in meiner Kasse herrschte Ebbe; aber vor allem konnte ich meinen Freunden nicht nein sagen. Ehe ich mich's versah, mußte ich unseren Verbindungsmann schriftlich um einen großen Vorrat bitten, da alle meine Bekannten die Zigaretten haben wollten. «Man geht auf Wolken, wenn man sie geraucht hat, und es ist ja nicht gegen das Gesetz», sagten sie zu mir. Und sie setzten mir zu: «Stell dir doch vor, wie viele Menschen du glücklich machen kannst.» Und ehe ich mich's versah, stand ich am «Corner» und verkaufte Marihuana. Nur tat ich nichts dazu und strengte mich nicht an. Ich stand einfach unter dem Baum der Hoffnung mit vollen Taschen; die Burschen kamen und gingen und mit ihnen all mein goldenes Kraut.

Über Nacht war ich der beliebteste Mann in Harlem. Neue Wörter entstanden; mit «Mezz» und «mächtigem Mezz» wurden ich und der Tee bezeichnet, mit «Mezzroll» eine dicke, gutgestopfte und saubere Zigarette, die ich zu drehen pflegte [aus diesem Wort machte man später «Meserole», womit man immer noch eine Marihuana-Zigarette von bestimmter Größe und Form bezeichnet, die sich von der sogenannten Panatella unterscheidet]. Manche dieser Ausdrücke setzten sich in der Harlemer Sprache fest und drangen sogar in den allgemeinen amerikanischen Slang ein. Es verschlug mir neulich beinahe den Atem, als mir ein Wörterbuch der Jazzsprache, Cab Calloways «Hipster's Dictionary», in die Hände fiel, in dem das Wort «Mezz» als «etwas Großartiges,

Echtes» erklärt wird, und in Dan Burleys «Original Handbook of Harlem Jive» bedeutet das gleiche Wort «höchstrangig, aufrichtig»!

Stuff Smith schrieb ein Lied, das später von Rosetta Howard für Decca gesungen wurde, betitelt «If You're a Viper [«Wenn du eine Viper bist»]. Es fängt folgendermaßen an:

Dreamed about a reefer five foot long
The mighty mezz but not too strong,
You'll be high but not for long
If you're a viper.

Ich träumte von einer Marihuana zwei Meter lang,
Von der mächtigen Mezz, doch nicht zu stark,
Du bist im Himmel, doch nicht zu lang,
Wenn du eine Viper bist.

Die Wörter «Lozies» und «Lozeerose» wurden erfunden, damit man sich auf meine Zigaretten beziehen konnte, ohne daß ein Außenstehender etwas merkte, und einige meiner Kollegen brachten sie in ihren Liedern an, wenn sie im Radio sangen, weil sie wußten, daß wir im «Barbeque» um den Apparat herumsaßen; auf diese Weise begrüßten sie mich und alle «Vipern». Dieses linde mexikanische Kraut schuf tatsächlich etwas in Harlem – eine ganz neue Sprache, fast eine neue Kultur. Ohne daß ich etwas dafür konnte, brachte die «mächtige Mezz» etwas ganz Neues auf dieser alten Welt hervor.

Ja, ein Außenstehender hätte unsere Sprache niemals verstanden. Am «Corner» wurde «die neue Poesie des Proletariats» gesprochen. So nennt Dan Burley, der berühmte alte Neger-Journalist und Redaktor der Harlemer Zeitung «Amsterdam News», Jive, die Sprache der Jazzmusiker, und meinem Gefühl nach hat er damit recht. «Es ist die Sprache der Aktivität», sagt Dan; «sie entstammt den Bars, den Tanzsälen, den Gefängnissen, Honky-Tonks, Kneipen und so weiter, all den Stätten, wo Menschen eifrig damit beschäftigt sind, zu leben, zu lieben, zu kämpfen, zu arbeiten oder einander an den Kragen zu gehen.» Man glaube jedoch nicht, sie beschränke sich auf Fachsimpelei. O nein, in dieser Sprache diskutieren die Jazzmusiker «Politik, Religion, Naturwissenschaft, Krieg, Tanz, Geschäftswesen, Liebe, Wirtschaftsleben und Okkultismus». Jive ist nicht nur, wie ich feststellte, eine seltsame Sprachenmischung von Traum und Tat, sondern auch eine ganz neue Lebenseinstellung.

Jive ist unübersetzbar. Die Studentensprache und der Jargon der Existentialisten im Quartier Latin zu Paris können in gewisser Hinsicht mit ihm verglichen werden. Selbst einzelne Ausdrücke und Wörter in einem Buch vermitteln wenig vom Witz und von der Geisteshaltung dieser Geheimsprache. Jive muß man *hören*, nicht lesen, weil sein frei fließender Rhythmus, die Betonungen und die Aussprache einem unwillkürlichen musikalischen Muster folgen. [Vermutlich ist das Wort «Jive» von dem amerikanischen Wort «jibe» abgeleitet, das «übereinstimmen» bedeutet, möglicherweise aber von dem englischen Wort «gibber», das «schnattern, unverständlich sprechen» bedeutet.] Jive ist etwas Privates, ein Kode für Eingeweihte, der erfunden wurde, um Außenstehende zu täuschen und zu blenden, und der gleichzeitig die Eingeweihten einander näher bringt, weil sie allein den Schlüssel zu dem rätselhaften Geheimnis besitzen. Es ist eine private Volkssprache, nur bestimmt für die Ohren derjenigen, die dem Kreis angehören.

In dieser Sprache unterhält man sich, wenn man nicht belauscht werden möchte, wenn man eifersüchtig über das Privatleben wacht, das unter starkem Druck steht, und wenn Außenstehende keine Einzelheiten erfahren sollen – Detektive, weiße Musiker, Spione, Konkurrenten aus der Theaterwelt der Weißen, sensationshungrige Fremde, die das «wilde» und «primitive» Harlem bestaunen wollen.

Ein anderer bekannter Autor und Journalist, Earl Conrad, erklärt Jive als karikaturistische Verdrehung, die der Neger der ihm aufgezwungenen Sprache verlieh. «Die Weißen Amerikas erlegten den afrikanischen Sklaven eine neue und fremde Sprache auf. Allmählich fand der amerikanische Neger im Verlauf der Generationen, in seiner eigenen Welt mit eigenen Gedanken lebend, seine eigene Ausdrucksweise, fand seine eigene Art, die englische Sprache zu handhaben, wie er auch andere Aspekte der feindlichen weißen Welt auf eigene Weise handhabe. Jive gehört zu den Endresultaten... Ursprünglich mag Jive eine Geheimsprache gewesen sein, die die Sklaven in Gegenwart Weißer benutzten. Man nehme das Wort ‚ofay‘. Neunzig Millionen weißer Amerikaner wissen noch heute nicht, daß es ‚Weißer‘ bedeutet; aber die Neger wissen es. Die Neger brauchten ein solches Wort in ihrer Sprache, mußten es in Selbstverteidigung schaffen.» «Ofay» ist natürlich von dem englischen Wort «foe», das Feind heißt, abgeleitet.

Conrad hat hundertmal recht; aber ich glaube, man muß zwischen der vorsichtigen Verteidigungssprache der südlichen Neger und dem witzigen, kriegerischen Jive der jüngeren nördlichen Neger stark unterscheiden. Im Süden mußten die Neger vor dem Bürgerkrieg – und lange Jahrzehnte hernach bis zum heutigen Tage – ihre Wunden im geheimen pflegen, durften ihre Gekränktheit und ihren Groll nie zeigen und mußten in verschwörerischem Flüsterton miteinander sprechen. Ihre Geheimsprache bedeutete einen Selbstschutz, und so war sie wortarm, ohne brodelnde Energie und ungehemmte Phantasie; es war die Sprache eines *geschlagenen* Volkes. Doch als die große Auswanderung in Gang kam und die abenteuerlustigeren Neger den Mississippi hinaufzogen, brachen sich ihre aufgespeicherten Gefühle Bahn und schäumten über. Sie brachten ihre New Orleans-Musik mit, die unter mächtigem Geknall über Chikago und dem ganzen Norden explodierte. Auch ihre Sprache wurde explosiver, lebhafter, füllte sich mit etwas Hoffnung und Geist. So entstand Jive, die Sprache, die heute wirklich im Schwange ist.

Ich hörte Jive in seinen ersten Stadien, als ich mich im Südviertel von Chikago herumtrieb. Es war das erste wilde Gestammel eines Volkes, das jählings erwachte und feststellte, daß sein Todesurteil aufgehoben oder zumindest verschoben war, und zuerst war es wie gelähmt und geblendet, weil es die Tatsache kaum zu glauben vermochte. Dann kam das volle freudige Erwachen, die volle Erkenntnis, daß der Tyrann mit der Peitsche in der Hand nicht mehr da war. Die Musik wurde immer wilder und wilder. Das aufgeregte Gerede an Straßenecken, in Billardsälen und Kneipen schwoll zu einem Sturzbach. Das war der erste echte Jive – die Sprache von Gefangenen mit vorübergehender Begnadigung. Als ich nach Harlem gelangte, stellte ich fest, daß sie sich in den Osten verbreitet und die Kinderschuhe abgestreift hatte. Die Harlemer hatten beschlossen, sich nicht mehr ins Gefängnis stecken zu lassen.

«Jive ist», sagt Dan Burley, «das gleiche Fluchtmittel, das die ‚spirituals songs' der amerikanischen Sklaven entstehen ließ; die Blues-Lieder quellen als Protest in der Brust der Schwarzen auf, die von ihren weißen Landsleuten als Knechte angesehen werden...»

Stimmt. Aber ich glaube, man muß die Tatsache betonen, daß es ein Protest ist, und zwar ein ausgesprochener. Darum ist diese Sprache einzigartig, ganz anders als der überlieferte Slang der Neger im Süden, die den weißen Unterdrücker nicht herausforderten, sondern nur seinen Adleraugen entgehen wollten. Jive verbindet eine Geheimgesellschaft aufs festeste; aber es ist eine Gesellschaft, die grollt und ihren Groll nährt und sich darauf vorbereitet, zurückzuschlagen. Die Bruderschaft der Eingeweihten dient nicht bloß als Ventil, als Verteidigungsmaßnahme, sie ist auch sozusagen eine Militärschule, wo man sich für zukünftige Schlachten rüstet.

Jive spiegelt nicht nur einen primitiven Zustand, bei weitem nicht. Wenn der Neger abstrakten Begriffen aktive Wortbilder hinzufügt, in statische Redewendungen Bewegung bringt und starren logischen Begriffen Wärme verleiht, so geschieht dies nicht, weil er sie sonst nicht versteht. Darüber ließe sich zwar streiten. Fest steht, daß er viel zuviel Poesie und rhythmisches Gefühl in sich hat, um sich mit der

Büchersprache gebildeter Weißer auszudrücken. Er muß diese langweilige Sprache würzen, um seinen Empfindungen Luft zu machen.

Es stimmt unbedingt, was alle Schreiber betonen: Der Kern des Jives ist Aktivität. Das ist der wichtigste Zug. Darum ist diese Sprache einzig und allein eine Schöpfung der nördlichen Neger. Die südlichen Neger konnten gar keine halb so reiche Aktionssprache entfalten – wenn sie auch ihre eigene reiche Volkspoesie hatten –, weil sich ihnen keine Aktionsmöglichkeit bot. Hingegen waren die Neger im Norden, mit denen ich verkehrte, so aktiv, daß sie kaum stillzusitzen vermochten. Ihnen bedeutete Leben fortwährende Bewegung. Sie bezeichneten sich selbst als «cats», als Katzen, weil sie ebenso alert und scharfsichtig wie eine Straßenkatze sein wollten, die während der ganzen Nacht durch die dunklen Straßen und Gassen huscht, alles erspäht und auf alles Kommende vorbereitet ist. Ihre Sprache konnte mit ihrem rastlosen, schweifenden Tun kaum Schritt halten. Sie war der poetische Ausdruck eines zur Untätigkeit verurteilten Volkes, das endlich den Tag kommen sieht, an dem sich ihm alle Tätigkeit in der Welt eröffnet und alle Dinge möglich werden.

IMMER wieder staunte ich über das Gefühl der Brüderlichkeit am «Corner». Für die meisten Weißen haben die Harlemer Spelunken nur eine Bedeutung: Unterwelt. Oh, es besteht ein weltweiter Unterschied zwischen der Unterwelt der «Ofays» und der Unterwelt der Farbigen. Ganz Harlem – in gewissem Sinne die ganze farbige Rasse – ist nämlich eine einzige große Unterwelt, da alle diese Menschen in die unterste Schicht geschoben worden sind und dort bleiben müssen, weil sie etwas gemeinsam haben: ihre Hautfarbe. Der Druck, der ihrer aller Dasein beherrscht, hat zwischen ihnen eine Brüderlichkeit geschaffen, die man bei den Weißen in keiner größeren Gruppe findet. In der untersten Schicht, wo das ganze Gewicht der weißen Gesellschaft lastet und drückt, bleibt nicht viel Raum übrig, so daß sich so leicht keine Gruppe über eine andere erheben und hinabblicken kann. Es kommt natürlich vor wie überall unter den Menschen, aber nicht annähernd in solchem Maße wie bei den Weißen, nicht mit dem gleichen ungesunden, fieberhaften Wettbewerb, als ob das Leben davon abhinge, den Nächsten zu übertrumpfen. Die Wohnverhältnisse dort unten in der untersten Schicht erlauben keinen großartigen Aufstieg. Alle sitzen im gleichen Boot, und den meisten ist es klar, daß sie der gleichen Unterwelt angehören. Anstatt die Nase hoch zu tragen, was ohnehin unmöglich ist, legt man sehr bald dem Nächsten den Arm um die Schultern, um es bequemer zu haben, und gemeinsam sorgt man füreinander. In diesem Boot ist kein Platz für Schießwettbewerbe.

Marihuana eroberte Harlem im Sturm, und binnen kurzem begannen mehrere Farbige damit zu handeln. Zuerst wollten sie es für mich verkaufen; aber ich erklärte ihnen, daß ich nicht genug Vorräte bekommen könnte, um Großhändler zu werden; außerdem wollte ich es nur in meinem eigenen Freundeskreis herumbieten, kein wirkliches Geschäft daraus machen. Daraufhin knüpften sie, ohne mir zu zürnen, mit einigen Spaniern an der Lenox Avenue Verbindungen an und verkauften es selbständig. Sie drehten die Zigaretten mit verschieden großem Papier, ungefähr anderthalb Zentimeter länger als meine und viel dünner, und sie nannten ihr Erzeugnis «Panatella».

Folgendermaßen priesen sie ihre Ware an: «Vielleicht ist diese Zigarette nicht so gut wie die Mezz, aber es fehlt nicht viel. Nach der Mezz gibt es keine bessere.» Man stelle sich vor, Al Capones Leute hätten einem Wirtshausbesitzer gesagt, ihr schönes Bier sei nicht so gut wie das der «Purple Bande», weil Louie the Wop nun einmal das beste Bier auf dem Markt habe! Nein, Weiße wären sich in der gleichen Lage in die Haare geraten, und einer hätte den andern zu verdrängen versucht. Zwischen uns gab es nie einen Schimmer von Konkurrenz. Wir waren allesamt gute Freunde. Um allem die

Krone aufzusetzen, kamen meine «Konkurrenten» sogar zu mir und kauften die Zigaretten zum eigenen Gebrauch bei mir!

Während dieser Zeit blühten Alkoholhandel und Lotteriespiel in Harlem; aber meine Freunde wollten mit den Bandenchefs und gedungenen Mördern nichts zu tun haben. Die Art, wie sie mit dem Gangsterwesen fertig wurden, setzte mich in Erstaunen. Sie bewunderten Menschen, die kraft ihres eigenen Mutterwitzes vorwärtskamen, ohne dem Nächsten den Hals abzuschneiden; aber Muskelmänner, die laut brüllten und ihrem Standpunkt mit Maschinengewehren Geltung verschaffen mußten, gewannen ihnen keine Achtung ab. Sie wollten immer den Besten siegen sehen, nicht den Mann mit dem größten Arsenal.

Eines Abends stand ich in Big Johns Lokal an der Bar, als einige Kerle von Dutch Schultz' Equipe hereingeschwankt kamen, aufgetan wie Modepuppen, den Hut schräg auf dem Ohr. Dutch befand sich in «Connie's Inn», wo er selbst etwas genehmigte, und diese Burschen, fünf an der Zahl, hatten Zeit totzuschlagen. Sie bestellten eine Runde für alle Anwesenden, und einer schob sich zum Spielautomaten hinüber, um ein paar Platten laufen zu lassen. Sowie die Musik begann, rief einer unserer Gruppe laut, dem Kerl gerade in die Augen blickend: «Herrschaft, das ist ein Killer!»[1] Er konnte die Musik meinen; aber jeder im Raum wußte, daß es anders gemeint war. Ein anderer sagte ebenso laut: «Mörderisch, wirklich mörderisch», und auch sein Blick war beredsam. Die Revolvermänner traten unbehaglich vom einen Fuß auf den andern, rückten ihre Krawatte zurecht und kratzten sich mit rotem Gesicht und hüpfendem Adamsapfel an der Nase. Ehe wir's uns versahen, hatten sie ihr Glas geleert und verließen gesenkten Auges das Lokal. So dachte Harlem von der weißen Unterwelt.

Innerhalb der Bruderschaft gab es natürlich einen lebhaf-

1] «Killer» heißt Mörder, in übertragener Bedeutung aber «etwas Großartiges». [Anmerkung der Übersetzerin]

ten Wettbewerb. Jeder wußte, worauf es ankam: Man mußte seinen Witz nach Möglichkeit schärfen, mußte sich durchsetzen und fortwährend zulernen. Dazu war die Sprache der Eingeweihten auch wie geschaffen. Viele andere Spiele entstanden zu dem gleichen Zweck: Wortspiele, Reimspiele, Versspiele. Am «Corner» neckte man sich gegenseitig, weil jeder den andern anregen wollte, schneller zu denken und schlagfertiger zu werden.

Bei all diesen freundschaftlichen, aber regen Wettbewerben spürte man die echte Begabung des Negers, sein Gerechtigkeitsgefühl und seine anständige Gesinnung. Nur der Beste sollte gewinnen, mit Prahlerei war nichts zu erreichen, die Tat mußte als Beweis dienen. Wenn man etwas los hatte, wurde es von den andern neidlos und bewundernd anerkannt. Das traf besonders auf das Gebiet der Musik zu, das für den Neger doppelte Bedeutung hat, weil er sich da wirklich auszeichnen und seine Erfindungsgabe zu voller Entfaltung bringen kann. Die Farbigen beweisen ihr musikalisches Talent bei den Wettbewerben, die man «cutting contests» nennt; dabei siegt immer der Beste, weil die zuhörenden Neger besonders kritisch sind, wenn es sich um Musik handelt, und nichts Zweitrangiges gelten lassen. Diese «cutting contests» bilden das musikalische Gegenstück zu den Wortduellen. Man veranstaltet sie, um festzustellen, wer alle andern *musikalisch* überragt. Übrigens sind durch diese Wettkämpfe einige der größten farbigen Musiker entdeckt worden.

Die Wettbewerbe wurden meistens am frühen Morgen ausgetragen, nachdem die Musiker von ihrer Arbeit zurückgekehrt waren. Es fand sich stets irgendein kleiner Privatklub oder ein «Speakeasy», wo es ein Klavier gab, und wenn ein neuer Musiker in die Stadt kam, mußte er mit seinem Instrument erscheinen und sich vor seinen Kollegen produzieren. Streikte er, so bewies er damit, daß er sich der Harlemer Gemeinde nicht gewachsen fühlte. Man sagte demjenigen, der als Bester mit dem betreffenden Instrument galt: «He, du,

der Soundso ist da, und er hat dich heute da und dort gesucht.»
Auf diese Weise wurden alle aufgeboten, die auf den Titel
Anspruch erhoben; jedem sagte man, daß die andern ihn
suchten, weil sie ihn bodigen wollten, das heißt beweisen
wollten, daß sie die Besten auf ihrem Gebiet wären. So wurde
es wirklich eine aufregende Sache, und ehe die Nacht um
war, saßen alle in einem verräucherten Raum und schlugen
los. Wenn die Entscheidung schwer zu fällen war – zum Beispiel, wenn Lester Young, Ben Webster und Don Byas allesamt ihr Saxophon bliesen und die Zuhörer nicht wußten,
wem sie die Palme reichen sollten –, schlich irgend jemand
hinaus und holte Coleman Hawkins. Wenn er dann mit seinem Instrument loslegte, waren alle Meinungsverschieden-
heiten beigelegt, und man schickte die Jungen nach Hause,
noch etwas mehr zu üben.

Diese Wettkämpfe lehrten die Musiker, nie auf ihren Lorbeeren auszuruhen, sondern weiterzuochsen und sich zu verbessern. Bei den Tänzern gab es die gleichen Wettbewerbe
wie überhaupt bei den meisten Artisten und Künstlern. Oft
zeigte ein Tänzer seine Kunst auf der Gasse neben dem Lafayette-Theater, während sich die Menge um ihn scharte.
Wenn dann Bubbles vorbeikam, sprang er in den Kreis und
legte einige Kapriolen hin, die den andern in den Schatten
stellten. Ehe er wegging, sagte er zu dem Nachwuchs: «Geh
heim und lern das erst einmal, Jim.» Zu Selbstzufriedenheit
gab es keine Gelegenheit. Bubbles stellte sich nicht etwa zur
Schau, sondern er trieb den jungen Tänzer zu strengerer Arbeit an.

Eines Morgens fand ein sensationeller Wettkampf statt,
nur zwischen Pianisten. Fats Waller hatte etliche von uns in
einem Café aufgelesen – Eddie Condon, Jack Bland, mich
und zwei andere Weiße sowie noch zwei farbige Pianisten,
Willie «The Lion» Smith und Corky Williams –, und gegen
vier Uhr morgens gingen wir zu ihm nach Hause. Fats war
ein Prachtkerl, einer der jovialsten Menschen, die ich jemals
kennenlernte, stets von Späßen überquellend, so daß es un-

möglich war, sich in seiner Gesellschaft niedergeschlagen zu fühlen. Er war an die zwei Meter groß und wog gut über zweihundert Pfund, und seine Füße, die er seine «Pedal-Extremitäten» nannte, konnten sich sehen lassen. Er kam oft ins «Riverside Towers», um mir und meinen Freunden vorzuspielen [dort schrieb er auch, nachdem wir ihn gedrängt hatten, Blues zu spielen, sein berühmtes «Ain't Misbehavin'»]. Er konnte die ganze Nacht und manchmal noch den nächsten halben Tag am Klavier sitzen. Wir stellten ihm dann ein Glas nach dem andern hin – eins aufs Klavier, so daß er es mit der linken Hand ergreifen konnte, wenn er im Diskant spielte, ein zweites auf den Boden, so daß er mit der Rechten danach langen konnte, wenn er im Baß herumhämmerte. Also, an diesem Morgen gab es etlichen Alkohol, und es ging los.

Corky setzte sich als erster hin und begann «Tea for Two» zu spielen, eine Melodie, bei der Willie «The Lion» Anfälle bekommen konnte. Unvermittelt sprang Willie auf und sagte zu Corky: «Geh da weg, du Nichtskönner, ich will!» Damit setzte er sich neben Corky. Als Corky zur Seite rückte, spielte Willie nur im Diskant, während Corky den Baß beibehielt, und dann nahm er die linke Hand dazu, ohne einen Takt auszulassen oder das Tempo zu verschleppen. Willie spielte eine Weile, und dann kam Fats an die Reihe, indem er auf gleiche Weise wie Willie seinen Platz einnahm. So ging es weiter, die Musik wurde immer gelöster und ausgelassener, das Klavier kam keinen Augenblick zur Ruhe, bis Fats schließlich sagte: «Ich werde diesem Streit nun ein Ende machen.» Er rief seinen Chauffeur herbei und flüsterte ihm etwas ins Ohr. Der Chauffeur ging und kehrte ungefähr eine Stunde später zurück, aber nicht allein. Fats hatte nach Jamaica auf Long Island telephoniert und James P. Johnson aus dem Bett aufgescheucht. Als der Chauffeur Jimmy brachte, rieb sich Jimmy immer noch die Augen; doch sowie er am Klavier saß, war es damit vorbei. Er spielte so viel, daß man nicht zu rufen brauchte: «Macht die Lichter aus und ruft die Polizei», da die Polizei auf Ersuchen der Nachbarn erschien. «Wir saßen unten und genossen die Musik», sagten uns die Polizisten. «Da wurden wir vom Posten angewiesen, nachzusehen, wer hier den Frieden stört. Manche Leute haben für Musik gar nichts übrig. Fats, schließ die Fenster und schenk uns etwas ein, und dann spiel weiter.» So ging der Wettbewerb bis in den Tag hinein weiter, während zwei Polizisten unseren Alkohol tranken und unserer schönen Musik lauschten. Es war herrlich.

DREIZEHNTES KAPITEL

Noch einmal, noch einmal und noch einmal . . .

Es war ein schöner Frühlingsabend im Jahr 1931. Wir plauderten munter, und über uns führten die Blätter des Baumes
der Hoffnung ihr eigenes Flüstergespräch. Um den Stamm
schlängelte sich die drahtlose Telegraphie der Gerüchte und
verband sich mit meinem Empfänger. «Jawohl, mein Lieber»,
summte es, «in Memphis hat man deinem Freund übel mit-
gespielt.»

Louis Armstrong war nach New Orleans gereist und dann
zurück über Memphis. Frau Collins, die Frau seines Impre-
sarios, die als Reisemarschall amtete, hatte einen großen,
glänzenden Greyhound-Autobus gemietet, damit sie durch
den Mordgürtel konnten, ohne in Jim Crows schmutzigen,
rückgratbrechenden Kutschen fahren zu müssen. Sie saß immer vorn mit Mike McKendricks, dem Gitarristen, der ihr
beim Gepäck und dergleichen half.

Als der Autobus in Memphis einfuhr, scharten sich die Neu-
gierigen und beglotzten die gutgekleideten Farbigen in diesem Stromliniengefährt, vor allem den einen Neger vorn,
der dort, Gott behüte, neben einer Weißen saß und kühl bis
ans Herz hinan mit ihr sprach, als ob er ein Mensch wäre. Das
konnten sie nicht zulassen. Der Krach, den sie schlugen, war
so toll, daß der Chauffeur die ganze Gesellschaft zu einem
alten Hühnerkäfig bringen wollte. Natürlich blieben die Musiker sitzen und weigerten sich, auszusteigen. Als nächstes
hatten sie die Polizei auf dem Hals, die sie abführte, ihre Fingerabdrücke nahm und wie gemeine Diebe einsperrte. Sie
kamen noch gerade beizeiten hinaus, um ihre übliche Rund-
funksendung vom Stapel zu lassen.

Wir eilten an diesem Abend alle ins «Barbeque», um das
Radioprogramm zu hören. Kaum hatte die Sendung angefangen, so begann Louis mit einer verschleierten Rede, in

der er mich mit «Geht's gut, Lozeerose» begrüßte. In der zweiten Hälfte des Programms verkündete er, daß er die nächste Nummer dem Polizeidirektor von Memphis im Staat Tennessee widmen wolle. «Paß auf, Mezzeerola», summte er, während das Orchester die Introduktion spielte. Dann sang er: «I'll Be Glad When You're Dead You Rascal You» [«Ich bin froh, wenn du tot bist, du Schuft»].

WÄHREND Louis im Lande umherreiste, war ein Loch in meinem Leben, so groß wie der Grand Canyon. Immerhin ging ich mit Zutty Singleton aus. Fast jeden Abend aßen wir zusammen eine Kleinigkeit, wenn er in «Connie's Inn» fertig war, und machten dann die Runde. Zutty war allgemein beliebt; er hatte eine lustige Art, die Leute zu begrüßen, indem er sich auf ihr Gesicht bezog, und dadurch entstand die allgemeine Mode, sich gegenseitig «Gesicht» zu nennen, so daß man sich begrüßte: «Geht's gut, Gesicht?» – «Nichts zu klagen, Gesicht.» Zutty und ich besuchten immer Freunde in Harlem, und ganz gleich, wen wir antrafen, jeder in der Familie konnte uns etwas vorführen, vom Großpapa bis zum Zweijährigen. Die Tanzschritte waren eigentlich stets die gleichen geblieben, nur die Namen änderten sich.

Am Montagmorgen begaben wir uns meistens gegen vier Uhr zum «Lenox Club» an der 144. Straße, wo der wöchentliche Frühstückstanz veranstaltet wurde. Hier versammelten sich fast alle Artisten und Musiker und hielten einen Ball ab, nachdem sie die ganze Nacht gearbeitet hatten. Man konnte von Glück sagen, wenn man dann mittags zu Hause war. Fast jede große Kabarettnummer, die in der Stadt vorgeführt wurde, bekam man zu sehen, und Woche um Woche erlebte man die größten Berühmtheiten; es war nicht ungewöhnlich, alle an einem Morgen zu bewundern: die Berry Brothers [eins der großartigsten Tanzpaare, die jemals die Bühne betraten], Buck und Bubbles, Ada Brown, Bill «Bojangles» Robinson, die Darbietung der Whitman Sisters [aus der die besten Negernummern entstanden], Nina Mae

McKinney, Valaida Snow, Ethel Waters, Batie und Foster mit einem lustigen Tanzsketch, Louis Armstrong, Duke Ellington, Cab Calloway [der damals noch nicht sein eigenes Orchester hatte, sondern in der Revue «Hot Chocolates» auftrat], Earl «Snakehips» Taylor [Schöpfer des Snakehip-Tanzes], Bessie Dudley [die zu den besten Tänzerinnen des Tages gehörte] und Louise Cook. Es war wirklich unerhört.

Auch die Mitternachts-Vorstellung im Lafayette-Theater war eine großartige Einrichtung, die allen unvergeßlich geblieben ist. Jeden Freitag ließ ich die drei oder vier ersten Reihen reservieren, und die meisten Musiker, die ich kannte, kamen mit ihren Freunden und bestaunten die Vorgänge auf der Bühne. Unzählige Marihuana-Zigaretten gingen dort bei jeder Vorstellung in Rauch auf, und manch ein Witz fiel auf der Bühne über die «Vipern». Am interessantesten war die Reaktion der Neger auf die Filme, die während des Umbaus abliefen. Das gekünstelte Spiel dieser Hollywood-Machwerke, das mich immer vom Kino ferngehalten hatte [für mich waren die Filme nur eine milde Minsky-Ausgabe auf Zelluloid], brachte ganz Harlem zum Lachen. Wenn auf der Leinwand eine dramatische Szene abrollte, die von falscher Sentimentalität triefte und das Leben spiegelte, wie es sich im Kopf eines kitschigen Filmautors abzeichnete, brachen alle in Gelächter aus, pfiffen und riefen: «Ach, hört doch mit dem abgeklapperten Zeug auf», und wenn ein Mann in einer Liebesszene auf das dumme Geschwätz eines Weibsbildes einging, hörte man Zurufe wie: «Menschenskind, laß doch das Gequassel und tu etwas!» Die Zuschauer johlten so laut, daß von dem albernen Dialog nichts mehr zu hören war.

Als Louis «Connie's Inn» verließ, um auf Tournee zu gehen, zerbrach eins der bedeutendsten Teams in der Geschichte des Jazz. Connie hatte Zutty eine wunderbare Schlagzeug-Garnitur gekauft und seine Gage erhöht. So kam es, daß Zutty, als er von Louis gefragt wurde, ob er mit auf Tournee gehen wolle, antwortete: «Ach, Pops, Freundschaft ist etwas, und Geschäft ist etwas anderes.» Er war selbst ein großer

Künstler und hatte vielleicht das Gefühl, daß er allein besser vorwärts kommen und es auf diese Weise zu einem eigenen Orchester bringen würde; deshalb blieb er in «Connie's Inn». Louis schwor, daß Zutty von diesem Tage an nie mehr mit ihm spielen werde, obwohl er der einzige Schlagzeuger in der Welt war, der ihm das Wasser reichen konnte. Diese Trennung schmerzte mich mehr als die beiden, weil es ein so großer Verlust für die Musik war. Bis heute ist den beiden unerhörten Künstlern nicht klar geworden, wie wichtig es für sie wäre, wieder miteinander zu arbeiten.

Nachdem Louis seine Tournee angetreten hatte, schrieb er mir einen Brief, in dem er mir die ganze Geschichte seines Bruches mit Zutty schilderte, und obwohl ich Zutty sehr liebte, plagte mich das schlechte Gewissen, daß ich mit ihm ausging; denn für mich war Pops der größte von allen. Buck war auch ein naher Freund von Louis, und da er Zutty wegen seines Treubruchs manchmal Vorwürfe machte, wurde mein Gewissen noch mehr belastet. Sehr bald ging ich mit Buck aus und sah Zutty nur noch selten. Die Kameraden am «Corner» wußten recht gut, was da vor sich ging, denn wir waren eine einzige große Familie; sie billigten mein Verhalten und achteten mich, weil ich zu Louis hielt. Buck hatte die Trompete, mit der Louis in Chikago damals im «Sunset» gespielt hatte; fast jeden Morgen weckte er mich mit einem telephonischen Anruf, und dann spielte er mir, ohne etwas zu sagen, einen Chorus von Louis' neuester Platte vor. Bisweilen klang er fast wie Pops, vor allem wenn er mit gestopftem Instrument spielte. Er hatte ein wunderbares Gehör; er erfaßte die feinsten Flexionen und subtilsten Akzente, die bis zu diesem Tage niemand sonst Louis nachmachen konnte.

Er hatte eine ulkige Art, andere durchzuwalken, die heute noch am «Corner» sprichwörtlich ist. Wenn irgend jemand eine Bemerkung machte, die ihm nicht paßte, begann er zu singen und auf den Taktlosen loszuschlagen. «Shoot the liquor to him John boy» [«Gib ihm ein tüchtiges Glas»], sang er [später wurde dieser Satz auf Platten berühmt], und dann scattete er einige Riffs wie «Riboppity-bop-bam, riboppity-bop-bam, riboppity, ziboppity, riboppity-bop-Gesicht!» Wie ein Schlagzeuger, der mit der Zimbel einen Höhepunkt auffängt, versetzte er seinem Opfer beim letzten Wort unversehens eine Ohrfeige. Das ging so lange, wie man es seiner Meinung nach verdiente, und entweder ergriff man wütend das Hasenpanier, oder man lachte, bis einem die Tränen kamen. Jedenfalls vergaß man es nie, und nie wiederholte man die Bemerkung, die zu dieser Strafe geführt hatte. Welch ein prächtiger, einfacher Mensch war Buck! Auch als er im Kino «Loew's State» groß auf dem Plakat stand und wöchentlich dreitausend Dollar verdiente, kam er immer noch zum «Corner» und aß dort an der Bude heiße Würstchen. Sein Partner Bubbles war ebenfalls ein großartiger Künstler – er tanzte ohne alle festgelegte Routine, und alles war so sehr Improvisation, daß man nie wußte, ob er nicht wieder einen neuen Schritt erfand, den alle Tänzer in Harlem am nächsten Morgen nachzuahmen versuchten, wenn sie genügend Ehrgeiz hatten.

Ja, es waren lauter prachtvolle Burschen, die Bande am «Corner», im «Lafayette» und in der Nachtvorstellung, und wenn ich den geringsten Verstand gehabt hätte, wäre ich keinen Zentimenter weit von ihnen gegangen. Offenbar habe ich eine Neigung zu Unannemlichkeiten. Man höre, was mir als nächstes zustieß.

ERINNERT man sich noch an das Hinterzimmer in dem Detroiter Hotel, wo ein feuchtes Tuch an der Türe hing? Dorthin kehrte ich zurück, und ich sollte es vier Jahre lang nicht verlassen. Und diesmal mußte ich, wie ich bereits sagte, auf allen vieren hinauskriechen.

Man könnte wohl fragen, warum ich denn dorthin gehen und dem Opium verfallen mußte, und mit dieser Frage hat man durchaus recht. Ging es mir nicht endlich gut? War ich nicht nach all den Jahren des Herumirrens auf fremdem Gelände daheim, lebte mit den Menschen, die ich am meisten liebte, führte das Leben, von dem ich seit der Besserungsanstalt Pontiac geträumt hatte? Gewiß. Aber es gab Verwicklungen. Harlem konnte nichts dafür, das eine steht fest, und einige waren auch nicht meine Schuld oder die andern Menschen; immerhin gab es Verwicklungen. Anscheinend ist das große Glück auch nur ein leeres Wort, selbst wenn man in einigen Augenblicken des Lebens das Gefühl hat, ihm nahe zu sein. Ich war sehr glücklich in Harlem, überbordete von Freude. Trotzdem war es noch nicht das große Glück. Erstens einmal musizierte ich nicht.

Wie kam es, daß ich mir Zugang in die größte Negergemeinde der Welt verschaffte – und dann meine Klarinette weglegte? Das kam so. Meine Hauptstütze war Gene Krupa gewesen; aber jetzt war er mit besagtem Red Nichols verknüpft [zusammen mit Benny Goodman, mit dem er später ging, als sich Goodman auf eigene Füße stellte]. Gene war also nicht mehr bei mir. Was meine früheren Freunde betraf, die zumindest die gleiche Lehre durchgemacht hatten wie ich, so waren Condon und McKenzie mit den quäkenden «Blue Blowers» zusammen; sie und Tesch waren nach Chikago zurückgekehrt, und mit den zickischen weißen Orchestern in und um New York konnte ich keine einzige Note spielen. Für mich waren alle die weißen Formationen, die mich engagieren wollten, eine noch schlimmere Ausgabe des Minsky-Theaterorchesters, und von diesem verstaubten Quatsch wollte ich nichts wissen.

Warum ich nicht mit den Farbigen spielte? Diese Frage klingt vernünftig – die Musik, die mich begeisterte, war ja eine Schöpfung der Neger, und alle führenden schwarzen Künstler waren meine persönlichen Freunde. Nun ja, die farbigen Orchester in und um New York hatten viele Virtuosen; aber sie spielten nicht die New Orleans-Musik, auf die ich versessen war; sie hatten einen ganz anderen Pulsschlag und Rhythmus, und dort wäre ich nichts wert gewesen. New Orleans war noch nicht nach dem Osten gekommen, das war die traurige Wahrheit. Freilich, Louis hatte eine große Formation gehabt, und das war der Abschied vom eigentlichen New Orleans-Stil gewesen; immerhin hatte er Zutty hinter sich, um dem Orchester einen New Orleans-Drive zu geben, und obwohl es geschriebene Arrangements spielte, brachten die Blechinstrumente und Saxophone doch Orgeleffekte hervor, so daß Louis nicht gebremst, sondern Tiefe und Fülle verliehen wurde. Außerdem war Louis ein Genie und konnte große Musik machen, auch wenn er nichts hinter sich hatte als ein Waschbrett und eine Rohrflöte. Ich war kein Louis Armstrong. Ich brauchte eine günstigere musikalische Umgebung.

Noch etwas – die Schwarzen verliehen mir ein Minderwertigkeitsgefühl, legten mir den Gedanken nahe, daß ich vielleicht als Musiker nicht die Bohne taugte trotz all meinen großen Plänen und Hoffnungen. Die ungeheuerliche Erfindungsgabe, die unmittelbare Schöpferkraft, die ich überall im Harlemer Leben sprudeln sah, bei Basketballspielen, Boxkämpfen, musikalischen Wettbewerben, bei den flinken, spritzigen Reim- und Wortspielen am «Corner» – all das verblüffte und blendete mich, ließ mich bezweifeln, mit diesen Menschen Schritt halten zu können. So gut wie jeder war ein Virtuose, der von schöpferischer Begabung überschäumte. Obwohl die Musiker keinen New Orleans-Stil spielten, hatten sie doch noch so viel vorzuweisen, verfügten über solch blendende Technik und improvisierenden Erfindungsreichtum, daß die langweiligsten Arrangements überglänzt wurden. Ich sagte mir eben, daß ich, auch wenn es nicht meine Linie war, gut daran tat, genau zuzuhören und ihnen etwas abzulauschen, weil alles, was sie taten, ganz einfach Qualität hatte. Ich dachte an die Platten, die ich mit Condon und meinen andern Kollegen damals in Chikago gemacht hatte, und ich schämte mich, wie schwach und mager sie im Vergleich zu dem waren, was die Farbigen in Harlem jeden Tag spielten. Auf keinen Fall wollte ich zum «Chikago-Stil» zurückkehren; aber ich wußte nicht, wie ich vorwärtsgehen sollte.

Vielleicht war ich, dachte ich, zum Philosophen geschaffen, wie Tiny Hunt mich einst genannt hatte, und gar nicht zum Musiker. Irgendein Weiser sagte einmal, daß die Nichtskönner Lehren erteilen. Vielleicht war ich ein Nichtskönner. Vielleicht mußte ich aus Verzweiflung Philosoph werden.

In schöpferischer Hinsicht war ich entschieden gehemmt; doch es blieb mir keine Zeit, mich deswegen zu sorgen. Am «Corner» vollzog sich die Handlung so schnell, daß ich nur Augen und Ohren anstrengen konnte, um zu folgen. Höre und lerne, lautete das Motto. Und wenn ich auch meine Klarinette nicht blies, befürwortete ich als Philosoph doch einiges, und das machte mir Vergnügen. Wohin ich auch ging, in die Cafés, Theater, Tanzsäle und Kabarette, mein Wort galt etwas. Die Orchester überboten sich selbst, um mich zu gewinnen, weil ich in der ganzen Stadt von den Musikern sprach, die ich liebte, und mein Urteil gewann Gewicht – hin und wieder führte es zu anderen Engagements, größerem Zulauf und Grammophon-Aufnahmen. Ich war wirklich jemand, in bescheidener Weise zwar, aber genügend, daß es mich befriedigte, war sozusagen ein Bindeglied zwischen den Rassen, klärte die Weißen über das Genie der begabtesten Neger auf und brachte Mitglieder beider Gruppen näher zusammen, so daß sie einander mehr schätzen lernten.

Ich legte mir darüber Rechenschaft ab, daß es für mich keinen anderen Ausweg gab als ein gemischtes Orchester, eine Formation, in der die talentiertesten Weißen und Farbigen zusammen spielten. Vielleicht würde es in einer solchen Formation früher oder später eine Vakanz für mich geben. Aber damals war das gemischte Orchester noch ein Opiumtraum [ist es eigentlich immer noch – ein einziger Farbiger in einer großen weißen Swingband macht noch kein «gemischtes» Orchester]. Louis und ich pflegten darüber viel zu sprechen – das war unsere Vorstellung vom großen Glück. Aber Pops mit seiner ausgeprägten praktischen Klugheit meinte, der erste Schritt dürfe nicht darin bestehen, daß ein Negerorchester einen Weißen aufnähme, sondern umgekehrt, weil der

Mächtige dem Unterdrückten als erster die Hand bieten sollte.

Jedenfalls hatten diese Gespräche mit Louis ein Ergebnis: Sie führten zu den ersten bedeutsamen gemischten Grammophon-Aufnahmen, von denen ich weiß. Zuerst tat sich Louis mit Jack Teagarden, Eddie Lang, Joe Sullivan und einigen Farbigen zusammen, und sie spielten im Frühjahr 1929 für Okeh «Knockin' a Jug» sowie «Muggles». Wahrscheinlich hätte ich dabei mitgemacht, wenn ich nicht gerade auf hoher See nach Paris unterwegs gewesen wäre. Dann stellte Fats Waller, dem der Gedanke ebenfalls zusagte, für Victor eine Gruppe zusammen, die er «Fats Waller and His Buddies» nannte. Unter diesem Namen spielte Fats mit Eddie Condon, Gene Krupa, Jack Teagarden und den Farbigen «Lookin' Good and Feelin' Bad» sowie «I Need Someone Like You». Hernach machte er mit Eddie und Jack «Ridin' But Walkin'», «Won't You Get off It Please», «Lookin' for Another Sweetie» [das war die Originalnummer, die später als «Confessin'» berühmt wurde] und «When I'm Alone». Auch diese Platten wurden 1929 hergestellt, als wir zuerst den Gedanken des gemischten Orchesters erwogen.

So stand es also um mich – ich befürwortete die gute Sache, erteilte Lehren, amtete als Bindeglied zwischen den Rassen, verkaufte am «Corner» meine Marihuana-Zigaretten… und blies keinen Ton. Obwohl ich meinen Handel nur in kleinem Stil betrieb, verdiente ich doch genug, daß ich Bonnie und ihren Jungen recht gut erhalten konnte; wir hatten ein paar neue Möbel im Haus, viele Kleider und alles, was wir brauchten. Mein Name verbreitete sich im Lande wie ein Lauffeuer. Aus Texas und Kalifornien kamen die Leutchen, suchten mich auf und sagten: «Ich hörte weit weg an der Küste von Ihnen und Ihrem guten Kraut.» Wenn Connie Immerman sein Lokal verließ und in seinen großen Packard stieg, sagten meine Freunde zu mir: «Mezz, eines Tages wirst du auch in solch einer Kiste fahren.»

Vielleicht hätten mich der Erfolg und das leichtverdiente

Geld freuen sollen; doch das war nicht der Fall – mir wurde immer elender zumute. Wenn Marihuana auch nicht ungesetzlich war, so rümpfte die Außenwelt doch darüber die Nase, und was ich als Lebenserwerb tat, wurde als Gaunerei betrachtet. Ein Gauner wollte ich aber keinesfalls sein. Dann geschah es, daß eine Gangsterbande aus dem Ostviertel nach Harlem kam und mir fabelhafte Angebote machte, um mit mir den Marihuana-Handel auf ganz großer Basis zu betreiben. Es waren ziemlich üble Burschen. Vor kurzem erst hatten sie sich bemüht, Connie Immerman zu vertreiben, und ich wußte, daß sie mit jedem, der ihnen im Wege stand, schonungslos verfuhren. Sie trieben sich in den Harlemer Lokalen herum, die Gangstern gehörten, und setzten mir fortwährend zu, ihnen große Quantitäten des Krauts zu Engrospreisen zu besorgen. Bald erhielt ich jeden Tag in der Woche Besuch von Dutch Schultz' und Vincent «Babyface» Coll's Spießgesellen. Mit jedem Tag wurden sie ungemütlicher. Jeden Tag wurden ihre Stimmen härter und ihre Anfragen drängender.

Für das, was mir als nächstes widerfuhr, möchte ich niemand Vorwürfe machen. Der Mensch gerät selten in Unannehmlichkeiten, wenn er sie nicht auf irgendeine Weise herausfordert, einerlei, wie sehr er, von außen betrachtet, als unschuldiges Opfer dastehen mag. Da war ich nun mit all meinen musikalischen Verdrängungen, von den weißen Musikern sozusagen im Stich gelassen, von meinem Idol Louis Armstrong getrennt, voller Sorgen, für den Rest meiner Tage mit Marihuana handeln zu müssen, voller Angst, von den Gangstern zum Gaunertum gezwungen zu werden – und so geriet ich in eine schlimme Falle, aus der ich mich nicht hinauskämpfen konnte. Man sieht, ich war reif für alles... Aber ich griff nicht aus eigenen Stücken zum Opium. Gerade zu dieser Zeit setzten mir zwei alte Freunde zu, ihnen Opium zu beschaffen. Sie hatten es damals in Chikago zweimal gekostet, wollten es rein zum Spaß nochmals versuchen und dachten, vielleicht könnte ich ihnen in Harlem Beziehungen anbahnen. Nur um ihnen gefällig zu sein, sagte ich ihnen, ich wolle sehen, was sich tun ließe, und dann schlug ich es mir aus dem Kopf. Ich war aufs Opium nicht erpicht, weil mir die «Purple Bande» in Detroit seinerzeit einen Komplex eingejagt hatte.

Dann trat eines Tages, als ich den «Rhythm Club» verließ, ein Mann auf mich zu, stellte sich als der Schlagzeuger Frankie Ward vor und sagte, er hätte gern ein paar Marihuana-Zigaretten. Wir begaben uns in die Gasse, um zu rauchen, und er fragte mich: «Hast du jemals Opium geraucht, Mezz? Marihuana läßt sich mit Opium nicht vergleichen.»

So erfuhr ich, daß Frankie opiumsüchtig war. Ich dachte nicht mehr daran, bis mich meine Freunde abermals wegen einer Opium-Beziehung belästigten. Als ich Frankie wiedertraf, fragte ich ihn danach. Er nahm mich beim Arm und steuerte mich zur «Beale Street», der finstersten Harlemer Gegend an der 133. Straße. Dort machte er mich mit dem Mann bekannt, der ihn mit Opium versorgte, einem alten Raucher namens Mike. Frankie sagte diesem Mann, ich sei mit Pops befreundet, und vereinbarte mit ihm, daß ich mich jederzeit bei ihm eindecken könnte.

In den nächsten zwei Monaten ging ich zweimal zu Mike und holte Opium für meine Freunde. Da meine Frau gerade im Westen zu Besuch weilte, kamen die Burschen zu mir ins Haus, und hier rauchten wir das Zeug. Mike zog in die Achte Avenue, wo er in einem alten Miethaus als Hausmeister amtete, und dort fand ich ihn wieder. Eines Abends forderte er mich auf, mich mit ihm hinzulegen. Ich erfuhr, daß Mike schon als Sechzehnjähriger mit dem Opium angefangen hatte – damals konnte man es sozusagen in jedem Geschäft kaufen –, und daß er es nun seit fünfunddreißig Jahren rauchte.

Ich fragte ihn, wie lange es daure, bis man süchtig sei.

Ach, sechzig Tage oder weniger, erklärte er mir. Es hänge davon ab, wie stark das Opium sei, und wie oft man es rauche.

Es war ihm recht, daß meine Freunde zu ihm kamen und ab und zu mit ihm rauchten. Ich beteiligte mich auch zwei-, drei-, viermal – ich erinnere mich nicht genau wie oft. Ich nahm mir vor, aufzupassen, nicht zuviel zu nehmen, nicht zu bald wieder hinzugehen, und auf diese Weise glaubte ich mich außer Gefahr. Wenn man sich in acht nahm, mußte man ja nicht süchtig werden.

Ich ging noch einmal hin, noch einmal und noch einmal. Die ganze Zeit gab ich acht und setzte auf Nummer Sicher. Dann stellte ich eines Morgens beim Erwachen fest, daß alle meine Neurosen blühten, und daß ich mich ganz abscheulich fühlte. Mein Mund war trocken wie Watte; ich mußte immerzu gähnen; mein Magen war wie ausgehöhlt, und meine Augen tränten, daß ich nicht sehen konnte. Ich fragte mich, ob das der Anfang einer Lungenentzündung wäre. Ich hegte ein Verlangen nach irgend etwas – wonach, hätte ich nicht zu sagen vermocht; meine Hände zitterten erschreckend. Ich war ein Häuflein Elend, das von einer Begierde gejuckt wurde. Alle meine Nerven streckten die Finger aus und bettelten um Almosen.

Plötzlich ging mir auf, was mit mir los war – ich hatte ein starkes, quälendes Verlangen nach Opium. Ich mußte es sofort stillen, nichts konnte mich hindern. Es war eine Besessenheit, die jeden anderen Gedanken aus meinem Kopf vertrieb. Ich wollte auf der Stelle Opium haben, und wenn sich mir jemand in den Weg stellte, wollte ich ihm den Hals abschneiden. Nichts anderes zählte. Ich hing fest.

VIERZEHNTES KAPITEL

Harter Kampf, Mezzie

FAST vier volle Jahre lag ich in der «Herberge». So nannten wir einen zwei Quadratmeter großen Raum in Mikes Keller, den wir ausräumten und in unser Opiumlager verwandelten. In diesem Kohlenkasten legten wir einige schwere Planken auf ein paar Bierkisten, polsterten sie mit alten Militär-Pferdedecken, und hier streckten wir uns tagelang aus, rauchten, philosophierten und rauchten wieder. Wir waren ein opiumsüchtiges Triumvirat: Außer Mike und mir war noch sein Freund Mackey da, der bei ihm wohnte und ihm bei seinen Portierspflichten half. An der einen Wand der «Herberge» hing ein großes Kuhfell, und die andere war mit den ausgeschnittenen Bildern hübscher Mädchen geschmückt. Wir hatten einen alten, verbeulten Gasofen, der uns Wärme spendete; es war also recht gemütlich. Die Tage rollten ab wie ein geschmolzener Film, alle ineinander gelaufen.

Mike und Mackey standen beide in den Fünfzigerjahren, und beide waren im «Urwald» von San Juan Hill aufgewachsen [in der finsteren Gegend an der Zehnten Avenue]; infolgedessen hatten sie einiges zu erzählen. Wir lagen in einem sonnigen Dämmer, und sie erzählten mir, wie sie als Kinder immer mit den irischen Jungen gekämpft, sich den Weg zum Gemüseladen gebahnt und sich durch die Schule geschlagen hatten. In diesem Niemandsland waren sie zusammen mit James P. Johnson aufgewachsen, dem vortrefflichen Pianisten; sie erinnerten sich noch gut an ihn und liebten ihn. Wenn wir uns hinlegten und zu kochen begannen, roch Mikes Hund die schweren Dünste und kam zu uns. Auch er war süchtig, so daß er am Morgen mit tränenden Augen und geiferndem Maul schlecht daran war; aber sobald er ein paar Schnüffler von dem Rauch abbekommen hatte, tat er sich nieder und schlief zufrieden.

Manchmal sprang Mackey, mit Opium angefüllt und milde gestimmt, erschrocken auf und rief: «Donnerwetter, es ist schon acht, und ich habe den Abfall noch nicht besorgt.» Dann machten sich beide an die Arbeit.

Ich war das Mädchen für alles, half aus und setzte Küchenausgüsse und Toiletten instand, wenn sie nicht funktionierten, was immerzu der Fall war.

Die Mieter konnten sich sehen lassen. Im zweiten Stock war ein «Speakeasy», wo man ein Glas selbstgemachten Schnaps für zehn und fünfzehn Cent bekam, wenn es einem nichts ausmachte, daß sich der Zahnschmelz auflöste. Auch im dritten Stock wurde Vitriol ausgeschenkt, nur mit dem Unterschied, daß man hier nicht trank, sondern den Stoff nach Hause mitnahm, und im obersten Stock, im fünften, hatten sich einige Leutchen eine Brennerei eingerichtet, die ihren Schnaps an ein Wirtshaus verkauften. Immerhin war es etwas, daß es im ganzen Haus kein Bordell gab. Mike scheute die Schwierigkeiten, die sich sonst ergeben hätten, und er liebte es, wenn alles glatt und ehrbar ablief.

Wenn ich morgens auf wackligen, zittrigen Beinen hinkam, eine ganze Familie aufgeregter Fledermäuse im Magen, mußte ich an dem Fischgeschäft unten vorbei, dessen Gestank mir Übelkeit bereitete, was durch die aufgereihten Abfallkübel im Flur nicht gebessert wurde; doch sowie ich mich hingelegt und ein paar Pillen geraucht hatte, beruhigten sich meine Gedärme, und alles roch mir wie Chanel Nr. 5. Während die Stunden verstrichen, besprachen wir alles unter der Sonne und lösten alle Probleme der Welt. Wir erörterten Jim Crow, die Schwindellotterien, die in Harlem blühten, die weißen Gangster, die Verdienste der verschiedenen Gefängnisse und Strafanstalten, den Onkel-Tomismus, die Qualitäten der verschiedenen Musiker und Kabarettisten, Rassenpsychologie, Krieg und Frieden und die internationale Lage, die nicht erfreulich war. Mike schilderte die Zeit, als er ein Pionier in Harlem gewesen war, Ethel Waters und Fats Waller in ihren ersten Anfängen erlebt hatte, und wir sprachen über die verschiedenen Vorstellungen im Lafayette-Theater. Ich machte Mikes Wohnung zum Hauptquartier für meinen Marihuana-Handel, bei dem Mike mir half, so daß uns bald viele Künstler aufsuchten und wir neuen Gesprächsstoff hatten.

Da die beiden prächtigen Burschen nun Geld verdienten und neue Interessen entwickelten, rappelten sie sich aus ihrem versunkenen Leben auf. Sie zogen sich gut an, aßen fast jeden Abend ein Beefsteak, gingen in Theater und Kabarette und wachten überhaupt auf. Wir sprachen viel über Rauschgifte. Sie verachteten alle, die «weißem Zeug» verfallen waren – Heroin, Morphium und Kokain, lauter Drogen, die man sich mit einer Spritze einverleibte –, und sie schilderten mir die Folgen, wenn man süchtig wurde: Man scheute das Wasser, verschmutzte, wollte sich nicht mehr waschen und rasieren, die Kleider verlumpten, und man wurde ein richtiger Schmutzfink. Opiumsüchtige waren wenigstens sauber und zogen sich gern elegant an. Es war ulkig: Sie mieden die Weißsüchtigen genau wie die «Vipern» Trunksüchtige.

Mike und Mackey waren ungebildet, hatten aber viel Mutterwitz und eine wunderbare wirklichkeitsnahe und praktische Klugheit. Sie wünschten ganz entschieden nicht, daß ich festhing, und sie gaben sich alle Mühe, mich vom Opiumrauchen abzuhalten. «Junge», sagte Mike etwa so ernst, daß seine Stimme zitterte, «du weißt nicht, worauf du dich einläßt. Wenn ich so wie du Klarinette blasen könnte, würde ich hier weglaufen, und dann könntest du mich in allen Luxuslokalen mit den hübschesten Mädchen sehen. Noch dazu, wo du weiß bist.»

Seine Worte enthielten einen Vorwurf, der mich ergrimmte – er meinte, als Weißer hätte ich alle Vorteile, und ich wäre so schwach, daß ich mich wie er gehen ließe. Er hätte wenigstens eine Entschuldigung; ihm bliebe keine andere Möglichkeit, sich wohlzufühlen; er wäre ein armer, geschlagener Schwarzer.

Er fuhr fort: «Was wird Louis sagen, wenn er erfährt, daß

du Opium rauchst... es wird ihm nicht gefallen. Junge, laß mich dir raten – wenn du wie wir Bescheid wüßtest, würdest du machen, daß du davonkämst, und zwar schleunigst...»

Sie flehten mich an als die prachtvollen Freunde, die sie waren. Aber ich tröstete mich immer damit, daß ich sagte, ich könnte mit dem Opium aufhören, wann ich wollte; ich brauchte nur in ein Sanatorium zu gehen und eine Kur zu machen. Opium verleiht einem ein solches Wohlgefühl, daß man alles rosig sieht, und daß man sich sagt: Zum Teufel mit allem übrigen, gerade das wünsche ich mir ja; wenn mir so herrlich zumute ist, kann ja nichts Schlimmes daran sein. Und wenn man dann am folgenden Morgen aufwacht, schreit das ganze Nervensystem, und man kann nichts anderes denken, als noch mehr Opium zu bekommen, und zwar schnell. Dann wird einem wieder benebelt und wohl zumute, und man hat keine Sorgen... So geht es im Zirkelschluß. Ich kreiselte einfach herum, wobei ich mir vormachte, daß ich mich in der Gewalt hätte und jederzeit, wenn ich wollte, aufhören könnte. Louis sagte ich es erst viele Jahre später, nachdem ich die Sucht abgelegt hatte, und dann erzählte ich ihm nicht die ganze Geschichte.

Im Sommer 1931 war es, daß ich in die «Herberge» zog. Während der ganzen Saison und auch in der folgenden hatte ich eine Loge im Yankee-Stadion gemietet, und wenn die Sonne schien und wir uns in gute Stimmung gebracht hatten, versorgten wir uns mit «Yen-Pox» [Opiumpillen, die man ißt] und fuhren dorthin zum Baseballspiel. Viele Freunde [keine Opiumraucher] gesellten sich zu uns – Bill Robinson, Buck, Tommy Dorsey und einige Musiker seines Orchesters. Ich kaute vor ihnen Pillen, wie die andern Erdnüsse kauten.

Mike hauste oben in einer Wohnung mit Lil, seiner prächtigen Frau. Sie behandelte mich so gut, wenn ich dort war, daß jedermann dachte, sie sei meine Angetraute. Ich brachte unter dem Ausguß in Lils Küche einen Knopf an, der mit einer Glocke in der «Herberge» in Verbindung stand. Es war verabredet, daß Lil dreimal für mich läutete, zweimal für

Mackey, einmal für Mike – und viermal, wenn ein Hüter des Gesetzes irgendwo seine Nase hineinsteckte. Nun ja, offenbar hatte irgendein gemeiner Kerl der Polizei einen Wink gegeben, daß Lil in ihrer Wohnung Opium verkaufte, was eine Lüge war; denn es handelte sich bloß um Marihuana, und ich verkaufte es, nicht sie. Eine ganze Schwadron Polizisten erschien, und die Glocke läutete viermal. Mike und ich packten unsere Sachen zusammen und kletterten durch den Luftschacht hinaus, bis wir schließlich im nächsten Gebäude landeten, und dann stiegen wir in den zweiten Stock und äugter zum Fenster hinaus. Wir sahen Mackey ganz friedlich von dem Hause mit langsamen, gelassenen Bewegungen den Bürgersteig fegen, während die Polizisten überall umherschwärmten. Er hatte alle Hände voll zu tun und konnte sich durch ein solches Vorgehen nicht stören lassen. Dann hob er den Kopf ein wenig und erspähte uns aus dem Augenwinkel droben am Fenster, worauf wir uns den Bauch hielten, um nicht vor Lachen zu platzen. Er sagte nichts, nicht einmal seine Brauen zuckten. Sein Kopf senkte sich wieder, und nun bearbeitete er den Bürgersteig wie ein Besessener, daß der alte Besen nur so flog. Nur daran konnten wir erkennen, daß er im Innern mit uns lachte. Wir drei Opiumraucher fühlten uns viel zu gut, als daß wir uns über eine kleine Razzia aufgeregt hätten.

Eines Tages streckten wir uns alle drei aus, eingehüllt in träumerischen Nebel, und schwammen durch den wallenden Rauch. Ganz plötzlich ertönte eine heftige Explosion, die das ganze Haus erzittern ließ. Eine Weile äußerte sich niemand. Dann sprach Mike gemessen wie ein Richter: «Ich sagte dir doch, Mackey, du solltest die oberste Wohnung nicht an die gottverdammten Hundesöhne von Brauern vermieten. Sie haben das Dach in die Höhe gepufft, und so viel Luft brauche ich nicht.»

Wir fielen wieder in Schweigen, jeder mit tiefsinnigen Gedanken beschäftigt. Eine Stunde später sickerte es mir allmählich in den Schädel, daß Mike die Leute im fünften Stock

gemeint hatte, die in ihrer Destillerie immer Schnaps herstell-
ten. Offenbar war der Diensthabende eingeschlafen, und die
ganze Geschichte mußte explodiert sein. Ich dachte ernsthaft
darüber nach und prüfte die Frage von allen Seiten.

Kurz darauf entstand draußen großer Lärm, als ob die gesamte New Yorker Feuerwehr angerückt wäre. Mike drehte
gemächlich und nachdenklich weiter Pillen.

Mackey rührte sich. Eine Weile betrachtete er die Decke,
und schließlich sagte er: «Kinder, wir sollten uns von unserem Pfuhl erheben und nachsehen, was da los ist.»

Wieder tiefes Schweigen.

«Leg dich hin», gab Mike zurück, nachdem er gründlich
nachgedacht hatte. «Es brennt oben im fünften Stock, und
es wird lange dauern, bis sich das Feuer bis hierherunter
durchgefressen hat, wenn überhaupt. Man weiß es nie. Es eilt
nicht.»

Wir ließen die Pfeife abermals herumgehen. Piffpaff! Bum!
Peng! Fünfliterkanister mit flammendem Alkohol begannen
gerade außerhalb der «Herberge» durch den Luftschacht
herabzufliegen. Hierauf richteten die Feuerwehrleute auf dem
Dach ihre Schläuche in den Schacht herunter, und vor dem
Fenster hörte es sich an wie die Niagara-Fälle. Piffpaffpuff!
Ssssswisch! Nochmals ließen wir die Pfeife herumgehen.
Peng!

«Morgen spielen die Riesen», bemerkte Mackey gedanken-
voll. Wumm! «Wenn das Wetter schön ist, könnten wir
hingehen und uns das Spiel ansehen.» Patsch!

«Es dürfte ein guter Match werden», sagte Mike. Peng!

«Über ein gutes Baseballspiel geht nichts», erklärte Mackey.
Paff! Fsssss!

Niemand schaute zum Fenster hinaus. Wir erhoben uns
von unserem Lager nicht bis zum späten Morgen. Wir fühlten uns zu wohl, um uns durch Kleinigkeiten wie Feuers-
brünste, Überflutungen und Erdbeben stören zu lassen.

DEN ganzen Winter lag ich in einer Opiumbenebelung in der «Herberge», seliger Vergessenheit anheimgegeben. Dann hörte ich im Frühjahr 1932, daß Louis in Philadelphia spielen würde, und ich faßte den Gedanken, mit Zutty hinzufahren. Es lag mir sehr am Herzen, die beiden zusammenzubringen und auszusöhnen. Vielleicht konnte ich mich selbst nicht mehr aufraffen, vielleicht war es mit mir aus als Mensch und als Musiker; aber wenigstens konnte ich etwas für diejenigen tun, die bei der Stange geblieben waren, die wundervolle Musik zu machen vermochten und nicht davon abließen. Louis hatte jetzt Tubby Hall als Schlagzeuger, und Tubby hatte auch etwas los; aber Zutty hatte noch seinen besonderen Schwung, der Louis wirklich anstachelte.

Zutty ging es nicht sehr gut, nachdem er sich von Louis getrennt hatte, und was mich betraf, nun, ich war auf dem Nullpunkt. Es war herrlich, Pops wiederzusehen. Sowie er an die Reihe kam, liefen wir unter die Bühne, so daß wir Louis ganz für uns hören konnten.

Nach der Einführung begann Louis «Rockin' Chair» zu spielen, seine Spezialität. Die großen klagenden Töne kamen zitternd durch den Boden zu uns herunter, jeder einzelne von Kraft und Meisterschaft durchdrungen. Alle die unglaublichen kleinen Läufe, von Louis' künstlerischer Vollkommenheit wie Brillanten hervorgebracht, voller Schluchzen und Lachen, träufelten uns in die Ohren. Louis wußte, daß wir da waren, und er fügte seine wunderbarsten Wirkungen für uns hinzu.

Wir lauschten, und die Tränen kamen uns in die Augen. Zutty lehnte sich zu mir vor, und ich beugte mich zu ihm hinüber; sein Kopf ruhte an meiner Schulter, der meine an seiner Brust, und während wir so, einander umarmend, standen, weinten und weinten wir. Unsere Tränen hörten nicht auf. Sie entquollen halb dem Stolz und halb der Scham.

MIKES Frau pflegte das Radio in ihrer Wohnung so laut anzudrehen, daß wir es durch den Luftschacht vernehmen konnten. Eines Abends waren die Mills Brothers im Programm, gerade vor der Sendung der Komiker Amos und Andy, die sich ganz Harlem anhörte.

Ich kannte die Mills Brothers noch nicht. Als der tiefe, heisere Baß in die «Herberge» heruntervibrierte, wurde ich elektrisiert. Er klang ganz ähnlich wie die alten New Orleans-Bluesgitarristen und erinnerte mich an Blind Lemon Jefferson und Johnny St. Cyr. Jählings fuhr ich von dem Lager in die Höhe und begann am ganzen Leibe zu zittern. Wie durch eine Spritze in den Arm wurde ich aus meiner Benommenheit aufgejagt.

Mike und Mackey waren auch ergriffen. Da ich ihnen das Wesen der New Orleans-Musik nach besten Kräften erklärt hatte, rief ich ihnen jetzt zu: «Das ist der Baß, von dem ich euch erzählte. Er gibt einem Flügel, und man wird wie eine Rakete in die Höhe getragen.» Ich glaube, in meiner Erregung faselte ich unzusammenhängendes Zeug. Die andern waren ebenso begeistert, und wir unterhielten uns angeregt. Sehr bald sprach ich davon, was für ein herrlicher Pianist Earl Hines sei, der bedeutendste in der Welt. In Gedanken kehrte ich zum Südviertel zurück, erlebte nochmals zehn Jahre großartiger Musik, und meine Zunge hüpfte holpernd und stolpernd hinterdrein.

Mike erwiderte: «Ja, Earl Hines mag ja bedeutend sein, aber was ist denn mit Fats Waller?»

Ich sagte, er sei auch bedeutend, könne aber mit Tony Jackson, Teddy Weatherford und Earl Hines nicht verglichen werden, weil er mehr östlicher Stil sei, der an New Orleans nicht heranreiche.

Da rief Mike: «Du, wir haben da einen vom Dschungel-Typ, der James P. Johnson heißt. Daneben verblassen alle übrigen.»

Er holte ein altes Grammophon und ließ eine Platte laufen, auf der James P. Johnson «Bleedin' Hearted Blues» und «You Can't Do What My Last Man Did» spielte. Ich zitterte, als das Klavier lostanzte. James P. Johnson spielte diese Stücke

234

wirklich ähnlich wie Tony Jackson, mit einer kleinen östlichen Neigung, aber immerhin hatte er zwei Händevoll Piano, und außerdem hämmerte er echten Blues heraus. Jeder Akkord war ein Hammerschlag auf meinen Kopf. Meine Lippen wollten sich nicht schließen. Ich war den Tränen nahe.

Der Baß der Mills Brothers und diese Platte, die in jeder Rille mit Heimweh beladen war, taten mir etwas an; mein Herz flatterte in seinem Käfig herum. Ich konnte nicht stillsitzen. Zum erstenmal seit vielen Monaten war mir der Jazz ins Gesicht gesprungen, und es war wie ein Boxhieb, der mich beinahe umwarf. Ich hörte den Widerhall aus dem Südviertel; mit einer besonderen Botschaft summte er mir in die Ohren. Die Musik sprach zu mir, verhöhnte mich, und ich vernahm jedes Wort, das sie sagte.

Ich stürzte zum Telegraphenbüro und sandte Louis nach Kalifornien einen SOS-Ruf, teilte ihm mit, daß ich sofort hundertfünfzig Dollar brauchte, mein Leben hinge davon ab. Das Geld kam telegraphisch, obwohl Pops nicht wußte, wozu es benötigt wurde; bis zu diesem Tage hat er es nicht erfahren. Dann schoß ich in ein Musikgeschäft und kaufte mir eine funkelnagelneue Klarinette [meine alte war mir bei Minsky gestohlen worden]. Hierauf ging ich heim und legte mich mit meiner Klarinette zu Bett, ließ den Arzt kommen und sagte ihm, ich wolle ein für allemal die Opiumsucht ablegen und alle Vorschriften befolgen. Er lachte mich spöttisch aus, als ob er das schon einmal gehört hätte. Er konnte nichts weiter tun als mir Nembutaltabletten geben, damit ich nicht verrückt würde, wenn die Qual zu groß wurde.

Schrecken erfaßte mich: Als ich nach einigen Tagen ohne Opium meine Klarinette zur Hand nahm, vermochte ich nicht einmal hineinzublasen, so schwach war ich, und meine Hände zitterten so sehr, daß mir das Instrument aus den nervenlosen Fingern fiel. Als ich die Klarinette auf dem Boden liegen sah, war es für mich wie ein Todesurteil... Eine Woche lag ich zu Bett, während irgend jemand mit dem Rasiermesser an jedem Nerv in meinem Körper herumschnitt. Ich konnte es einfach nicht. Nun ja, dachte ich, so steht es ja in den Büchern – ich hänge fürs Leben fest, man kann von dem Zeug nicht mehr lassen.

Ich rief Mike zu mir und flehte ihn an, mir alles Notwendige zu bringen und mich von meinem Elend zu erlösen. Statt dessen erschien er mit einem Medikament – «Wampoole's Mixture» hieß es –, das den Körper allmählich entgiften sollte. Man mußte die Lösung mit einer Portion Opium in einer Flasche mischen und täglich davon einnehmen. Die Flasche füllte man dauernd mit der Medizin nach, so daß sich die Opiummenge immer mehr verringerte, bis man zum Schluß nur noch reine Medizin einnahm. Am zweiten Tage trank ich beinahe die ganze Flasche aus, so schlecht fühlte ich mich. Das putschte mich genügend auf, so daß ich aufstehen konnte, und ich begab mich schnurstracks wieder zur «Herberge», und das war das Ende meiner Kur.

Kurz darauf fand Buck heraus, daß ich festhing; aber er sagte nie ein Wort zu mir. Er arbeitete damals am Broadway im Kino «Loew's State» und forderte mich auf, ihn dort zu besuchen. Als ich in seine Garderobe kam, traf ich Ruby Zwerling, den Leiter des Orchesters, und Buck sagte beim Bekanntmachen: «Ruby, das ist Mezzrow, von dem ich dir erzählte. Ich möchte, daß du ihn als Saxophonist ins Orchester nimmst, weil er etwas tut, das er nicht tun sollte.»

Ich blieb dort zwei Wochen. Die Musik war so zickisch, daß ich sie nicht einmal anschauen konnte, und sie flog so schnell an mir vorbei, daß ich noch auf der ersten Seite war, während die andern schon umblätterten. Die ganze Zeit war ich wie in einem Nebel. Diese Musik, dazu die langweiligen Vorstellungen ließen mich mehr Opium denn je nehmen. Den Rest gab mir der Film, der damals lief, «Dr. Jekyl and Mr. Hyde». Das ist ein Film, den man einem Opiumsüchtigen niemals zeigen sollte.

Wenn ich ein Solo hatte und ein bißchen improvisieren konnte, waren alle Kollegen glücklich; aber wenn wir an Arrangements klebten, versuchte ich auf eigene Weise zu phrasieren, um die Sache halbwegs erträglich zu machen, und so mußte ich gehen. Eines Tages wurde ich höflich gebeten, meinen Abschied zu nehmen. Zurück in Mikes Keller ging es. Von einer Versenkung in die andere. Ich weiß noch immer nicht, welche am schlimmsten war.

AM 19. Dezember 1932 erhielt ich ein Telegramm von Louis' Impresario: «Morge. macht Louis nach Vorstellung in Camden Grammophon-Aufnahmen. Bitte hinkommen. Herzlichst Johnny Collins.» Die Vorstellung war die Tournee der Revue «Hot Chocolates», die gerade mit Chick Webbs Orchester im Lincoln-Theater in Philadelphia stattfand. Ich fuhr sofort zu Louis, der im Begriff war, die ersten Aufnahmen unter seinem neuen Vertrag mit Victor zu machen. Er hatte eine böse Wunde an der Lippe, war zudem hundemüde, und an diesem Tage hatte er fünf Vorstellungen und zwei Radio-Sendungen hinter sich. Um halb zwei Uhr nachts begaben wir uns nach Camden ins Studio. Ich konnte mir nicht vorstellen, wie es dem armen Pops gelingen sollte, die kleinste Note zu blasen.

In der Stille der Nacht hielten wir vor einer großen Ziegelsteinkirche. Ich fragte mich, ob wir einen besonderen Gottesdienst besuchen sollten, um sicherzugehen, daß Louis es durchstehen konnte; doch als wir durchs Portal traten, sah ich, daß es ein Aufnahme-Studio war.

«Sonderbar, nicht wahr», sagte Louis, «nun jammern wir in einer alten Kirche.»

Ich antwortete: «Wo sonst sollte Gabriel blasen?» Das freute ihn.

Eli Oberstein, der Leiter der Firma RCA-Victor, führte uns herum und zeigte uns auch die Orgel, eine der größten Kirchenorgeln. Viele Orgelplatten von Fats Waller und Jesse Crawford entstanden dort.

Bei dieser Aufnahme durfte Chick Webb seine Baßtrommel nicht benutzen, hauptsächlich, weil Louis mit seiner Lippe so schlimm daran war, und ohne die Trommel wurde er nicht so angetrieben. Das erste Stück, das aufgenommen wurde, war «That's My Home». Als das Orchester es durchspielte, fielen mir bei der Tuba und beim Klavierbaß einige schlechte Noten auf. Das Räderwerk in meinem Kopf knirschte, aber bald lief es richtig, und es kamen mir Ideen. Ohne recht zu wissen, was ich tat, mischte ich mich ein, zumal mir ja klar war, daß Louis mich zu seiner Hilfe hergeholt hatte. Ich nahm ein paar Musiker beiseite und sang ihnen einige Takte aus ihrer Baßpartie vor, die sie anders spielen sollten, damit Louis mehr hervorstach und das Thema besser herausgearbeitet wurde.

Die Atmosphäre wurde gespannt. Alle Musiker schauten mich fragend und nervös an, weil sie mich zum erstenmal gegen ein Arrangement angehen hörten und nicht wußten, obwohl sie auf meiner Seite waren, ob ich es verbessern könnte. Auch Louis hatte mich noch nie die Probe bestehen sehen, da wir bisher immer nur über Musik gesprochen hatten. Aber er zeigte seine Besorgtheit nicht; sein liebenswürdiges Lächeln verschwand keinen Augenblick von seinem Gesicht.

Sobald wir unsere Beratung beendigt und uns über das «Head-Arrangement» geeignet hatten, ließ Louis proben. Kein Wort wurde mehr gesprochen. Niemand blickte mich an; aber ich hatte wie durch Telepathie das Gefühl, daß aller Gedanken um mich kreisten. Ich war sehr aufgeregt. Welche Freude für mich, als der revidierte Baßteil laut und kräftig herauskam! Sowie Louis mit seinem führenden Part fertig war, nahm er die Trompete von den Lippen, lief freudestrahlend zu mir und rief: «Von jetzt an ist Mezz mein musikalischer Leiter!»

Die Spannung im Raum platzte wie ein überdehntes Gummiband. Alle lachten und lächelten mir beifällig zu. Das Blut stieg mir in die Wangen, und mir wurde ganz warm. Ich brachte kein Wort heraus. Man vergesse nicht, daß ich lange der Musik fern gewesen war, und dies bewies, daß ich über das Wichtigste in meinem Leben immer noch Gewalt hatte.

238

Vielleicht konnte ich irgendwie zurückkehren, wenn ich mich sehr bemühte. Es bestand ein wenig Hoffnung.

Das nächste Stück hieß «Hobo You Can't Ride This Train», und hier konnte Louis sein ganzes Genie zeigen. Er erhielt einen ziemlich dummen Text, den er nach Belieben abändern durfte. Während das Orchester das Arrangement durchspielte, überlegte er, wie sich die einfachen Worte der Musik anpassen ließen. «Mezz, komm her», sagte er. «Was soll ich bloß damit anfangen? Von Hobos weiß ich ebensowenig wie der Textschreiber!»

Dabei kam mir nun mein Landstreicherleben zugute. Rasch erklärte ich Louis, daß man unter einem Hobo einen Tramp versteht, der als blinder Passagier auf Zügen fährt. Daraufhin fuhr einer der Musiker mit einer Schnur über ein Waschbrett, um den zischenden Dampf einer Lokomotive nachzuahmen, ich läutete eine Eisenbahnglocke, und schon war Louis in Schwung.

Herrschaft, was machte er aus dem Text! Nur ein paar Hinweise hatte ich ihm zugeflüstert, und er ließ seiner Phantasie freien Lauf. Folgendermaßen begann er:

My my my my, listen at that rhythm train boy,
Boys I'll bet all them hoboes are all set under them rods,
Even A-Number-One and all them cats, ha ha, yeah man...
All aboard for Pittsburgh, Harrisburg, oh all the burgs,
Hobo, oh hobo, you can't ride this train,
Now hobo, oh hobo, hobo you can't ride this train,
Now boy I'm the brakeman and I'm a tough man,
I ain't jokin', you can't ride this train...

Und er schloß mit der Variante:

Now listen here boy, you, you, you, ain't so bad after all,
You all right with me son, I think I will let you ride, heh, heh, heh.

Hopla, hopla, hörst du den Rhythmus des Zuges,
Kinder, ich wette, alle Hobos sitzen auf dem Gestänge,
Auch der König der Hobos und alle andern, haha, jawohl,
Alle fahren mit nach Pittsburg, Harrisburg und allen Orten.
Hobo, o Hobo, mit diesem Zug darfst du nicht fahren,

Ich sag' dir, mein Junge, ich bin der Bremser, und ich bin stark,
Ich mach' keinen Scherz, mit diesem Zug darfst du nicht fahren...
Hör zu, mein Junge, du bist ja gar nicht so schlecht,
Mir soll's recht sein, ich laß' dich mit diesem Zug fahren.

Nach fünf Vorstellungen, zwei Radio-Sendungen und zwei-
stündigem Proben war Louis immer noch in großer Form.
Der alte Pops ließ sich nicht unterkriegen.

Die Tournee ging weiter nach Baltimore, und dort erlebte
ich die dramatischste und rührendste Szene in Louis' Laufbahn. Seine Lippe hatte sich verschlimmert; sie war ganz
wund und geschwollen, so daß er den ganzen Tag vor dem
Spiegel saß und sich mit einer Lippensalbe für Trompeter
einrieb, die Vincent Bach auf den Markt gebracht hatte. Zu
allem stach er noch mit einer Nadel an der Entzündung herum. Ich konnte es nicht mit ansehen; jeder Stich ging mir
durch und durch, weil ich Angst hatte, er könnte sich infizie-
ren und müßte das Spielen aufgeben. Aber als ich ihn er-
mahnte, davon abzustehen, lachte er mich aus und hielt mir
einen Vortrag, ich solle die Sorgen ihm überlassen.

Am Silvesterabend wußten alle, daß Louis' Lippe schlimmer denn je war – sie sah wie eine übergroße Erdbeere aus –,
und jeder dachte, er könnte die Vorstellung nicht durchhalten.

Er begann zu blasen, spielte sich das Herz aus dem Leibe,
und die Töne, die aus seinem wunden Mund hervorvibrier-
ten, klangen wie eine müde Seele auf einsamer Straße; der
ganze Schmerz der Welt schien auf seinen gebeugten Schultern zu lasten, und es war, als weinte er um Erleichterung.
Alles Herzeleid des Lebens, des Lebens der Farbigen, drang
aus seinem Instrument. Aber das war kein Instrument mehr.
Es war das Gewissen der ganzen leidenden Welt, das den
Sünden und dem Bösen Verdammnis zurief. Rings um mich
waren Tränen in aller Augen, Tränen um das, was Louis auf
seinem Instrument predigte, Tränen für den wunderbaren,
überarbeiteten, kranken und leidenden Künstler selbst, den
Helden seiner Rasse. Jeder wußte, daß die Trompete, sooft

sie seine Lippen berührte, für ihn ein glühendes Eisen war. Niemand sagte ein Wort. Die üblichen Zurufe wurden an diesem Abend nicht hörbar. Es wäre ein Sakrileg gewesen, den Zauberbann dieses Abends zu brechen. Pops allein hatte das Wort. Dann kam der Höhepunkt.

Louis spielte seinen letzten Chorus, und es schien, als würde er es niemals schaffen. Er wandte alle Technik an, die nur er in den Fingerspitzen hatte. Die Zuhörer fanden ihn unübertrefflich; sie spürten, daß sich irgendein Drama vor ihren Augen abspielte, und sie saßen erstarrt mit offenem Mund, ohne den Blick von ihm zu wenden. Sooft Louis langsam, ach, so langsam in die hohen, weichen Klagen glitt, sich vorwärtsstöhnend, zitterten wir alle in den Kulissen vor Angst. Jedesmal klang es, als würde er nicht hinaufgelangen. Diesmal mußte er abfallen und unter der Anspannung zusammenbrechen. Wir hörten die Qual hinter jedem schluchzenden Ton vibrieren. Das ganze Theater war wie versteinert.

Plötzlich brach Charlie «Big» Green, der Posaunist, in Tränen aus und lief mitten im Chorus vom Podium weg. Ich sah, daß die ganze Band weinte. Alle Kabarettisten und Tänzerinnen hatten feuchte Augen. Big Green kam zu mir und stellte sich neben mich, und wir weinten wie kleine Kinder, hielten einander an der Hand, während wir auf die letzten unerträglichen Takte warteten, in denen Louis bis zum hohen F emporklettern mußte.

Chick Webb benutzte seine ganze meisterhafte Taktik am Schlagzeug, trommelte und schlug seine Gefühle für Louis heraus, gab ihm alle Unterstützung, die er aufzubringen vermochte, derweil ihm die Tränen übers Gesicht strömten. Die Lichter wurden rot und blau gedämpft, weil der Impresario nicht wollte, daß die Zuhörer sahen, wie alle weinten.

Dann geschah es. Louis begann den qualvollen Aufstieg zum hohen F; die Töne waren von Todesmarter erstickt, jeder tropfte von Blut. Er war wie der verlorene Sohn, der endlich sein Elternhaus erblickt, krank und müde vom langen Umherschweifen, entschlossen, dorthin zurückzukehren, ehe sein Herz zu schlagen aufhörte. Blutschwitzend erkämpfte er sich den Weg, und was aus seiner Trompete hervordrang, war weniger Musik als der wilde Schrei der Verlorenen und Verdammten. Das Orchester stieg mit ihm empor, trieb ihn weiter, lieh ihm eine stützende Krücke und sagte ihm: Poppa, wir sind bei dir, laß dein Herz nicht brechen, wir bringen dich hinauf, weil wir alle dich so sehr lieben.

Mit dem letzten Atemzuge, der ihm noch blieb, wie ein Mensch in Todeszuckungen, der Herz und Seele zum letztenmal erhebt, kroch Louis empor und schaffte das hohe F auf allen vieren, schaffte es noch gerade in der letzten nervenzermürbenden Sekunde.

Ein Schauder rann durch das Theater. Das ganze Haus zitterte und bebte dann vor Beifall. Louis stand keuchend mit seinem Instrument in der Hand; seine wunde Lippe blutete. Er leckte das Blut weg, und es gelang ihm, zu lächeln und sich zu verbeugen und nochmals zu lächeln, um guten Eindruck zu machen.

Ich lief in seine Garderobe, wo er sich den Schweiß vom Gesicht wischte. Alle seine Kleider waren naß. Wie ein alter Krieger lächelte er und sagte: «Harter Kampf, Mezzie, aber so ist das Leben. Haha!»

Ich steckte mir eine Opiumpille in den Mund, und dann gingen wir aus, den Silvesterabend zu feiern.

FÜNFZEHNTES KAPITEL

Man muß kriechen, ehe man laufen lernt

Im «Barbeque» ging ich gerade einem Kotelett zuleibe, als ein untersetzter Weißer mit Fußballerschultern aufsprang, der in seinen Schuhen mit Rubbersohlen, Gabardine-Beinkleidern und grellgewürfeltem Rock aussah, als käme er aus einem Schaufenster. «Mezz!» rief er, packte meine Hand und zerdrückte mir beinahe alle Fingerknöchel. «Seit einer Ewigkeit suche ich Sie schon! Sie sind hier ein richtiger König, was? Versprechen Sie mir, daß Sie bald zu mir ins Büro kommen werden. Ich will Ihnen etwas zeigen, das Ihnen den Atem verschlagen wird.»

Ich schaute ihn mir etwas genauer an, nachdem ich die handgestochene Karte gelesen hatte, die er mir gab. Es war Gerald X., einer der bedeutendsten Radio-Agenten, der für viele berühmte Namen arbeitete und bedeutende Programme leitete. Mein Herz hüpfte.

Nachdem ich mich ein paar Tage später durch ein Heer von Sekretärinnen durchgerungen hatte und in seinen kinohaften Schlupfwinkel vorgedrungen war, zog er eine Schublade auf und holte einen merkwürdigen Apparat hervor.

«Das ist ein petrographisches Mikroskop», erklärte er mir. «Damit kann man Gesteine und andere feste Gegenstände untersuchen, ohne sie zerschneiden zu müssen, verstehen Sie? Man sieht in ihre Poren hinein und erblickt sie dreidimensional.» Hierauf fischte er lauter kleine Pappschachteln heraus und fuhr fort: «Wissen Sie, was ich hier habe? Ich habe ein Dutzend verschiedene Marihuana-Sorten gesammelt, darunter auch Ihre, und nun werde ich Ihnen beweisen, daß Ihre Sorte die beste auf dem Markt ist…»

Ich konnte mich gerade noch zu einem Stuhl schleppen, bevor meine Beine nachgaben.

Er setzte mich vor das Mikroskop. «Diese Zigarette habe

ich von einem Mexikaner in Chikago», sagte er. «Schauen Sie, wie dunkel und schimmlig sie ist, pah!»

Er führte mir alle seine Muster vor, schimpfte und schauderte über das Zeug, das dem ahnungslosen Publikum vorgesetzt wurde. Als er dann meine Zigarette unter das Mikroskop legte, staunte ich über den Unterschied. Die «Mezz» hatte alle Farben des Regenbogens, hell und funkelnd, und jedes Teilchen war sauber zu erkennen, als ob ein Bildhauer sie Stückchen um Stückchen herausgeschnitzt hätte.

«Ist das nicht schön?» sagte Gerald mit echter Begeisterung. «Wie der herrlichste Sonnenuntergang, eine Augenweide! Man könnte das Bild einrahmen und im Museum aufhängen.» Dann erfuhr ich, worauf er hinaus wollte. Er hatte mir erklärt, warum alle so wild auf meine Zigaretten waren. Wahrhaftig, ich hatte eine Million Dollar in den Händen und ahnte nichts davon. Er wollte mir zeigen, wie man reich würde. Wir brauchten nur zu einem Anwalt zu gehen, eine Firma zu gründen und den Artikel in großem Stil zu verkaufen, mit Filialen von einer Küste zur andern. Das war nicht ungesetzlich. Zu denken, wir verkauften in jeder Stadt mit 25 000 Seelen oder mehr wöchentlich hundert Pfund Marihuana, was ein Kinderspiel sein würde, da es augenblicklich über eine Million «Vipern» in den Vereinigten Staaten gab. Oha, mit einem umfassenden Reklamefeldzug, mit guten Prospekten und Plakaten und so weiter . . . im Nu hätte ich dann ein Einkommen mit sieben Ziffern. Gerald wollte das nötige Kapital aufbringen. Was ich dazu meinte?

Mir verschlug es fast die Sprache. Ich zitterte am ganzen Leibe. «Hören Sie», brachte ich schließlich hervor, «ich kam her, weil ich dachte, Sie würden mir ein Engagement bei einem gemischten Orchester anbieten, und nun wollen Sie mich noch tiefer in etwas verwickeln, womit ich Schluß machen möchte. Ich glaube nicht, daß das Geschäft etwas würde, denn es geht das Gerücht, daß der Staat früher oder später eingreifen wird, ob man süchtig wird oder nicht. Vergessen Sie auch nicht, daß man neulich in Kalifornien einige Musiker für zehn Tage ins Gefängnis gesteckt hat, allen bestehenden Bundesgesetzen zum Trotz. Wenn Marihuana als Rauschgift gebrandmarkt wird, gehört man den Verbrecherkreisen an, und das lohnt sich nie. Außerdem könnte man gar nicht genügend Marihuana bekommen, um ein so großes Geschäft aufzuziehen. Nein, es wäre kein Erfolg. Wenn Sie etwas Neues anfangen wollen, kann ich Ihnen einige der bedeutendsten Musiker nennen, die engagementslos sind, und ich brauchte nur den Telephonhörer aufzunehmen, um ein Orchester zusammenzubringen. Stellen Sie sich doch vor, Gerald, die erste gemischte Band in der Geschichte, die besten Farbigen und Weißen, die zusammen spielen. Sie mit Ihren Radio- und Reklame-Verbindungen könnten uns im Nu zu einer Karriere verhelfen. Wie wäre das statt des Marihuana-Handels?» Ich sah ihn flehend an.

«Mezz», sagte Gerald, «Sie sind ein komischer Kauz; aber vielleicht ist das gar kein schlechter Gedanke. Ich will's mir überlegen. Lassen Sie mir ein, zwei Tage Zeit. Ich rufe Sie dann an.»

Zwei Tage später war ich wieder in seinem Büro und gab mir alle Mühe, meine Hand ruhig zu halten, um einen Vertrag unterschreiben zu können, in dem mein Jahresgehalt auf 40 000 Dollar festgesetzt war und noch alles mögliche Phantastische stand, das ich vor Aufregung überhaupt nicht lesen konnte. Das war am 18. August 1933. Ich sollte mein Orchester bilden, und dann sollten wir von einer Radio-Gesellschaft fest engagiert werden. Die Radio-Leute stiegen auf den Gedanken einer gemischten Band nicht ein; aber wenigstens billigten sie mir Alex Hill zu, einen ausgezeichneten farbigen Arrangeur, der das Orchester leiten sollte. Außerdem durfte ich eine sensationelle schwarze Nummer bringen, die «Five Spirits of Rhythm». Jedenfalls war es ein Anfang. Gerald sagte, daß wir später, wenn wir Erfolg hätten, vielleicht unsere Musiker selbst auswählen könnten. Herrschaft, es ging los. Angefangen hatte es mit Marihuana, und es endete mit Musik.

Ich machte mich sogleich an die Zusammenstellung, telephonierte wie verrückt überall herum, rief Joe Sullivan in Little Rock im Staat Arkansas an, Bud Freeman und Floyd O'Brien in Chikago, Max Kaminsky und Gene Krupa in Boston. Alle nahmen sofort an. Eddie Condon und Pee Wee Russell waren in New York; beide griffen begeistert zu. Die Baß-Abteilung rundete ich mit einigen guten Musikern vom Broadway und von der 48. Straße ab, und dann waren wir vollzählig.

Nun kamen die Arrangements an die Reihe. Zu diesem Zweck stellte ich Fats Waller eines Tages bei Irving Berlin, und nachdem er mich angehört hatte, schrie er nach Notenpapier und Bleistift, setzte sich ans Klavier und schrieb mir auf der Stelle zwei Stücke: «Walkin' the Floor» und «John Henry».

Alex Hill war auch ganz für meine Sache gewonnen. «Mezz», sagte er zu mir, «treib nur genügend Geld auf, um mich unter Gin zu halten, und dann mache ich dir die schönsten Arrangements, die man dir jemals aufs Papier gesetzt hat.»

Mit solch guten Freunden zur Seite konnte es nicht mißlingen, davon war ich überzeugt. Ich erklärte Alex Hill, wie sehr ich um ein gemischtes Orchester gekämpft hätte; doch man hatte mir gesagt, ich müßte noch warten, bis ich zu einiger Macht gekommen wäre, dann könnte ich tun, was ich wollte. Wozu warten, fuhr ich fort. So sei es schon jahrelang gegangen, jeder habe gewartet, und nichts sei geschehen.

«Ich kann mir vorstellen, wie dir zumute ist, Mezz», antwortete er; «aber nicht jeder fühlt wie du, und ich glaube, die Leute haben recht, ob es uns paßt oder nicht. Man muß kriechen, bevor man laufen lernt; also immer langsam voran, Mezz, und wir wollen sehen, was sich tun läßt.»

Als alle meine Leutchen eingetroffen waren [außer Gene; er kam nie], hatten Alex und ich fünfzehn Arrangements fertig. Die ganze Nacht hatten wir an meinem Klavier gesessen und jeden Tag eins geschaffen. Die Soli waren so verteilt, daß niemand eifersüchtig zu werden brauchte, und für mich schrieben wir kaum ein Solo ein, um den Familienfrieden zu wahren.

Nun ja, am ersten Probetag tauchte der gute alte Geschäftsmann Red McKenzie auf und geriet über die «Five Spirits of Rhythm» in helle Begeisterung. Am nächsten Nachmittag ging er hin und verkaufte diese Nummer der «Famous Door» an der 52. Straße. Für dieses Café, den ersten Swing-Klub in der Stadt, arbeiteten sie dann, und sie blieben lange dort. Sie waren die erste farbige Gruppe an der 52. Straße, und durch sie wurde die Gegend zum Swing-Zentrum bis zum heutigen Tage. Ich bedauerte den Verlust nicht weiter. Es gab zahlreiche Begabungen unter den Negern, und ich freute mich für meine alten Freunde, daß sie ein festes Engagement hatten.

Alle Chikagoer begeisterten sich für Alex' Arrangements – sie waren einfach, im besten New Orleans-Stil, hatten aber allen notwendigen Schwung, um ein großes Orchester anzutreiben. Die Musik war so gehalten, daß die Saxophone den Rhythmus anpeitschten, anstatt ihn zu bekämpfen, und für die Soli einen reichen Hintergrund bildeten. Der letzte Chorus brachte gewöhnlich ein starkes Ensemble, wobei die Blechinstrumente in freier Harmonie erklangen, die die Musik effektvoll abrundete und sich doch mehr an den New Orleans-Stil anlehnte als irgendein Arrangement der heutigen großen Orchester. Die Explosionen saßen alle an der richtigen Stelle, so daß der Rhythmus betont wurde, und wir achteten stets darauf, daß die Akkorde immer dort kamen, wo sie hingehörten. [Gute Beispiele für diesen Effekt findet man in der Platte, die ich etwas später bespielte, «Swingin' with Mezz»; dort erscheint im gegebenen Augenblick in B-dur ein As, das den Zuhörer wie ein guter Schuß Kognak in den Magen trifft.] Bei den heutigen Orchestern bekämpft die «Rhythm Section» die Blechinstrumente, und die Blechinstrumente bekämpfen die Saxophone; Klavier, Baß und

Schlagzeug wetteifern miteinander, um gehört zu werden, treiben tolle, sensationelle Dinge, um die Aufmerksamkeit auf sich zu lenken, anstatt miteinander zu verschmelzen und gemeinsam einen Rhythmus zu schaffen, der den Solisten antreibt. Die heutigen Orchester-Einrichtungen sind überladen, überarrangiert, und aus jedem zweiten Takt stecken Schostakowitsch, Delius, Ravel und Debussy die Nase heraus – was sie für den Stromlinien-Konzertbesucher interessant macht; aber Jazz ist das keineswegs. Alex Hill schrieb Arrangements, die wirklich Jazz waren.

Ich ging auf Wolken, und es war nicht das Opium, das mich zu Fall brachte. Die Musik war gut, die Burschen spielten großartig, alle meine alten Freunde standen hinter mir, und die Zukunft sah rosig aus. Zudem brachen wir das Eis in bezug auf die Rassenfrage. Es konnte nicht schiefgehen.

Dann kam unser Vorspielen. Eine geschlagene halbe Stunde saßen wir ganz allein im Studio, ohne Zuhörer oder Kritiker, und spielten einfach unsere Musik, die in ein Konferenzzimmer gesendet wurde, wo das Direktorium sie hören konnte. Alex Hill dirigierte, und als wir fertig waren, kam er zu mir und wischte sich die Stirne ab.

«Mezz», sagte er, «was auch geschehen mag, du weißt, daß du heute eine Schranke niedergerissen hast. Ich glaube, ich kann ruhig sagen, daß ich der erste Neger bin, der in diesem Studio ein weißes Orchester dirigiert hat.»

Endlich sollten sich einige meiner Träume verwirklichen. Wir wurden für eine Sendereihe engagiert, und die Radio-Gesellschaft bewilligte uns sogar eine Orchester-Uniform! Wir brauchten die Uniform, weil wir schon unser erstes Engagement hatten; wir sollten nämlich Guy Lombardo in einem Long Island-Café ersetzen. Auf allen Seiten ging es gut, und es waren nicht nur Versprechungen. Ich bereitete mich sogar darauf vor, mit dem Opium Schluß zu machen – auf schwierige Weise, ohne irgendwelche Wampoole-Mixturen.

In dem Café ließ sich alles gut an. Alle meine Kollegen

schienen glücklicher zu sein als seit Jahren, da sie die Musik spielen konnten, die ihnen etwas bedeutete. Dann fiel mir eines Tages nach der Probe auf, daß meine Kollegen ihre Instrumente in großer Eile zusammenpackten, und ich spürte, daß etwas in der Luft lag. Schließlich kam Alex zu mir und sagte: «Mezz, ich wollte es dir verheimlichen, aber ich glaube, es ist besser, wenn du gleich erfährst, was sich hier tut. Die Boys gehen zu einer anderen Probe, die Red McKenzie mit dem Sohn eines Politikers vereinbart hat, mit einem gewissen Cass Hagan, der Bandleader werden möchte. Eddie Condon und Red baten mich, ihnen die Arrangements zu schreiben, doch ich hielt sie hin, und dann gewannen sie Benny Carter.»

Ich wollte alles sofort an den Nagel hängen; ich hatte kein anderes Lebensziel mehr, als in die «Herberge» zu gehen und mich mit Opium zu füllen. Aber Alex redete es mir aus; er sagte, wir wollten die Sache auskämpfen und sehen, wer blieb. Am folgenden Tage begaben sich meine Kollegen wieder zu der anderen Probe. Max und Bud kehrten zu mir zurück und sagten: «Milton, wir haben hinter deinem Rücken mit Cass Hagan geprobt; aber du brauchst dich nicht zu sorgen. Die Sache taugt nichts. Benny Carter hat die Arrangements gemacht, und wir haben die ersten acht Takte der ersten Nummer drei Tage lang geprobt, ohne vom Fleck zu kommen. Benny ist sicher ein Freund von dir – er muß das Zeug absichtlich so geschrieben haben.»

So sind die Neger. Wenn man Freunde unter ihnen hat, halten sie einem die Stange und bringen diejenigen zu Fall, die einem übelwollen; aber sie reden keinen Pieps. Ihre Handlungsweise spricht.

Andere Sorgen. Lil, Mikes Frau, rief mich an: «Komm schnell her. Stell keine Fragen, sondern triff mich bei meiner Schwester. Ich muß mit dir sprechen.»

Ich konnte mir nur denken, daß die Polizei Mike und Makkey in der «Herberge» geschnappt hätte. Nun, ich sprang in meinen Wagen und sauste die Achte Avenue entlang, und als ich mich der 135. Straße näherte, sah es aus, als ob sämtliche Gesetzesvertreter vor Mikes Haus eine Versammlung abhielten. Überall standen Polizeiwagen auf der Straße, und ich wußte nicht recht, ob ich es wagen und haltmachen sollte. Doch ich beschloß, haltzumachen, um Lil aufzusuchen.

Sie kam mir schon entgegen. «Du kennst doch die Giftküche im zweiten Stock?» Sie meinte den Ausschank in Mikes Haus. «Also, der neue Barmann aus Carolina und Mackey gerieten gestern abend aneinander, wegen des Mädchens, das da oben gedient. Du weißt ja, Mackey ging mit ihr, und der Barmann hatte auch ein Auge auf sie geworfen. Vorige Nacht gab es da oben einen Mordsradau, und Mackey ging hinauf, um für Ruhe zu sorgen. Er wurde verprügelt und mit einem Stück Rohr bewußtlos geschlagen. Als Mackey zurückkam, blutete er am Kopf wie ein angestochenes Schwein. Eine Stunde später klopfte die Polizei bei uns an die Tür und sagte, Mike und Mackey müßten auf den Posten mitkommen, weil der Barmann oben ermordet worden sei. Irgend jemand hat geradeswegs durch die Tür geschossen und ihn genau ins Herz getroffen, obwohl viele Leute im Zimmer waren. Das war die Strafe Gottes. Mike ließen sie gleich wieder laufen, aber Mackey behielten sie dort, weil er ja vorher mit dem Kerl gekabbelt hatte.»

Nachdem ich das gehört hatte, taugte ich nicht mehr viel, und tief niedergeschlagen ging ich zur Probe. Bei der Probe erfuhr ich, daß Eddie Condon zu Brunswick gegangen war und eine Grammophon-Aufnahme verabredet hatte, ganz auf eigene Faust. Alex fragte mich, ob ich ihm böse wäre, wenn er die Arrangements machte; die Arbeit würde gut bezahlt, und er brauche das Geld gerade. Ich erklärte mich einverstanden. Ich wußte, daß ich mich auf ihn verlassen durfte, und er konnte ja nichts dafür. Und plötzlich warf ich die Flinte ins Korn. Die großen Herren hatten wieder einmal gesiegt.

Mike und ich nahmen einen guten Anwalt für Mackey, und wir besuchten ihn in den Katakomben. Der arme alte

Bursche ängstigte sich halbtot, und wir sagten ihm, daß wir alles für ihn tun würden, was wir nur vermochten. Ich fragte ihn unverblümt, ob er es getan habe. Er schwor, er habe es nicht getan. «Mike kann es bezeugen», sagte er. «Nachdem ich mit dem Rohr eins auf den Kopf bekommen hatte und eine allgemeine Balgerei losgegangen war, kroch ich hinunter, und Mike wusch mir die Wunde lange aus, bevor ich mich schlafen legte. Ich bitte dich, du hast ja nie eine Pistole bei uns gesehen, und ich weiß nicht einmal, wie man damit umgeht. Aber ich will mich schuldig bekennen und meine Zeit absitzen. Du ahnst nicht, wie es ist, wenn man in der Zelle hockt und wartet. Außerdem habe ich ja einiges auf dem Kerbholz, und das wird gegen mich sprechen.»

Ich glaubte Mackey damals, und ich glaube ihm immer noch. Aber er hatte eine Heidenangst vor dem Gericht der Weißen. Er wurde zur Verhandlung gerufen, und der Richter betraute noch zwei Anwälte mit dem Fall; diese beiden Maulhelden karteten es mit dem Staatsanwalt schließlich so ab, daß Mackey wegen Totschlags zur Rechenschaft gezogen wurde, und Mackey sagte ja und amen dazu, weil es wenigstens bedeutete, daß er nicht auf den elektrischen Stuhl kommen würde. Er kam für siebeneinhalb Jahre nach Sing-Sing – und ohne ein Jota Opium. Inzwischen war ich wieder ein Mann ohne Orchester. Ich hatte viel Opium.

Gerald X? Er endete nicht so gut. Ich hörte, er wäre ein oder zwei Jahre später an der üblichen «Überdosis Schlafpillen» gestorben; aber einige sagen, es sei Heroin oder sonst ein böses weißes Rauschgift gewesen.

ICH suchte Jack Kapp auf, den Aufnahmeleiter bei Brunswick, erzählte ihm meine Geschichte und sagte ihm, wie wütend ich war.

«Ihre Platten würden anders klingen als Condons, nicht wahr?» fragte er.

Ich versicherte es ihm, und er engagierte mich.

Sofort schoß ich zu Benny Carter. Es blieb uns nur eine

Woche für die Arrangements; also setzte ich mich hin, schrieb «Dissonance» heraus und grub auch «Swingin' with Mezz» aus, das ich mit Alex geschaffen hatte. Benny brachte mir zwei eigene Stücke: «Free Love» und «You're Not the One for Me».

Dann kam die Frage der Besetzung. Benny hatte gerade sein eigenes Orchester gebildet, und daraus entnahmen wir Teddy Wilson, Klavier; Johnny Russell, Tenor; hinzu kamen Benny am Saxophon und ich mit Alt und Klarinette – das machte vier. Ich glaube, das war Teddys erste Aufnahme für Brunswick, die dazu führte, daß er in Vertrag genommen wurde. Für die Trompeten gewann ich Ben Gusick, Max Kaminsky, Freddie Goodman [Bennys Bruder] und für die Posaune Floyd O'Brien. Dann hatten wir noch Jack Sunshine, Gitarre; George «Pops» Foster, Baß, und Jack Maisel, Schlagzeug. Für einen Nachmittag wenigstens hatte ich ein gemischtes Orchester.

Teddy Wilson spielt in «Dissonance» eins seiner schönsten Soli; aber es war Benny, der mir die größte Überraschung bereitete. Ich hatte «Dissonance» schon lange vorher komponiert und arrangiert, in der Hoffnung, daß Louis es eines Tages aufnehmen würde, und durch Bennys Trompetensolo bekommt man eine ganz gute Vorstellung davon, was Pops daraus gemacht hätte. Ich hatte schon immer gewußt, daß Benny ein toller Saxophonist war; aber bei dieser Aufnahme holte er seine Trompete hervor und legte sein großes Solo hin. Dann krönte er alles mit einem gesungenen Chorus auf der Rückseite der Platte, und auch das war unerhört. Als die Platten später in England herauskamen, war Louis gerade drüben, und er schrieb: «Deine Platten sind herrlich. Alle haben große Freude daran. Sie sind allesamt vorzüglich. Ich habe ‚You're Not the One for Me‘ am liebsten und das Stück, wo dein Trompeter das F genau trifft. Wer ist das übrigens? Wie er auch heißen mag, er ist großartig.» Es war Benny, für den sich Pops so begeisterte.

Nach dieser Aufnahme kehrte ich in den Opiumnebel zurück, und bis zum nächsten Jahr versuchte ich nicht einmal, von der Sucht loszukommen. Im Frühling 1934 trat RCA-Victor mit mir in Verbindung: Panassié habe sie gebeten, mich aufzunehmen, ob ich Interesse hätte. Das rüttelte mich aus meiner Benebelung etwas auf. Sofort machte ich mich mit Floyd O'Brien, der damals bei mir wohnte, an die Arbeit, und gemeinsam arrangierten wir «35th and Calumet». Dann schrieb und arrangierte ich «Apologies» und machte aus «Old Fashioned Love» von Alex Hill und mir ein Arrangement. Das letzte Stück war ein «Head-Arrangement», das erst im Studio entstand und «Sendin' the Vipers» hieß. Bei dieser Aufnahme hatten wir nicht weniger als vier farbige Orchesterchefs, die auf dem Wege zum Gipfel waren: Benny Carter, Altsaxophon; Chick Webb, Schlagzeug; John Kirby, Baß; und Willie The Lion, Klavier. Ja, sozusagen jeder, der an der Session teilnahm, erntete den Ruhm, den er verdiente, außer Floyd O'Brien, der meiner Ansicht nach eifriger arbeitete und dem New Orleans-Posaunenstil näher kam als irgendein Weißer auf der Welt. Wieder einmal war ich also der König eines gemischten Orchesters.

Abermals bemühte ich mich, von der Sucht frei zu werden, diesmal mit Mike. Aber es ging einfach nicht; wahrscheinlich fehlte der Impetus. Mein Gewissen nagte an mir und riet mir, zur Musik zurückzukehren; aber das Verlangen nach Opium saß zu tief, und die Musik war zu weit entfernt ... Mike sah, wie ich litt, und versuchte mich zu trösten, indem er mir alle die großen Männer aufzählte, die irgendwann einmal opiumsüchtig gewesen waren; aber das half nichts. Mir wurde nicht leichter zumute, bis Fats Waller zu mir kam und mich für eine Aufnahme bei Victor holte. Ich erzählte ihm von Floyd, worauf er sagte, ich solle ihn nur mitbringen. Bei dieser Aufnahme machten wir drei Platten: «How Can You Face Me», «Sweetie Pie», «Mandy», «You're Not the Only Oyster in the Stew», «Let's Pretend That There's a Moon», «Serenade to a Wealthy Widow».

Zu dieser Zeit hatte ich noch eine Freude. Zwei Jahre lang

hatte ich auf Louis eingeredet und ihn zu überzeugen versucht, daß er eine herrliche Zukunft vor sich hätte, wenn er eine Europa-Tournee machte. Der Gedanke hatte ihn geschreckt, doch schließlich folgte er meinem Rat. Als er hinüberging, zuerst 1932 und dann später auf eine sehr lange Tournee, erregte er einen Sturm der Begeisterung, wohin er auch kam. Er schickte mir ein ganzes Bündel Zeitungsausschnitte, die von der begeisterten Aufnahme sprachen. Am meisten freute es mich, daß sich Hugues Panassié sehr für ihn einsetzte und ihm bei seiner Europa-Tournee half. Louis' Spiel zu hören, war für Hugues eine solche Offenbarung, daß er sich sofort hinsetzte und sein erstes Buch über Jazz schrieb, das auf vielerlei Weise zum Bahnbrecher wurde, obwohl Hugues die Zusammenhänge damals noch nicht überblickte. Es war das Buch «Le Jazz-Hot», und eines Tages erhielt ich mit der Post ein Exemplar, in dem die Widmung stand: «Lieber Milton, wenn Du nicht nach Frankreich gekommen und mich so viele Dinge gelehrt hättest, wäre ich niemals imstande gewesen, dieses Buch zu schreiben.»

Nun ja, dachte ich, wenigstens hatte ich dazu beigetragen, das Evangelium ein wenig zu verbreiten und zwei prachtvollen Menschen, Louis und Hugues, auf ihrer Laufbahn weitergeholfen. Ich mochte ja erledigt sein, aber sie fingen gerade an... Immer wieder las ich Hugues' Widmung, und ich klebte Louis' Zeitungsausschnitte ein. Ein großer Trost war das nicht. Ich rauchte weiter Opium, aß weiter meine Opiumpillen und fühlte mich jämmerlich.

MAN hört manchmal von stolzen Einsiedlern, die in die Wildnis gehen, ganz allein unter dem Himmelszelt, eine große Abrechnung mit sich selbst abhalten und das Tier in ihrem Innern bekämpfen. Im Oktober 1934 packte ich meine Siebensachen und zog mit meiner Familie nach Jackson Heights auf Long Island, um in der Wildnis der Vorstadt Queens den Kampf aufzunehmen. Nichts zu machen. Ich gab mir alle Mühe, konnte es nicht... Um mein Gemüt etwas zu erleichtern, versammelte ich jeden Abend Fats Waller, Teddy Wilson, Ben Webster, Floyd O'Brien, Max Kaminsky, Buck und noch einige Musiker bei mir, und dann hielten wir eine private Jam Session ab. Fats liebte den Steinway-Flügel in meinem Wohnzimmer, und auch Teddy saß stundenlang davor und spielte. Unten im Keller hatte ich ein Klavier, so daß wir die ganze Nacht jammen konnten, ohne die Nachbarschaft in Aufruhr zu bringen. Als Gene Krupa zum erstenmal zu mir kam, schaute er sich um und sagte: «Mensch, das sieht ja aus wie eine Hollywood-Wohnung, die man im Kino zu sehen bekommt.» Es bestand nur ein Unterschied: In dieser Wohnung gab es in jeder Schublade Dosen mit Opium.

Tag für Tag ging ich in den Keller, um Klarinette zu üben; aber das Opium bewirkte, daß ich einschlief. Eines Tages fiel mir beim Einnicken die Klarinette aus der Hand. Als sie auf dem Boden aufprallte, gefror mir das Blut...

So hinkten die Tage weiter bis zum Jahr 1935. Dann erschien eines schönen Tages Louis, frisch aus Europa zurückgekehrt, und zog zu mir. Ein Broadway-Agent wollte Pops unbedingt unter Vertrag nehmen, weil er vor seiner Reise nach Frankreich mit Johnny Collins gebrochen hatte, und dieser Mann bot uns eine Drei-Mann-Firma an; ich sollte der künstlerische und er der geschäftliche Leiter sein. Er wollte mir tausend Dollar geben, wenn ich ihm Louis ins Büro brächte; tatsächlich bekam ich Louis herum, und der Agent gab mir den Scheck. Aber als er das Vertragsformular hervorholte, war nirgends eine Spur von meinem Namen zu entdecken; der Mann kannte keine Scheu, er wollte Louis für sich haben.

«Komm, Mezz, laß uns gehen», sagte Louis und zog mich am Ärmel. Ich zerriß den Scheck in tausend Stücke und streute die Schnipsel auf den Teppich des Mannes.

Als wir in meinem Wagen saßen, begann ich zu weinen wie ein kleines Kind. Es trieb mich, Pops zu sagen, daß ich mit dem Teehandel aufhören mußte, weil ich nicht glücklich war, daß ich spielen mußte, daß dort das Leben für mich anfing und aufhörte. Nun war es wieder nichts mit der Gelegenheit, mit ihm zu arbeiten. Ich brachte es nicht über mich, ihm von meiner Sucht zu erzählen; aber ich wußte, wie sehr sie zu meinem Elend beitrug.

«Mezz, hör auf zu weinen», sagte Louis. Er war nahe daran, ebenfalls in Tränen auszubrechen. «Mach dir keine Sorgen, ich will nach Chikago zurückgehen und eine Weile ausruhen, und inzwischen machst du ein paar Arrangements für mich, und dann ziehen wir zusammen los. Nimm deine Klarinette und bring dich in Form, und dann kannst du Solist des Orchesters sein. Ich werde nur meine Sondernummern bringen, und wenn dein Name groß genug ist, kannst du dein eigenes Orchester gründen.»

Da hörte ich auf zu weinen. Es lag mir auf der Zunge, ihm von der allergrößten Schwierigkeit zu erzählen; aber die Worte wollten einfach nicht kommen.

Zu Hause schrieb Louis einen Brief an den New Yorker Musiker-Verband und teilte den Leuten mit, daß Milton Mezzrow sein Impresario und Orchesterchef wäre. Ich mußte lächeln. Ich sagte ihm, daß zwischen uns keine Papiere nötig seien. Daraufhin zog er sein Scheckbuch hervor und sagte: «So, Mezz, hier sind tausend Dollar. Wir werden noch viel mehr Geld verdienen. Hör auf mit dem Marihuana-Handel und zahl ein halbes Jahr Miete voraus, so daß du mit klarem Kopf die Arrangements schreiben kannst, ohne daß jemand anklopft und wegen der Miete mahnt.»

Ich wollte das Geld nicht annehmen, worauf er es zwischen meine Hemden zu stecken versuchte. Schließlich ging ich einen Vergleich ein, indem ich fünfhundert Dollar annahm.

Er fuhr nach Chikago und schrieb mir bald darauf [am 12. März], daß es mit seinen Lippen besser ginge, und daß er mit Zilmer Randolph, seinem zweiten Trompeter, viele neue Arrangements bespräche. «Wenn ich mit euch beiden, mit Dir und Randolph, Arrangements mache, kann die Sache ja nicht schiefgehen», fügte er hinzu.

Es sah wirklich so aus, als ob ich nach all diesen Jahren mit

Louis zusammen arbeiten sollte. Da baumelte mir die größte Chance meines Lebens gerade vor der Nase. Ich mußte mich zusammenraffen, und zwar schnell. Ich setzte mich hin, um einige Arrangements für Louis zu schreiben, und wieder prallte ich gegen die Mauer – binnen zwei Minuten sackte ich ab, es verschwamm mir vor den Augen, in meinem Kopf verwirrte sich alles, meine Ellenbogen rutschten vom Klavier und krachten auf die Tasten. Ich konnte mich nicht auf die Noten sammeln, konnte mich nicht einmal wachhalten.

Mit etwas mußte Schluß gemacht werden, sagte ich mir – mit dem Opium oder mit mir. Am 6. April ging ich zu Dr. Grad. «Herr Doktor», sagte ich und betonte meine Worte mit Gähnen, «Sie müssen mir versprechen, daß Sie von jetzt an jeden Tag zu mir kommen, denn diesmal muß ich geheilt werden oder abkratzen. Meinetwegen können Sie mich an die Wand schmieden oder in eine Zwangsjacke stecken, wenn Sie mir nur dazu verhelfen, vom Opium wegzukommen.» Dann kroch ich ins Bett. Ich schlief schon, ehe mein Kopf das Kissen berührte.

Der Arzt machte kein Hehl aus seiner Meinung. Er erklärte mir bei seinem ersten Besuch, daß es unter einer Million nur einen gebe, der entwöhnt werden könnte. Ich sollte im Bett bleiben und zur Beruhigung gelbe Nembutal-Kapseln nehmen.

In dieser Nacht schlief ich ganz gut; aber am Morgen wachte ich klitschnaß auf, und mein Gehirn war ebenso durchweicht wie meine Leintücher. Sehr bald kam der Arzt und riet mir, die Nembutaldosis zu verdoppeln. Hierauf nahm er meine Frau beiseite. Wie ich später erfuhr, gab er ihr strengen Befehl, das Telephon auszuschalten und keine Besucher vorzulassen, bis er es erlaubte. Ich wurde wie ein Gefangener in Einzelhaft behandelt. Auf diese Weise konnte ich nicht, wenn die Qual allzu groß wurde, irgendeine Verbindung anknüpfen und von neuem mit der Karussellfahrt beginnen.

Allmählich fühlte ich mich entsetzlich matt. Gegen Abend

übergab ich mich, und dann bekam ich eine trostlose Dysenterie. Immerzu wälzte ich mich im Bett wie eine schlaflose Schlange; meine Beine schmerzten unerträglich, und ich tropfte schlimmer als eine angedrehte Brause. Dann schwoll mir der Kopf und schwamm unter den Planeten dahin, irgendwo hinter dem Saturn; ich geriet ins Delirium, schrie nach dem Doktor und schluckte alle Kapseln auf einmal. Bonnie und der Arzt wanden sich durch mein Fiebergeschrei, rieben mich mit dem Schwamm ab, fühlten mir den Puls, maßen meine Temperatur, und meistens wußte ich nicht, ob sie wirklich da waren oder nur in meiner Einbildung bestanden. Ich warf mich herum und schrie alle an, die sich verschworen hatten, mich umzubringen. Alle meine Nerven stimmten in den Chor ein; manche brüllten, andere bellten, einige wimmerten nur; aber kein einziger war auch nur einen Augenblick still.

Der Arzt gab mir ein anderes Medikament, noch größere Kapseln, die diesmal weiß und nicht gelb waren. «Nehmen Sie eine davon», sagte er, «dann werden Sie gleich einschlafen.» Bonnie sollte mir jedesmal, wenn ich aufwachte, eine solche Kapsel verabreichen.

Mitten in der Nacht wachte ich auf und schrie: «Mörder! Mörder! Sie töten mich! Du bist ein Mörder!» Legs Diamond, Babyface Coll, Dutch Schultz, Scarface und Louie the Wop und noch andere Gangster, die ich nicht erkennen konnte, hatten mich mit ihrem mörderischen Lachen irgendwo über die Milchstraße gejagt, und die Straße war matschig und schlüpfrig, so daß ich ausrutschte und einsank. Alle hatten sie ungeheure, brillantenbesetzte Opiumpfeifen, die sie wie Gewehre hielten, und sie beschossen mich mit Opiumschachteln. Ich lief und lief, und ich hörte eine wehklagende Trompete. Ich wußte, wenn ich nur die Trompete finden könnte, dann wäre ich bei Louis, wäre gerettet; aber Louis war nirgends...

Bonnie gab mir wieder eine Kapsel zu schlucken, und ich fiel in einen bodenlosen Abgrund, der samtweich und erstikkend war... Am Morgen hatte ich das schrecklichste Gefühl meines Lebens. Ich konnte eine ganze Minute lang gähnen, und meine Kiefer schmerzten so sehr, daß ich den Mund kaum mehr zubrachte. Tränen strömten mir aus den Augen, und meine Nase lief wie der Niagara-Fall, und alles Schneuzen half nichts. Die Leintücher waren ganz naß, und ich konnte keine Funktion mehr beherrschen. Meine Beinmuskeln taten so weh, daß ich wie ein Radrennfahrer am siebenten Tage strampelte. Ich schrie, bis die arme Bonnie einen Anfall bekam.

Gerade als ich dachte, ich könnte es nicht mehr aushalten, kam mir ein Gedanke. Sogleich wurde ich sehr ölig und verschlagen. Ich bat Bonnie, in die Apotheke zu gehen und mir ein Einreibemittel für meine schmerzenden Muskeln zu holen. Ich wollte, während sie weg war, in den Keller hinunterschleichen und aus den dort verstauten leeren Opiumdosen genügend Reste zusammenscharren, so daß ich Opium zu mir nehmen und das entsetzliche Gefühl verjagen konnte. Sowie sie das Zimmer verlassen hatte, stand ich auf. Die Knie sackten unter mir weg, und ich fiel hintenüber. Als ich die Augen aufschlug, stand Bonnie mit einem nassen Handtuch vor mir und versuchte mich aufzuheben. Ich hatte mich am Heizkörper angeschlagen – mein Kopf blutete, und ich war eine halbe Stunde bewußtlos gewesen. Der Arzt kam wieder und riet mir, zwei weiße Kapseln statt einer zu nehmen. Das tat ich, und sogleich fühlte ich mich viel besser. Später gestand er mir, daß diese Kapseln nichts anderes als Puderzucker enthalten hätten.

Nun, ungefähr eine Woche konnte ich Essen nicht einmal riechen, und Zigarettenrauch bereitete mir Übelkeit. In dieser ersten Woche verlor ich rund dreißig Pfund. In der zweiten Woche fühlte ich mich etwas besser; aber meine Beine ließen mich immer noch Anfälle bekommen. Dr. Grad bezweifelte nach wie vor, daß ich es schaffen würde; aber als er sah, daß ich durchhielt, sagte er, ich dürfe keinesfalls aufstehen, ehe er es erlaubte. Als ob ich ohne Kran auch nur den kleinen Finger hätte rühren können! In der dritten Woche konnte ich jeweils ein paar Minuten sitzen. Wenn man mir gut zuredete, ließ ich mich überzeugen, daß ich noch am Leben war.

Dann ereignete sich etwas, das mich beinahe zum Opium zurückgetrieben hätte. Kurz vor meinem Entschluß, mit der Sucht zu brechen, tauschte ich meinen alten Wagen gegen einen neuen ein. Als ich nun ungefähr soweit war, daß ich aufstehen konnte, erschien ein Bankbeamter mit einigen Papieren, die ich unterzeichnen sollte. Bonnie führte ihn zu mir ins Schlafzimmer, er legte mir die Papiere auf den Schoß und reichte mir einen Füllfederhalter. Als ich meinen Namen hinsetzen wollte, konnte ich keinen einzigen Buchstaben schreiben.

Wer jemals das Gefühl haben möchte, für immer erledigt zu sein, sollte das einmal erleben. Ich hatte über meine Hände nicht mehr Gewalt als ein Neugeborenes. Jetzt weiß ich wirklich, dachte ich, warum es heißt, man könne eine Sucht niemals ablegen, sondern man kehre zu dem Gift immer wieder zurück.

Der Bankbeamte schaute mich mit offenem Munde an. «Du meine Güte», sagte er, «Sie müssen wirklich schwerkrank gewesen sein. Bemühen Sie sich nicht, ich kann gut ein andermal wiederkommen.» Er ergriff Hut und Mantel und konnte sich gar nicht schnell genug verziehen.

Ich legte mich zurück und betrachtete meine zitternden Hände. Nach nichts auf der Welt verlangte es mich mehr als nach Opium, nach einer ganzen Wagenladung, so daß ich hineintauchen und nie mehr daraus hervorkommen könnte. Ein Mensch, der eines Füllfederhalters nicht Herr ist, kann mit einer Klarinette nicht viel anfangen.

Ich rief den Arzt an und teilte es ihm mit. Während ich da im Bett lag, tanzten alle Opiumgeräte vor meinen Augen. Ich dachte an Louis, der von mir Arrangements erwartete, und der Schweiß brach mir aus. Dann fiel mir Thomas de Quincey ein. Schon einmal hatte ich mir, als ich meine Sucht

überwinden wollte, sein Buch «Bekenntnisse eines Opium-
essers» gekauft; aber seine Erlebnisse unterschieden sich
so sehr von den meinen, daß ich es nicht zu Ende gelesen
hatte. Jetzt erinnerte ich mich, daß er alle die Schmerzen und
körperlichen Leiden schildert, die er bei der Entwöhnung
durchgemacht hat. Deshalb schickte ich Bonnie hinunter und
ließ mir das Buch besorgen, und diesmal las ich es von Anfang bis Ende. Der Arzt kam, während ich es durchackerte,
und er lächelte, als er meine Lektüre sah.

Er setzte sich zu mir ans Bett und sagte: «Milton, ich weiß,
was Ihnen zu schaffen macht; aber sorgen Sie sich nicht. Erst
gestern abend sprachen wir bei unserer monatlichen Ärzte-
Versammlung von interessanten Fällen. Da schilderte ich
auch Ihren Fall, und meine Kollegen wollten es kaum glauben. Sie dürfen mich also jetzt nicht im Stich lassen. Sehen
Sie, Sie müssen wieder ganz von vorn anfangen – müssen wie
ein Kind laufen, schreiben und alles übrige lernen. Sie wissen
ja, in der Bibel heißt es: ‚Wenn ihr nicht umkehret und werdet wie die Kinder, so werdet ihr nicht in das Himmelreich
kommen.‘ Denken Sie über dieses Wort nach, und wenn Sie
dazu imstande sind, gehen Sie auf die Straßen und spielen Sie
mit den Kindern, mit den Sieben- bis Achtjährigen, machen
Sie bei ihren Ballspielen mit und schauen Sie mit ihren Augen, und allmählich werden Sie alles wieder können. Das
Wetter ist jetzt schön, und Sie dürfen bald kleine Spaziergänge machen, wenn Sie eine Weile tüchtig gegessen haben
und wieder etwas zu Kräften gekommen sind. Dann wird
sehr bald alles wieder gut sein. Sie werden sogar wieder Klarinette spielen, aber nicht gleich. Zuerst müssen Sie Ihre Lehre
am Sandhaufen machen und sich von den Kindern den Weg
zeigen lassen.»

Ich verstand nicht alles, was er sagte; aber es erinnerte mich
an etwas, das Alex Hill einmal geäußert hatte: Man muß kriechen, ehe man laufen lernt. Vorläufig vermochte ich nicht
einmal zu kriechen; meine Beine waren ungefähr so viel
nütze wie Gummistelzen, und ich litt so sehr unter Schlaf-

losigkeit, daß der Arzt Bonnie auftrug, mir die schmerzenden Muskeln mit Kakaobutter einzureiben.

Ich las weiter; aber Thomas de Quincey konnte mir nur den Rat geben, eine Baldriantinktur zu trinken, die er einnahm, weil er solche Magenschmerzen hatte. Er litt an chronischer Diarrhöe, was auf mich nicht zutraf. Davor hatten mich Mike und Mackey bewahrt und mir empfohlen, regelmäßig Magnesia einzunehmen.

Meine Lebensgeister hüpften auf und ab; in der einen Minute machten sie einen Sturzflug in die Tiefe, in der nächsten erhoben sie sich hoffnungsfreudig. Manchmal schüttelte mich die Angst, und ich wagte nicht an die Zukunft zu denken. Bisweilen sah ich alles rosig, vertraute darauf, daß ich es schaffen würde... Ich aß tüchtig, um bald aufstehen und auf die Straße gehen zu können. Endlich beschloß ich an einem sonnigen Mainachmittag – nach dreißig vollen Tagen im Bett – einen Spaziergang zu machen.

Als ich mich anzog, betrachtete ich verwundert meine Kleider: Die Farben blendeten mich, das Gewebe fühlte sich seltsam und aufregend an, meine Schuhe wogen einen Zentner. Ich kam mir vor wie ein Clown in allen Farben des Regenbogens. Es war für mich wie ein ganz neues Erlebnis, und ich hätte am liebsten vor Freude gejauchzt. Das Badezimmer war wie ein Märchenreich, voll von wunderbarem Spielzeug. Ich konnte es kaum erwarten, zum Haus hinauszukommen; ich war überzeugt, daß meiner eine herrliche Welt harrte. Es hätte mich gar nicht gewundert, wenn ich in ein Land mit Bäumen aus Pfefferminzstangen und Straßen mit Schokoladepflaster getreten wäre.

Bei der Treppe blieb ich verwirrt stehen; ich wußte nicht, welchen Fuß ich zuerst benutzen sollte. Endlich war ich draußen an der frischen Luft, und ich atmete tief ein. Die Luft war so erfüllt von Wohlgerüchen, daß mir schwindlig wurde. Es war eine neue Welt, frisch aus der Zellophanverpackung, ganz glänzend und unbefleckt. Alle Bäume und Häuser waren geheimnisvoll, phantastisch; ich tastete herum, als hätte ich solche Dinge noch nie im Leben erblickt. Ich ging bis zur Straßenecke, weich eingehüllt von Liebe und Freude, und dann kam ich kaum mehr die Treppe hinauf, so überwältigend waren alle die Sehenswürdigkeiten, Geräusche und Gerüche gewesen. Ich bat meine Frau, mir die Klarinette zu bringen; ich setzte sie zusammen und befeuchtete das Mundstück. Als ich zu blasen versuchte, kam nur ein verwischter Ton hervor, und ich konnte nicht genug Luft aufbringen, um eine ganze Note auszuhalten. Ich legte die Klarinette weg und fiel in tiefen Schlaf.

In den nächsten Tagen spielte ich auf der Straße mit Kindern, die alle acht bis neun Jahr alt waren. Ihre aufgeregten, hohen Stimmen trieben mir die Tränen in die Augen. Ich erlebte meine Kindheit noch einmal. Gegen Abend hörte ich im Radio die Kinderstunde und lauschte voller Spannung den Geschichten. Alle Ereignisse waren wunderbar, voller Rätsel und Geheimnisse, und sie sagten mir, es sei gut zu leben in dieser seltsamen Welt, wo alle Dinge möglich waren, und wo sich die Wachträume erfüllten.

Eines Abends hörte ich wieder einmal zu, und dann stand ich auf, nahm meine Klarinette und schloß mich in meinem Zimmer ein. Ich setzte das Instrument zusammen und betrachtete es lange, lange Zeit. Dann hob ich es an die Lippen und blies. Ein schöner, voller, runder und echter Ton vibrierte hervor, ein Ton mit pulsender Kraft und blühendem Leben. Da weinte ich.

In den letzten vier Jahren hatte ich viel geweint; diese Tränen aber waren Tränen reiner Freude. Ich war ein Mensch. Ich war wach. Ich lebte wieder.

VIERTER TEIL

BASIN STREET, DAS IST DIE STRASSE

1935–?

Oh, Basin Street is the street
Where black and white always meet,
In New Orleans, land of dreams,
You'll never know how sweet it seems
Or just how much it really means...

  Basin Street, das ist die Straße,
Wo Schwarz und Weiß sich immer treffen;
In New Orleans, dem Land der Träume,
Man weiß dort nie, wie süß es scheint,
Und was in Wirklichkeit es meint...

[*Alte Version von «Basin Street Blues»*]

SECHZEHNTES KAPITEL

Die Strafe Gottes

MEIN Lieber, kehr nie aus dem Grabe zurück – das versetzt die Menschen nur in Aufregung.

Nachdem ich die Augen aufgeschlagen, ein paarmal geblinzelt hatte und eifrig über den Styx zurückgepaddelt war, brauchte ich fünf Jahre und mehr, die Welt zu überzeugen, daß ich lebte und wieder strampelte. Es scheint fast, daß die Menschen richtig beleidigt sind, wenn man nicht brav tot begraben bleibt. Die Art, wie mich manche anglotzten, erweckte in mir die größte Lust, in mein Loch zurückzukriechen und den Deckel über mir zu schließen. Dann gab es noch mein häusliches Leben in Ordnung zu bringen. Sowie ich wieder fest auf den Beinen stand, lief ich nach Harlem, dem einzigen Ort, wo ich meinem Gefühl nach hingehörte.

Das war zuviel für Bonnie, und eines Tages wurde sie aufsässig und sagte: «Milton, ich hielt während deiner Krankheit zu dir, weil ich dich nicht dir selbst überlassen konnte; aber jetzt müssen wir es klarstellen – es geht mit uns beiden nicht. Du lebst in einer anderen Welt als ich, und wir dürfen die Augen vor dieser Tatsache nicht mehr verschließen.»

Sie hatte recht. Viel hatte sie auf sich genommen, so lange zu mir zu halten, und ich konnte sie nicht bitten, noch mehr auf sich zu nehmen, zumal ich ja selbst nicht wußte, was ich wollte. Wir drückten einander die Hand und trennten uns als die besten Freunde...

Um allem die Krone aufzusetzen, wurden Louis Armstrong und ich für manch ein langes Jahr auseinandergerissen. Sowie ich wieder genügend Kraft hatte, den Gashebel hinunterzudrücken, stieg ich in meinen Wagen und fuhr nach Washington in der Hoffnung, endlich mit Pops zusammen zu arbeiten, wie er es gesagt hatte. Die ersten Worte, die er zu mir sagte, waren etwas kurz und verletzend: «Wo zum Teufel sind die versprochenen Arrangements?»

Ich hatte einige bei mir, «Dissonance» und noch ein paar andere; aber ich war so niedergedrückt, daß ich keine Worte der Erklärung fand. Um die Sache noch zu verschlimmern, hatte Louis meinen Eilbrief, meine Antwort auf sein letztes Schreiben, überhaupt nicht erhalten, so daß er dachte, ich hätte mir nicht die Mühe genommen, ihm zu antworten. Zum Schluß mußte ich ihn um Geld für die Heimreise bitten. Er kramte in seiner Hosentasche und gab mir die Hälfte von dem, was er fand – drei Dollar. Es gelang mir trotzdem, über die George-Washington-Brücke zu kommen, indem ich auf dem Rückweg viel bergab fuhr und so Benzin sparte. Auf dem trockenen saß ich dann just, als ich zur 125. Straße gelangte. Lil hatte recht: Das war die Strafe Gottes...

IRVING Mills, der Impresario von Duke Ellington und Cab Calloway, plante eine Art «Kavalkade der Musik», und ich überredete ihn, mir dabei ein Orchester zu geben. Ich schloß mit ihm einen Vertrag für ein vierzehnköpfiges Orchester ab. Er ließ meine Photographie vergrößern und hängte sie in seinem Empfangsraum zwischen Cabs und Dukes Bild auf; aber die Monate vergingen, ohne daß wir zu Aufführungen oder Grammophon-Aufnahmen kamen; so holte ich mir schließlich meinen Vertrag wieder und zerriß ihn.

Als ich eines Abends in Harlem in Big Johns Café saß, kam eine große, schlanke Negerin mit einem warmen Lächeln herein. Als ich sie betrachtete, wurde mir ganz sonderbar zumute. Sie hieß Johnnie Mae. Sie lächelte, als wir bekannt gemacht wurden, und sie schaute mir gerade in die Augen, und damit war es entschieden. Es endete damit, daß ich mich von Bonnie scheiden ließ, und im Juli 1935 taten Johnnie Mae und ich den großen Schritt. Bonnie zeigte sich so verständnisvoll wie in den meisten Dingen; ihr ganzes Leben war ihrem prächtigen Sohn gewidmet, und sie war stets zufrieden gewesen, weil ich ihn wie ein eigenes Kind behandelt hatte, und der Junge und ich waren dicke Freunde. Bonnie kam, um Mae kennenzulernen, und als im Mai 1936 unser kleiner Milton geboren wurde, kam sie auch, um ihn zu sehen, und sie war allen eine wunderbare Freundin. Ich zog mit Johnnie Mae nach Harlem, und seither lebe ich dort.

Nun, eine Zeitlang mußte ich mich ziemlich anstrengen, um den Lebensunterhalt mit Musik zu verdienen und nebenher Marihuana zu verkaufen; denn jetzt hatte ich ja zwei Frauen zu ernähren, sehr bald noch zwei Kinder dazu, und die Last wurde recht drückend, das kann man mir glauben. Am 6. Juni 1936 engagierte mich der gute alte Eli Oberstein [«O.B.»] für Victor unter der Marke «Bluebird», und als wir antraten [das Orchester hieß «Mezz Mezzrow and His Swing Band], wußten wir nicht einmal, was aufgenommen werden sollte, bis Eli ins Studio kam und mir die Liste der Titel gab. Es waren größtenteils Filmschlager: «Lost», «Melody from the Sky», «Mutiny in the Parlor», «The Panic Is On» und Stuff Smiths «I'se A-Muggin'» [erster und zweiter Teil]. Ursprünglich hatte ich Henry «Red» Allen und Dave Nelson [Trompeten], Sidney Bechet [Sopransaxophon und Klarinette], Willie «The Lion» Smith [Klavier], Albert Casey [Gitarre], Wellman Braud [Baß] und George Stafford [Schlagzeug] mitgebracht; aber während der Vorbereitungen erspähte ich Eli im Kontrollraum mit dem Jazzkritiker John Hammond, und als sie mich zu sich winkten, ahnte ich, daß etwas im Tun war. Als erstes erklärten sie mir klipp und klar, Red Allen könne nicht mitmachen, weil er im Vertrag mit einer anderen Gesellschaft stehe, und dann sprang Hammond zu etwas anderem über. «Mezz», sagte er ernst, «Sie hätten Bechet zu dieser Aufnahme nicht mitbringen sollen. Ihr beide spielt so ähnlich, daß es gar keinen Kontrast gäbe. Warum nehmen Sie nicht jemand wie Bud Freeman?» Die Bemerkung über Bechet verstimmte mich. Da war ich wie auf Wolken gegangen, weil ich endlich die Möglichkeit hatte, mit dem Menschen zusammen zu arbeiten, der mehr als jeder andere meine Sprache redete, so daß wir uns ohne die geringste Reiberei loslassen und ausspielen konnten. Aber ich mußte auf Hammonds Wunsch die Aufnahme an jenem Tage absagen, und als wir am nächsten Nachmittag zurückkehrten, hatte ich Frankie Newton als Trompeter und Bud Freeman als Saxophonisten. Es sollte noch lange dauern, bis mich die Kritiker und Platten-Direktoren mit Bechet zusammen arbeiten ließen, wie es alle meine musikalischen Triebe ersehnten.

Danach war ich ein ganzes Jahr von der Musikwelt ausgeschlossen, außer gelegentlichen Einzelengagements und Jam Sessions, bis ich am 7. Mai 1937 wieder von O.B. geholt wurde, diesmal für Victor. Wir machten an jenem Tage vier Nummern: «Blues in Disguise», «That Is How I Feel Today», «Hot Club Stomp» und «The Swing Session's Called to Order». Die ersten drei waren von Edgar Sampson und mir arrangiert [Edgar schrieb auch den Schlager «Stompin' at the Savoy»]; die letzte war ein Arrangement von Larry Clinton, den O.B. gerade als Orchesterchef lancierte. Unter dem Titel «Mezz Mezzrow Orchestra» setzte sich die Formation folgendermaßen zusammen: Sy Oliver, Trompete [heute Tommy Dorseys Arrangeur, damals Mitglied von Jimmy Luncefords Orchester]; J. C. Higginbotham, Posaune; Happy Cauldwell, Tenorsaxophon; Sonny White, Klavier; Bernard Addison, Gitarre; der herrliche Pops Foster am Baß; James Crawford am Schlagzeug und ich selbst als Klarinettist.

Folgendermaßen kam es, daß ich mich eines Morgens beim Erwachen plötzlich als Leiter eines gemischten Orchesters mitten auf dem Broadway sah, des ersten, das am Times Square spielte und jeden Abend Beifallsstürme erregte. Die Farbengrenze war am Broadway zwar noch nicht abgeschafft, aber während wir uns dort die Lungen aus dem Leibe bliesen, bekam sie entschieden einige Breschen.

«O.B.», sagte ich, «ich muß ein gemischtes Orchester gründen, ich muß. Sie sind der einzige Mensch in dieser Branche, der versteht, worum es geht, und Sie müssen mich unterstützen.» Ich saß in Eli Obersteins Büro. Die Worte waren noch nicht aus meinem Munde, da war er schon schon am Telephonapparat und ließ die Drähte summen, und ein paar Stunden später saßen wir beide in dem Broadway-Nachtlokal «Harlem Uproar House» im Gespräch mit dem Pächter Jay Faggin.

«So ist der Plan», sagte Eli. «Mezz organisiert ein fünfzehnköpfiges gemischtes Orchester mit erstklassigen Kräften. Wir eröffnen hier im ‚Uproar House‘ am zwanzigsten November. Am gleichen Abend findet die Rundfunk-Premiere der RCA-Magic Key-Sendung statt, und das Programm kann übertragen werden. Grammophon-Aufnahmen werden folgen. Mein Anwalt wird die Verträge aufsetzen, und alles weitere ergibt sich von selbst.»

«Gemacht», sagte Jay Faggin.

Ich erstickte beinahe an meinem Getränk.

Als ich zu mir kam, besprachen Jay und ich neue Attraktionen für «Uproar House». Damals ging das Lokal nicht sehr gut, es war stark verschuldet, und wir hofften, es wieder auf die Beine zu bringen. Anstatt mit den üblichen Ballethasen nur die Zeit totzuschlagen, wollten wir Negertänzerinnen vom Harlemer «Savoy» engagieren. Hazel Scott sollte an der kleinen Bar im Salon singen und spielen. Als weitere Attraktionen waren gedacht: Willie «The Lion» Smith als Pianist, die hübsche Lovey Lane und Flash Riley als sehenswertes afrikanisches Tanzpaar, Dolly Armendra, eine sensationelle farbige Trompeterin aus den alten Zeiten des Südviertels, als Solistin des Orchesters, und in den Pausen sollte das Casseras Brothers Trio spielen. Soweit, so gut. Die Sache nahm wirklich Form an.

Ich sauste zu Zutty Singleton. «Diesmal habe ich's geschafft, Zoot», sprudelte ich atemlos hervor. «Mein Traum ist endlich Wirklichkeit geworden.»

Zutty dachte, ich hätte Fieber und wollte mich beruhigen. «Reg dich nicht auf, Mezz», sagte er, «reg dich nicht auf. Was ist denn los ?»

«Menschenskind, ich weiß nicht, wo ich anfangen soll. Stell dir vor, ich ging heute zu Eli Oberstein...» Zum Schluß konnte ich die ganze Geschichte erzählen.

«Hurra!» rief Zutty. «Das ist das wahre! Junge, darauf müssen wir etwas trinken.»

Als wir draußen waren, fragte er mich, ob ich schon ein Repertoire hätte, worauf mir all die alten Arrangements von Alex Hill einfielen; aber dann gingen wir doch erst ins «Apollo» zu Count Basie, der sofort «Bin dabei» sagte, als wir ihm die Sache unterbreiteten, und uns aus seinem eigenen Repertoire einige wunderbare Arrangements zusteckte.

Nun galt es, das Orchester zu bilden. Eugene Cedric, Klarinettist und Tenorsaxophonist, war bei Fats Waller; aber Fats arbeitete gerade allein, und seine Band hatte nichts zu tun, so daß Cedric gern zu uns kam. Frankie Newton spielte mit John Kirby an der 52. Straße Trompete, kündigte aber und trat uns bei. Der Trompeter Sidney De Paris verließ Charlie Johnson, um bei uns mitzumachen. Der Posaunist George Lugg, den ich schon in Chikago gekannt hatte, war auch bereit. Desgleichen Vernon Brown, ebenfalls Posaunist, und zwar aus der alten St. Louis-Gruppe. Ich schickte Max Kaminsky das Reisegeld, worauf er aus Boston zu uns kam. Das war meine Blech-Abteilung. Dann engagierte ich Bernard Addison für Gitarre, Elmer James für Baß und Tuba, John Niccollini für Klavier und drei gute Saxophonisten. Mit Zutty und mir machten das vierzehn – sieben Weiße, sieben Schwarze –, und Dolly Amendra war die fünfzehnte. Ich fand noch mehr schöne Arrangements. In der Luft lag wirklich Spannung; es war ein revolutionäres Unternehmen, und wir alle, die wir damit zu tun hatten, waren so benommen, daß wir es kaum zu glauben vermochten. Doch dann begannen die Proben, und binnen wenigen Tagen war das Orchester zusammengeschweißt. Musiker, die in andern Räumen des Studios probten, lauschten an unserer Tür – dies war etwas Neues am alten Broadway, und überall regten sich die Zungen, wurden die Ohren gespitzt. Agenten machten mir Vorschläge für Engagements, und auf den Korridoren wurden wir mit schmeichelhaften Lobesworten angesprochen. Für uns alle war es wie im Paradies. O. B. rückte mit Geld heraus, so daß sich Zutty neues Schlagzeug anschaffen und seine rückständige Miete bezahlen konnte; Arrangeure arbeiteten für uns bereitwillig; Geschäfte belieferten uns mit musikalischen Geräten, ohne es mit der Bezahlung eilig zu haben. Eine Firma kleidete uns todschick ein. Oh, alles ging wie geschmiert.

Die Premiere war ein toller Erfolg. An einem Tisch saß Benny Goodman mit Gene Krupa, Teddy Wilson, Lionel Hampton und andern Mitarbeitern; Tommy Dorsey und seine Leute saßen an einem andern. Das Haus raste wirklich – es sah aus, als ob ein neuer Tag dämmerte, wenigstens auf dem Gebiet des Kabaretts, und alle waren von festlicher Freude erfüllt. Wir genossen es, zu spielen, und wir genossen auch den Beifall.

Die Presse behandelte uns wunderbar. In großen Schlagzeilen priesen die Zeitungen die Tatsache, daß weiße und farbige Musiker zusammen auftraten. Einmütig wurden wir gelobt. Es ließ sich gut an.

Zwei herrliche Wochen tanzten vorbei; jeden Abend war das Haus ausverkauft, und alle Mitwirkenden waren mit ganzer Seele dabei. Dann kam eines Morgens ein Bote zu mir, den Jay Faggin geschickt hatte, ich möchte sofort nach «Uproar House» kommen, es sei etwas Schreckliches geschehen. Mit klopfendem Herzen eilte ich zu ihm.

Es war schlimmer, als ich es mir hätte träumen lassen. Polizisten und Reporter scharten sich vor dem Hause; Blitzlichter flammten, und alle sahen aufgeregt aus. Als erstes erblickte ich am Eingang ein großes Plakat, das eine unserer glanzvollsten Besprechungen zeigte, und das nun mit einem hellblauen Hakenkreuz verschmiert war. Ich lief in den Saal. Auf dem Tanzboden standen viele Leute, die ein riesengroßes Hakenkreuz auf dem Parkett betrachteten. Meine Noten – das ganze Repertoire – waren überall verstreut, Tische und

Stühle umgeworfen – der Saal war ein einziges Durcheinander. Offensichtlich hatte der Gedanke eines gemischten Orchesters nicht bei aller Welt Anklang gefunden. Jay sprach gerade mit einem Polizeihauptmann und einigen Detektiven. «Eine schöne Geschichte, was?» sagte er düster. Ich konnte nicht sprechen.

An diesem Abend war der Saal gedrängt voll, wahrscheinlich zum Teil infolge der Publizität, und alle Mitwirkenden gaben ihr Bestes, so daß das Publikum stampfte und jubelte. Auch an den folgenden Abenden war es so. Bis zu dem Abend, an dem wir bei der Ankunft vor einem Haus ohne Fassadenbeleuchtung standen. Ein Beamter hatte bei der verschlossenen Türe Posten gefaßt, und ein Anschlag verkündete, daß die Gläubiger einen Gerichtsbeschluß erwirkt hätten. «Uproar House» war geschlossen. Augenscheinlich hatten die Gläubiger Faggin hinaussetzen und einen andern Leiter ernennen wollen; aber er hatte sich gewehrt, und dies war das Ergebnis.

Natürlich stimmten sofort einige Leute das Lied «Habe ich's nicht gesagt» an – das beweise eben, daß das amerikanische Publikum kein gemischtes Orchester wolle und so weiter. Nun, der Wahrheit die Ehre, jenes Orchester war einer der größten Erfolge, den der Broadway jemals erlebt hat, und die Gläubiger waren so erstaunt über unsere Einnahmen, daß sie sich bereit erklärten, noch viel mehr in das Lokal zu stecken. Das weiß ich, weil ich eine Besprechung mit ihnen hatte, bei der sie es mir sagten. Schuld an der Schließung war der juristische Streit zwischen Faggin und diesen Leuten. Vielleicht hatten die Hakenkreuze den Gläubigern auch etwas Angst eingejagt – ich weiß es nicht.

Nun, wir durften unsere Instrumente und Noten holen. Im Saal wanderte Jay auf und ab und verwünschte die Gläubiger; er sah aus wie eine ertrunkene Ratte. Diesmal wurden wir nicht mit Geflügel bezahlt. O nein. Diesmal schleppten wir allen Wein und Whisky ab, den es noch im Keller gab. Das war wohl ein Fortschritt...

Die Truppe – «Disciples of Swing» – wurde gleich darauf in den «Savoy Ballroom» engagiert; aber mittlerweile hatten Artie Shaw, Benny Goodman und Tommy Dorsey mit einigen Weißen meines Orchesters Verhandlungen angeknüpft. Ich verlor meine Leute an sie, und wir konnten das Engagement nicht annehmen. Die «Disciples» verstreuten sich wieder in alle Jim Crow-Winde.

WIEDER ein Jahr Schwimmerei in Spülwasser: Ab und zu ein abendliches Engagement, Marihuana-Verkauf, Vergessenheit. Viel Zeit, über das Pech nachzudenken, das mich in der Musikwelt zu verfolgen schien. Kein Zweifel, es sah wirklich so aus, als hätte mich die Glücksgöttin für immer von ihrer Liste gestrichen.

Etwas muß ich zur Rechtfertigung meiner Kollegen sagen: Musiker gehen dorthin, wo sie spielen können. Sie folgen ihrer Nase, wo sie eine Möglichkeit wittern, wo es Geld zu verdienen gibt, und kein Vertrag oder sonst ein Papier kann sie zurückhalten. Die alten Neger-Jazzmusiker waren manchmal absonderlich: Sie spielten lediglich um des Vergnügens willen, weil sie Spaß daran hatten, und wenn sich ihnen keine Möglichkeit bot, diejenige Musik zu machen, die sie liebten, putzten sie einfach Schuhe oder hißten im Hafen Kisten, und damit fertig. Die Weißen sind mehr an regelmäßige Mahlzeiten gewöhnt, und deshalb weichen sie ab und machen Musik für Tommy Dorsey oder Benny Goodman, weil die großen Orchester in Mode sind und ihnen Nahrung einbringen. Wenn ich ein Orchester zusammenstellen konnte, ließen sich viele meiner alten Freunde anwerben, weil sie unseren Musikstil liebten. Aber wenn wir in schlechte Zeiten gerieten, mußten sie einen andern Weg einschlagen. Ich wußte, daß es mir immer so ergehen würde, solange ich den großen Orchestern das Feld streitig machte.

So war es nun einmal im Wirtschaftsleben, und ich mußte jedesmal verlieren. Ein Mensch mit meiner Besessenheit, der sein Repertoire nicht mit kitschigen und schmalzigen Schlagern befrachten wollte, hatte es von Anfang an mit starker Gegnerschaft zu tun. Dafür konnte niemand etwas, vielleicht außer demjenigen, der Hungergefühle erfunden hat...

Es war eine böse Zeit, wahrhaftig. Doch dann kam eine herrliche Nachricht – Hugues Panassié schrieb im Herbst 1938, er hätte große Lust, nach Amerika zu fahren, was ich davon hielte? Sofort kabelte ich ihm, er solle kommen, und es dauerte nicht lange, bis er in Hoboken über die Laufplanke galoppierte, während Benny Carter, Zutty Singleton, meine Frau und ich ihm Begrüßungsworte zuriefen.

Wir fuhren gleich nach Harlem. Ich zog in eine Wohnung an der 126. Straße, Hugues nistete sich bei uns ein, und das Haus begann zu hüpfen, so viele Dinge geschahen. Hugues hatte viel Geld mitgebracht, um mit den Musikern, die er schätzte, Aufnahmen zu machen, und wir begaben uns daran, sie zusammenzutrommeln. Als erstes fragte er nach Tommy Ladnier, einem großartigen New Orleans-Trompeter, der seit Jahren spurlos von der Bildfläche verschwunden war. Es war eine schwierige Suche; aber schließlich stöberten wir ihn in einem kleinen Kabarett draußen bei Buffalo auf, wo er für ein Butterbrot in einem Trio spielte.

Tommy, einer der größten Jazzmusiker der Welt, war ein kleiner, drahtiger Bursche mit Milchkaffee-Farbe, scharfen Zügen und sehr hoher Stirn, ein prachtvoller Mensch, philosophisch und sehr aufrichtig, von keinem verstanden. Er hatte es so satt, in New York zickische Fabrikmusik zu spielen, daß er lieber mit seinem Trio hungerte, weil er dort spielen konnte, was ihm zusagte. Er stimmte ganz mit uns überein, daß der Jazz eine unglückselige Wendung genommen hatte, seit er nach dem Osten gekommen und in die Hände der Ausbeuter gefallen war. Er trug immer eine schräg sitzende Mütze, und sehr bald nahmen Hugues und ich diese Mode an, so daß wir drei wie Schulbuben durch die Straßen zogen, und so fühlten wir uns auch – es war so schön, zusammen zu sein.

Tommy hatte wundervolle Geschichten zu erzählen, weil

er durch alle Weltteile gereist und lange in Rußland gewesen war. 1929 hatten er und Bechet sich mit Noble Sissles Orchester in Europa aufgehalten, und nach der Rückkehr in die Vereinigten Staaten gründeten sie ihre eigene Band, «New Orleans Feet Warmers» genannt, die wochenlang im «Savoy Ballroom» spielte, aber nicht viel Erfolg hatte, weil der Osten inzwischen modern geworden war. In dieser Zeit bespielten die «Feetwarmers» aber einige Platten für Victor – «I Want You Tonight». «Lay Your Racket», «Sweetie Dear», «Maple Leaf Rag», «I Found a New Baby» und «Shag» – herrliche Platten, die Tommy und auch Bechet einen Namen machten, wo es auf dem Erdenrund Jazzliebhaber gab. Tommy war 1900 in New Orleans geboren; er hatte bei Joe Oliver Trompete gelernt und war versessen auf Bessie Smith und die andere große Sängerin, Lovey Austin, die er oft in Chikago aufsuchte. Er saß viel zu Hause, rauchte Pfeife und hörte sich Platten mit den ehemaligen Blues-Sängerinnen an. Tommy gründete einen Klub, den er Fisch-Klub nannte – er war der Fischkönig, ich war Vater Neptun, und Bechet trug den Spitznamen Flunder. Ich fragte Bechet einmal, warum Tommy ihn so nannte, worauf er antwortete: «Ja, siehst du, alle Fische schwimmen geradeaus; aber ich schwimme so», und er vollführte mit der Hand eine Zickzacklinie. Wir ließen miteinander die alten herlichen Zeiten auferstehen. Am schönsten war es, daß wir unter Hugues' Anleitung einige der größten Musiker zusammenbrachten, Meister wie Sidney Bechet, Tommy Ladnier, Pops Foster, Zutty Singleton und James P. Johnson, und etliche Platten schufen, die in der Jazzwelt bald von sich reden machten: «Comin' On with the Come On» [erster und zweiter Teil], «Revolutionary Blues», «Really the Blues», «Jada», «Weary Blues», «When You and I Were Young Maggie», «Everybody Loves My Baby», «Ain't Gonna Give Nobody None of My Jelly Roll», «Royal Garden Blues», «If You See Me Comin'», «Gettin' Together». Ich lebte wirklich wieder.

Panassié lief vom Augenblick seiner Ankunft an wie verrückt herum, und er hörte nie auf, sich über Jim Crow zu wundern, weil er es nicht zu begreifen vermochte, wie so etwas einem so wundervollen Volk geschehen konnte. Die Leute in der Musikwelt, die den Schwarzen die Führung verübelten, sahen es nicht gern, daß Hugues in Harlem lebte, noch dazu bei mir. «Auf diese Weise werden Sie all Ihr Prestige verlieren», sagten sie zu ihm. Hugues kochte vor Wut, als er heimkam. «Was für komische Menschen habt ihr hier drüben ?» rief er und lief in seiner Erregung auf und ab. «*Merde alors*, sie mögen die Neger nicht!»

Wir wurden alle eingeladen, als Jimmy Lunceford einen neuen Klub aufmachte, und als wir mit meiner Frau eintraten, begann der ganze Saal zu summen – kein einziger farbiger Gast war sonst da. Man wollte uns nicht an den Tisch beim Parkett heranlassen, den Jimmy für uns reserviert hatte, sondern wir sollten hinten bei der Türe sitzen, wo wir nicht so auffielen. Nachdem das Orchester seine Serie beendet hatte, kamen alle Musiker zu uns, um uns zu begrüßen, während die Kellner die bestellten Getränke servierten. Als wir uns wieder setzten, tauschte ich zufällig mit Johnny Mae den Platz. Kurz zuvor hatte ich bemerkt, daß der Kellner, der Barmann und der Lokalbesitzer die Köpfe zusammensteckten, aber nicht weiter darauf geachtet.

Nun, wir tranken unser Glas aus und sagten Jimmy, wir wollten nicht bleiben, weil wir ihm am Premierenabend keine Unannehmlichkeiten bereiten mochten. Auf der Heimfahrt in einem Taxi entrüsteten sich Hugues und seine Sekretärin, Madeleine Gautier, über die Behandlung, die unserer gemischten Gesellschaft zugefügt worden war. «Was für eine Frechheit!» sagte Madeleine. «Sie verdienen ihr Geld durch das farbige Orchester, das sie engagieren, und doch wollen sie keine Farbigen im Lokal – das ist doch sinnlos!»

Als wir durch den Central Park fuhren, wurde mir plötzlich schlecht; der Magen drehte sich mir um, und ich fiel keuchend auf den Boden des Autos. Schließlich wurde mir klar, während ich mich übergab, daß ich es zum erstenmal mit einer guten alten amerikanischen Erfindung zu tun hatte, dem «Mickey Finn», einem wenig bekömmlichen Gebräu. Natürlich war das Glas für Johnnie Mae bestimmt gewesen. «Das ist also das Land der Freiheit», murmelte Hugues, als ich hinaufgetragen und zu Bett gebracht wurde. Ich fand darauf keine Antwort.

Kurz nach der Aufnahme mit Frankie Newton erkrankte Hugues an einer Streptokokken-Infektion, die ihn das Leben gekostet hätte, wenn Dr. Samuel C. McKinney nicht gewesen wäre, ein ausgezeichneter farbiger Arzt, der über Geistesgegenwart verfügte. Eines Morgens bekam Hugues keine Luft, so geschwollen war sein Hals, und ohne Zeit zu verlieren, lief ich mit ihm zu Dr. McKinney hinunter, der im gleichen Hause wie wir wohnten.

Der Arzt fuhr sofort mit uns in die Harlemer laryngologische Klinik, wo zwei weiße Ärzte dem fast erstickenden Hugues in den Hals guckten und verzweifelt den Kopf schüttelten. Daraufhin ließ McKinney einen farbigen Kollegen kommen, der in Wien studiert hatte und nach einem raschen Blick ebenfalls den Kopf schüttelte. Dr. McKinney wurde ganz erregt und ärgerlich, als die andern sagten, es sei hoffnungslos.

«Keine Sorge, Mezz», tröstete er mich, «ich werde die Sache selbst in die Hand nehmen.»

Er entnahm seiner Tasche einige Tabletten. «Das ist ein neues Medikament, Sulphonamid genannt», erklärte er, «das mich sehr interessiert. Die andern Ärzte wollen es leider nicht anwenden, weil es noch nicht genügend erprobt sei; aber ich werde es Ihrem Freund auf eigene Verantwortung geben, weil ich Vertrauen dazu habe.»

Wir saßen eine ganze Woche herum und sahen zitternden Herzens zu, wie Hugues' Fieberkurve hinauf und hinunter ging, und dann sank die Temperatur eines Tages auf siebenunddreißig, und die Gefahr war überstanden – dank Dr. McKinney.

Hugues blieb bei uns bis Ende Februar 1939; dann kehrte

er auf Anraten des Arztes zur Erholung auf sein Schloß in Frankreich zurück, weil das Tempo für einen so empfindsamen Menschen hier allzu zügig war. Ehe er an Bord ging, umarmte er mich und sagte: «Mezz, ich verdanke mein Leben einem prächtigen Mann und glänzenden Arzt, den viele deiner Landsleute wegen seiner Hautfarbe nicht an ihrem Tische dulden würden. Dies ist ein sehr, sehr sonderbares Land.»

ALL mein Glück verschwand mit Hugues über den Laufsteg. Seine Krankheit und der Abschied von ihm hatten an meinen Nerven gezehrt, und da auch Johnnie Mae mit den Nerven herunter war, gerieten wir uns in die Haare, und sie ging, unseren Sohn mitnehmend, für einige Zeit zu ihrer Mutter nach Aiken in Südkarolina. Da es auf dem Gebiet der Musik nicht viel zu tun gab, versuchte ich mein Glück mit einem Musikverlag. Aber ich gewann bei der «Gem Music Publishing Company» über Nacht kein Vermögen, nicht einmal viel Geld zum Lebensunterhalt. Und dann verfiel Tommy Ladnier wegen Hugues' Abreise in so tiefe Niedergeschlagenheit, daß er sich in den Alkohol stürzte, und ich hatte alle Hände voll zu tun, ihn davon abzuhalten. Ich veranlaßte ihn, zu mir zu ziehen, und er versprach mir, nicht mehr zu trinken. Wir begannen mit einem kleinen Orchester zu proben – Zutty als Schlagzeuger, Pops Foster als Baß, Happy Cauldwell als Tenorsaxophonist, Cliff Jackson als Pianist, Tommy und ich – aber die Engagements waren rar, weil der Swing obenaus schwang. Am 28. Mai feierten wir Tommys neununddreißigsten Geburtstag. Er erzählte mir voller Stolz, daß ihm die Ärzte vor zehn Jahren vorausgesagt hätten, er würde keine fünf Jahre mehr leben, wenn er das Spielen nicht aufgäbe.

Als ich ein paar Tage später, am 4. Juni, abends aus meinem Büro heimkam, zog sich Tommy gerade um, um an einer Gesellschaft teilzunehmen, die einige Mädchen in unserem Hause veranstalteten. Harold, der Hausverwalter, mit dem wir befreundet waren, wollte ihn begleiten. Ich bat ihn, mit mir zum «Savoy Ballroom» zu kommen, um dort Benny Carter zu sehen; aber er sagte, er wolle auf Harold warten und vielleicht früh zu Bett gehen, weil er sich etwas abgespannt fühle. Nun, wir saßen eine Weile herum und ließen Platten laufen – er war versessen auf die Blues-Platten von Bumble Bee Slim und Big Bill, die ich besaß – und dann ging ich zum «Savoy». Ich sprach mit Benny Carter und traf sofort alle Vereinbarungen mit ihm; aber er überredete mich, bis zwei Uhr zu bleiben, weil er einige Trompeter prüfen mußte und meine Hilfe bei der Auswahl wünschte. Ich blieb gegen meinen Willen. Die ganze Zeit riet mir eine Stimme, heimzugehen. Sie setzte mir zu.

Immerzu wollte ich weglaufen, und jedesmal packte mich Benny am Ärmel, so daß ich erst gegen fünf Uhr morgens zum Autobus laufen konnte. Zu Hause lag Tommy auf dem Sofa; das Fenster stand offen, und der hereinblasende Wind blähte die Vorhänge.

«He, Tommy», sagte ich, «so darfst du nicht liegen. Du wirst dich erkälten.»

Er rührte sich nicht.

Du meine Güte, dachte ich, er hat sich wieder betrunken. Ich ging zu ihm hinüber, nahm seinen Arm und schüttelte ihn. «Los, steh auf und leg dich zu Bett.»

Noch immer regte er sich nicht. Ich betrachtete ihn, und da überkam mich ein sonderbares Gefühl. Herrgott, er schien nicht zu atmen. Der Gedanke zuckte mir durch den Kopf, einen Spiegel zu holen und ihm vor den Mund zu halten; doch dann fiel mir Dr. McKinney ein, und ich sprang in den Lift, um zu ihm zu gehen. Ich sagte mir, ich müßte verrückt sein, Tommy fehle nichts, nur betrunken sei er, und ich täte unrecht daran, den Arzt für nichts und wieder nichts zu wecken. Statt dessen fuhr ich ins Untergeschoß, zur Wohnung unseres Freundes Harold, des Hausverwalters.

Harolds Frau machte mir auf, und ich sagte: «Wissen Sie, ob Tommy gestern abend mit Harold zu der Gesellschaft ging und sich betrank?»

«Nein», erwiderten sie, «Harold war den ganzen Abend nicht fort.»

Ich fiel beinahe um. Inzwischen war Harold aus dem Schlafzimmer gekommen, und er half mir zu einem Stuhl hinüber. «Ich weiß nicht, ich weiß nicht», sagte ich fortwährend, «aber ich glaube, Tommy liegt tot auf dem Sofa.» Dann begann ich zu schluchzen.

«Gib ihm Whisky!» rief Harold seiner Frau zu und eilte hinaus.

Vierzig Jahre später wurde die Türe aufgerissen, und durch meine Tränen hindurch sah ich Dr. McKinney in Hemdsärmeln. «Mezz», rief er, «warum haben Sie mich nicht gerufen? Tommy ist noch warm; vielleicht hätten wir ihn retten können.»

Lange Zeit danach taugte ich zu nichts.

Dann hob ein böser Traum an: Polizisten, Detektive, Untersuchungsbeamte wimmelten herum, stellten Fragen, beschuldigten, legten Daumenschrauben an, drohten. Sie saßen um Tommys Leichnam, stritten und flüsterten miteinander und überhäuften mich mit Fragen. Man kann sich vorstellen, was in ihren Köpfen vorging – ein Weißer, der allein mit diesem Farbigen in Harlem hauste, und der Weiße wußte nicht, wo der Neger geboren war, wo seine Angehörigen lebten, oder ob er verheiratet war. Der Weiße wußte nur, daß der Neger neben Louis Armstrong der größte Trompeter der Welt war. Das Verhör ging stundenlang. Während der ganzen Feuerprobe standen Dr. McKinney und seine Frau hinter meinem Stuhl, beschwichtigten und trösteten mich. Schließlich sagte der Arzt: «Meine Herren, dieser Mann ist mein Patient, und ich glaube, nun genügt es, wenn Sie nicht wollen, daß er zusammenklappt.»

In diesem Augenblick kam ein farbiger Polizist herein, der erste, den ich jemals sah, und sowie ich ihn erblickte, erkannte ich, daß er alles verstehen würde. Ich holte einige Broschüren der Victor-RCA, die Abbildungen von Hugues, Tommy und mir enthielten, und kaum hatte der farbige Polizist sie gesehen, so sagte er, alles sei in Ordnung, und das Verhör hörte auf.

Endlich gab sich der Staatsanwalt zufrieden und war überzeugt, daß ich die Wahrheit sprach. Er ließ den Toten ins Leichenschauhaus zur Autopsie bringen.

Nun kam eine wirkliche Sorge: Wie Tommy bestatten? Ich war arm wie eine Kirchenmaus, und als ich zum Musiker-Verband ging, stellte sich heraus, daß Tommy nie seinen Mitgliedsbeitrag bezahlt hatte, so daß keine Versicherung ausbezahlt wurde. Ich veranstaltete schließlich unter den Musikern eine Sammlung, und ich möchte hier erwähnen, daß ein Kollege namens Frank Tack mit einem Beitrag von 35 Dollar den Rekord aufstellte. Am 9. Juni wurde Tommy auf dem Frederick Douglass Memorial-Friedhof begraben, und ich schulde der Bestattungsfirma immer noch vierzig Dollar, die sie von mir nicht annehmen wollte, weil sie fand, daß die Leiter der großen Orchester für Tommy hätten einspringen sollen.

Die Polizei machte in Jackson im Staat Michigan Tommys Frau ausfindig, und sie telegraphierte mir, ich möchte sie auf meine Kosten anrufen. Das tat ich. Als erstes und einziges fragte sie nach Tommys Besitztümern. «Tommys Eigentum ist von der Polizei beschlagnahmt worden», sagte ich ihr. «Es besteht aus einem Paar schmutzigen Socken, einem zerrissenen Hemd und zerlumpter Unterwäsche.» Das war die Liste von Tommys weltlichen Gütern. Er gehörte zu den erfolgreicheren New Orleans-Musikern.

SIEBZEHNTES KAPITEL

Von der Galeere befreit

«GAY New Orleans» hieß das Lokal, das Mike Todd in Flushing Meadows auf Long Island während der Weltausstellung für die Gäste eröffnete. Dort packte mich abermals der Arm des Gesetzes...

Mike Durso, ein Bekannter von mir, leitete dort das Orchester. Da ich gern unter Menschen ging und viel Zeit zur Verfügung hatte, war ich öfter dort und plauderte mit den Musikern und Artisten. Am schlimmsten aller schlimmen Tage entlockte der kleine Frankie Walker seiner Wirtin sechzig Cent, so daß ich den Eintritt zur Ausstellung bezahlen konnte, und so zog ich los.

Es war August 1940, ein warmer, lachender, sonniger Tag. Ich strebte geradeswegs zum Bühneneingang des «Gay New Orleans», und plötzlich packte mich ein vierschrötiger Kerl, der fachmännisch alle meine Taschen durchwühlte. Er war ein Vertreter des Gesetzes, auf der Suche nach Rauschgifthändlern, die in der Gegend gearbeitet hatten; aber niemand konnte er finden außer mir, der ich die Taschen voller Tee hatte. Er mußte irgend jemand festnehmen, um beruflich beim Durchschnitt zu bleiben, zumal es ein flauer Tag war. Er brachte mich zum Posten.

Auf der Polizeistation verstauten er und ein anderer Detektiv mich in ein Taxi und fuhren mit mir nach Harlem, um sich meine Wohnung anzusehen. Sie fielen fast auf den Rükken, als sie dort Johnnie Mae und den kleinen Milton vorfanden, und auf dem Rückweg durchlöcherten sie mich mit Fragen. Ob ich ein Farbiger sei? Nein, russischer Jude, von Geburt Amerikaner. Wieso ich denn mit einer Negerin lebte? Je nun, ich hätte die verrückte Vorstellung, daß man ein Mädchen, das man liebte, heiratete, ohne Farbtafeln zurate zu ziehen. Was um Himmels willen meine Eltern von dem Kreuz hielten, das sie da tragen mußten? «Was sie davon halten?» rief ich ziemlich aufgebracht. «Sie sind sonderbare Menschen – es freut sie, ihren Sohn glücklich verheiratet zu sehen.» Die beiden Vertreter der New Yorker Staatsgewalt starrten mich an, als ob ich zwei Köpfe hätte. «Man höre diesen Hundesohn», sagte der eine staunend. «Der Kerl liebt Negerinnen! Schicken wir ihn auf die Insel.» Er meinte das städtische Gefängnis auf der Insel Riker; er wußte, wohin die Feinde der Gesellschaft gehörten. Wenn solche Leute Gesetze erlassen könnten, käme man wegen Farbenblindheit auf den elektrischen Stuhl.

Auf den Posten zurückgekehrt, blätterten sie in den Büchern, wühlten sich tief hinein und stellten fest, daß ein Mensch, der im Besitz von Marihuana-Zigaretten war, gegen irgendeine städtische Verordnung verstieß. Ein sympathischer Leutnant mit grauem Haar untersuchte den Tee, den man mir abgenommen hatte, und bezeichnete mich als «verdächtigen Verkäufer». «Interessant», sagte er, «ich hörte schon vor langer Zeit davon.» Viele Beamte müssen den Tee interessant gefunden haben: Ich hatte über sechzig Zigaretten bei mir, als ich aufgegriffen wurde, und als vier Monate später die Verhandlung stattfand, wurden als Beweisstücke weniger als vierzig vorgelegt. Schade, daß die Verhandlung nicht verschoben wurde; dann wären alle Beweisstücke in Rauch aufgegangen...

Ich wurde in einem Rattenloch von einer Zelle eingesperrt, wo ich kein Auge zutat, weil die Eisenbahn vor dem Fenster vorbeiführte, und die Güterzüge ratterten die ganze Nacht hin und her. Ich lief auf und ab, auf und ab, jeweils zwei Schritte, rastlos wie ein Tiger in einem Fingerhut. Ich war sehr niedergeschlagen...

In gewisser Weise war ich fast froh, daß man mich eingesperrt hatte. Schon lange Zeit hatte mir meine Frau zugesetzt, wieder ein Orchester zusammenzubringen; aber ich konnte die Musiker einfach nicht finden, und Engagements gab es nicht; die wirtschaftlichen Verhältnisse bedrängten mich so sehr, daß ich wieder gezwungen war, Tee zu verhökern. Jahrelang hatte ich Vergessenheit gesucht. Jetzt brauchten mich diese Sorgen wenigstens nicht mehr zu kümmern. Zwei bis drei Jahre lang konnte ich in Frieden üben – keine Miete zu bezahlen, kein tägliches Brot zu suchen. Wenn ich dann hinauskam, war ich bereit. Irgendwie, mir selbst unerklärlich, hatte ich das unbestimmte Gefühl einer Schuld, nicht wegen des Vergehens, für das ich eingelocht worden war – das war in meinen Augen kein Verbrechen – sondern wegen etwas, das tiefer ging: Ich war mir selbst untreu geworden, hatte mich der Sünde wider den Geist schuldig gemacht, war meiner wirklichen Berufung und meinem Schicksal davongelaufen. Es bedeutete keinen Unterschied, daß sich mir Hindernisse in den Weg gestellt hatten, für die ich nichts konnte – meine Schuld blieb sich gleich. Meine Schuld bezog sich auf die Tatsache, daß ich die Flinte ins Korn geworfen und den Kampf aufgegeben hatte. Es mußte fast eine Erleichterung sein, für meine Sünden zu büßen, für Sünden, die nicht in den Büchern standen, für die es keine städtischen Verordnungen gab. Ich wollte alles wiedergutmachen, indem ich mich als Musiker vervollkommnete, und wenn ich hinauskam, wollte ich meiner eigentlichen Berufung nie mehr untreu werden.

Aber drei Jahre in einem solchen Loch hätten mich zum Wahnsinn gebracht. Ich lief weiter auf und ab, versuchte meine Nerven zu beruhigen, während sich das Rattern der Güterzüge in meinen Kopf bohrte und meine Finger zucken ließ. Eine Melodie, eine traurige, schmerzvolle Bluesmelodie, die auf allen vieren von einer Klage zur nächsten kroch, begann durch mein Hirn zu sickern, und fast automatisch spielten meine Finger sie auf einer eingebildeten Klarinette. Ich stöhnte den traurigen Blues des Gefangenen vor mich hin, wie die Farbigen damals in Pontiac ihr Herzeleid herausgesungen hatten. Plötzlich kam mir der Name für diesen Blues in den Sinn: «Gone Away Blues».

Ja, so wollte ich ihn nennen. Sogleich war mir besser zumute. Eines Tages würde die Melodie auf eine Platte gebannt werden, sagte ich mir, sicher, mit Sidney Bechet. Ich konnte daran arbeiten, während ich im Gefängnis saß. Das war ein Ziel, und es ermunterte mich sehr.

Clark Monroe, ein Tänzer, mit dem ich oft im «Barbeque» gewesen war, hatte in Harlem ein Kabarett gegründet, und dieses Lokal setzte er zum Pfand, um Kaution für mich zu stellen. Sowie ich wieder in Harlem erschien, wurde ich wie ein König empfangen – überall, wohin ich kam, wurde ich umarmt, sogar von Menschen, die ich gar nicht kannte, und alle bezeigten mir Zuneigung und Hilfsbereitschaft. «Sorg dich nicht, Mezz», sagten alle, «es wird gut werden, du hast Freunde, und sie werden dich nicht vergessen.»

Im Januar wurde ich vor ein Sondergericht geladen, und ein Beamter, dem Rauschgift-Fahndungen oblagen, wollte mich auf alle erdenkliche Weise dazu bringen, ihm die Namen anderer Leute zu nennen, die in Harlem mit Marihuana handelten. Ich sagte ihm, er solle mir beweisen, daß Marihuana ein Rauschgift oder sonst irgendwie gesundheitsschädlich sei, dann würde ich vielleicht mit ihm reden. Die Gerichtsverhandlung, die dann folgte, langweilte mich; ich hatte nur den einen Wunsch, all das Hin und Her möchte bald beendet sein, so daß ich im Gefängnis untergebracht wäre und mit meiner Klarinette arbeiten könnte. Ich wurde schließlich für ein bis drei Jahre nach der Insel Riker geschickt.

DIESES Gefängnis war in einer Hinsicht besser als die Musikdose: Die Zellen enthielten wenigstens funkelnagelneue Stühle, und die Wände waren aus Stahl. Es gab ein Waschbecken mit eiskaltem fließendem Wasser, das als sicherer Wecker diente, und das Bett war mörderisch. Es hätte ursprünglich eine Luftmatratze bekommen sollen; aber diese Luftmatratzen waren aus irgendeinem Grunde nie angeschafft worden; statt dessen bekamen wir fünf Zentimeter dicke Baumwollmatratzen, die gerade genügten, daß man sich das Rückgrat nicht brach.

Ich setzte es durch, als Farbiger zu gelten und in den Block VI zu kommen, wo die Neger untergebracht waren.

Ich bemerkte sehr bald, daß sich unter der Oberfläche eine Fehde abspielte. Die eine Partei bestand aus den Wärtern, die andere aus den Zivilangestellten. Die Zivilangestellten, die sich mehr oder weniger dafür einsetzten, die Insassen zu erziehen und zu bessern, behandelten uns halbwegs wie Menschen; die Wärter hingegen hatten das Wort «Umerziehung» noch nie gehört und fanden, daß die Zivilisten zu weichherzig waren und uns verwöhnten, anstatt einen Knüppel zu schwingen. Costello, der zivile Orchesterleiter, ein sympathischer alter Herr, der früher Symphonie-Klarinettist gewesen war, gehörte zu den Weichherzigen; aber er verstand nichts von Jazz und machte sich auch nicht viel daraus. Er gab mir einige Saxophone und Klarinetten, die uralt waren und so jämmerlich leckten, daß man ihnen mit der Druckluftpumpe keinen Ton entpressen konnte. Ich verbrachte ganze Tage damit, ein paar davon zusammenzuflicken.

Etwas muß ich den mürrischen Gesellen der Wärter-Partei zugute halten: Sie hatten Costellos zickische Musik satt, und sie schienen sich zu freuen, als ich das Orchester übernahm. Auch für sie war das Gefängnisleben kein Schleck; den ganzen Tag mußten sie mit bösem Blick herumstehen, konnten sich nie ein bißchen gehen lassen und wurden mit jeder Minute neurotischer.

Zwei Wochen lang schwitzten und schufteten wir, um uns für unser erstes Konzert vorzubereiten, und wenn wir es auch mit einigen armseligen Musikern zu tun hatten, gab es doch ein Zusammenspiel. Zum zweitenmal in meinem Leben hatte ich ein gemischtes Orchester, und diesmal brauchte ich mich nicht zu sorgen, daß Tommy Dorsey oder Benny Goodman oder Artie Shaw mir meine Leute wegluchsen würde...

Unter meinen Musikern war ein alter, erfahrener Neger namens Pop Baxter, der in altem Stile Posaune spielte. Er hatte bei Jahrmarkts- und Zirkuskapellen gearbeitet, und all die jungen Dachse spotteten über seinen altmodischen Stil, als ich ankam; aber davon hatte ich sie rasch geheilt. Da war ein Edelstein hinter den Mauern von Riker verborgen, und ich nahm mir vor, Pop bei der ersten Grammophon-Aufnahme, die ich nach meiner Entlassung machen konnte, unbedingt zu verwenden, vielleicht sogar bei der Aufnahme von «Gone Away Blues» mit Sidney Bechet und mir. Ich werde nie vergessen, wie dieser prächtige Alte mit seinem weichen Glissando die Geleise schmierte, so daß alle Jungen ihm nachglitten. Pop wurde vor mir entlassen, nachdem er dreißig Monate abgesessen hatte, und in der zweiten Woche hernach kam er irgendwie ums Leben. Man brachte den Toten auf die Insel zurück. Wir trauerten alle um ihn, und als er mit vielen andern heimatlosen Toten in ein großes Loch versenkt wurde, bat ich die Totengräber, an der Stelle einen kleinen Hügel zu machen, damit sein Grab gekennzeichnet war.

Als ich eines Abends in unserem Zellenblock Radio hörte, wurde Count Basies Platte «One O'Clock Jump» gesendet. Da ergriff mich tiefe Niedergeschlagenheit, und Tränen rannen mir aus den Augen. Welch ein Unterschied zwischen diesen vollen, starken Tönen, die aus dem Lautsprecher vibrierten, und der Musik unseres Dilettanten-Orchesters! Es traf mich hart. Dann fiel mir ein, daß ich Jack Bregman von der Firma Bregman, Vocco und Conn, die Count Basies Nummern herausgegeben hatte, kannte, und ich schrieb ihm flugs einen Brief, bat ihn, mir das Leben zu retten und mir die Arrangements von «One O'Clock Jump», «Jumping at the Woodside» und den übrigen Basie-Platten zu senden. Am folgenden Tage wurde ich in die Unterhaltungs-Abteilung gerufen, und man teilte mir mit, daß das Gefängnis Wohltätigkeit und Gaben nicht annehmen dürfe; aber man wolle dreißig Dollar monatlich für das Orchester aussetzen, wenn ich davon auch Schlagernoten anschaffte. Ich erklärte mich bereit, «Frénésie» und zwei andere populäre Melodien in unser Repertoire aufzunehmen, und bekam alle gewünschten Basie-Arrangements.

Dieses erste Konzert war wirklich etwas. Die Farbigen saßen auf ihrer Seite des Saales, rechts vom Podium, mit gespannten Mienen und sehr aufgeregt, als ob ihr Ruf auf dem Spiele stünde. Der alte Costello nahm als erster den Stock und dirigierte uns durch eine leichte Ouvertüre; dann trat ich auf, und wir schwangen uns in die ersten Takte von «One O'Clock Jump». Eine Welle freudigen Schreckens ging durch die Abteilung der Farbigen wie starker Wind durch ein Kornfeld, und man merkte, daß alle am liebsten laut gejubelt hätten; aber sie schlugen nur mit strahlendem Gesicht den Takt mit den Füßen und hüpften auf und nieder. Als dann einer der Trompeter ein Solo begann, konnten sie sich jedoch nicht mehr halten. «Huiiii!» schrie einer, und die ganze Zuhörerschaft tobte vor Vergnügen. Ich erschrak zu Tode; aber als ich dem Vizedirektor einen schnellen Blick zuwarf, sah ich, daß er beifällig lächelte und mir ermunternd zunickte. Welch eine Veränderung ging mit den Wärtern vor – es war, als hätte irgend jemand die starre Maschinerie ihrer Gesichter aufgeschlossen, so daß sie wieder menschenähnlich wurden. Als die Nummer fertig war, klatschten sämtliche Zuhörer, Gefängnisleiter, Wärter und Insassen gemeinsam, begeistert Beifall. Wie stolz war Block VI! Ich kam mir so großartig vor, als hätte ich ein Konzert in Carnegie Hall dirigiert. Von da an wurden die Beziehungen zwischen den Wärtern und Insassen etwas menschlicher.

Nächtelang saß ich in meiner Zelle auf, machte Arrangements von «Swingin' with Mezz» und «Gone Away Blues» und bearbeitete einige veröffentlichte Orchestrierungen, die für unsere Musiker zu schwer waren. So besessen war ich von der Arbeit, daß ich kaum schlief; ich summte Melodien vor mich hin und schrieb wie verrückt, bis vor meinen Augen Flecken tanzten, die lauter Noten waren. Zum erstenmal versuchte ich ohne Klavier zu arrangieren, und es gab mir einen unerhörten Auftrieb, als ich feststellte, daß ich es nur mit dem Kopf fertigbrachte.

Beim nächsten Konzert erlebten wir eine Überraschung.

Über die ganze Insel hatte sich das Gerücht von unserem Orchester verbreitet, und als wir am Sonntag den Saal betraten, saß kein Geringerer in der ersten Reihe als der Gefängnisdirektor persönlich mit seiner Frau und fünfzehn Gästen. Wir rissen wieder alle hin, und der Druck war von der Insel genommen. Ringsum begannen die Dinge menschlicher auszusehen; Insassen und Wärter freuten sich gleichermaßen auf unsere Sonntagnachmittage, und ab und zu trafen wir sogar auf einen Wärter, der so verwirrt war, daß er seine berufliche Würde vergaß und uns tatsächlich anlächelte. Ja, wir besserten einen Wärter so sehr, daß wir ihn zum Lächeln brachten.

Als ich eines Abends mit Roy, einem alten Freund aus Harlem, Schach spielte, mußte ich husten, und da sah ich, daß das Taschentuch blutig wurde. Ich saugte am Zahnfleisch, um zu sehen, ob irgendeine Stelle blutete; aber daran lag es nicht. Oh, oh, dachte ich, nun hat's mich erwischt, diesmal brauche ich keine Tb zu simulieren. Ich ließ mich im Gefängnislazarett untersuchen. Das Ergebnis war negativ; aber man ließ mich sechs Wochen im Bett liegen, und ich genoß all die Annehmlichkeiten, die sich ein Gefängnisinsasse nur erträumen kann.

Ich war nicht glücklich; das Orchester konnte die Nummern ohne meine Saxophon-Partie nicht spielen, und mir fehlte die Musik sehr. Außerdem sehnte ich mich nach meinen Kameraden im Block VI, wo ich mit Weißen nur in Berührung kam, sofern sie Musiker waren. Der Arzt hielt mich für meschugge – da jammerte ich, weil ich im Tb-Krankensaal war, wo sich mir das Beste bot, ein weiches Bett, ein Bad, sooft ich wollte, Besuch neben dem Bett anstatt hinter einer Glasscheibe. Schließlich teilte er mir mit, daß ich in ein anderes Gefängnis versetzt würde. «Dort kommen Sie an die Luft», sagte er zu mir, «und ein Orchester haben Sie auch.» Ich willigte ein, weil er meinte, daß die schlechte Warmluft-Ventilation in unseren Zellenblöcken mein Blutspucken verursacht hätte. Nur etwas stimmte mich besorgt: Auf die Insel Hart schickte man alle Rauschgiftsüchtigen, und so mochte ich nicht klassifiziert werden.

Mir fiel die andere Atmosphäre sofort auf. Die Insassen, die im Hafen arbeiteten, riefen ihren Bekannten unter den Neuankömmlingen Grüße zu, gerade vor den Wärtern, und einige plauderten sogar mit den Wärtern, als ob es gar kein Redeverbot gäbe. Als ich dann dem Orchester zugeteilt wurde, sah für mich alles viel heller aus. Hier gab es keine Einzelzellen, sondern wir waren in Schlafsälen untergebracht. Und wen fand ich unter den Musikern in meinem Schlafsaal? Niemand anders als den guten alten Travis Roberts [einen meiner Freunde vom «Corner»] als ersten Trompeter und ausgerechnet den Schlagzeuger Frankie Ward, der mich mit dem Opium bekannt gemacht hatte. Das gab ein tolles Wiedersehen. Sie erzählten mir von den Verhältnissen in diesem Gefängnis, wo es eher wie in einer Militärakademie zuging, nicht wie in einem Kittchen.

Travis richtete es so ein, daß ich das Bett neben ihm bekam, und sowie wir unter uns waren, sagte er: «Mezz, du mußt dir ein schlechtes Leben wünschen. Was ist bloß in dich gefahren? Ich habe schon von vielen Schwarzen gehört, die sich als Weiße ausgaben, aber noch nie von einem Weißen, der für einen Neger gehalten werden wollte, noch dazu im Gefängnis.» Ich erklärte ihm, wie ich mich in Ricker im Block VI gefühlt hatte, und da verstand er mich ein wenig. Dann berichtete er mir, wie es in Hart mit der Musik stand, und erzählte mir von dem deutschen Professor, der das Orchester leitete. «Märsche sind seine Spezialität», sagte er, «und wir spielen auch Wagner, dann noch mehr Wagner und danach lauter Wagner. Sieh doch zu, ob du ihn nicht dazu bringen kannst, daß wir hier auch Jazz spielen.»

Am folgenden Tage sprachen wir des langen und breiten mit Professor Fritz Frosch. Wir sagten ihm, Jazz sei die Musik der Farbigen, und wir sähen nicht ein, warum wir ihn nicht spielen dürften. Wir spielten deutsche, französische und italienische Sachen, außerdem die Märsche von Sousa, warum sollten wir nicht auch die Musik von Count Basie und Duke Ellington spielen? Er willigte ein, daß mir die Jazzband anvertraut wurde, und bald bekam ich wiederum Basies Arrangements, und ich durfte mir auch meine Klarinette aus der Pfandleihe kommen lassen. Binnen kurzem kam die ganze Insel am Sonntagnachmittag zum Sportplatz gelaufen. Die Kapelle spielte Märsche, indes die Mannschaften aufs Feld marschierten, und während des Spiels hielten wir unsere Jam Session ab. Die Gefängnisinsassen scharten sich ums Podium und lauschten Basies Stücken, auch meinen eigenen und dann Ellingtons Arrangement von «Solitude», nachdem der Verleger Sidney Mills es mir geschickt hatte. Zum Glück erfuhren die Vertreter der kommerziellen Musik nichts von der musikalischen Raserei, die unsere kleine Strafkolonie ergriff, sonst hätte es einen Ansturm auf die Fähre gegeben, die zur Insel Hart übersetzte.

SIEBZEHN Monate vergingen im Fluge. Ich war so in die Musik vertieft, so von Partituren und Arrangements in Anspruch genommen, daß ich das Vergehen der Zeit gar nicht bemerkte. Nur zufällige kleine Ereignisse, die ich sozusagen mit verbundenen Augen aus dem Sack griff, erregten flüchtig meine Aufmerksamkeit. Etwas Gewaltiges sprang in mir auf; alle meine Nerven richteten sich gähnend auf, öffneten weit die Augen und waren dann hellwach. Gespenstische, verschlungene Schluchten, nebelerfüllte Höhlen taten sich in mir auf; immer tiefer ertastete ich mir den Weg hinein und erforschte sie, ohne zu wissen, was ich finden würde. Für das, was außerhalb vorging, hatte ich nicht viel Sinn.

Immerhin geschah einiges, das mich in die Außenwelt zurückrief.

Am 7. Dezember 1941 hörten wir am Radio Jazzplatten, und mitten hinein platzte die Nachricht von Pearl Harbor. Aufregung rieselte durchs Gefängnis; die Weißen steckten in ihrer Abteilung die Köpfe zusammen und raunten erregt; wir

Farbigen hockten auf der andern Seite beisammen, still, gespannt, besorgt. Die Weißen redeten davon, daß sie jetzt vielleicht hinauskämen, der Luftwaffe beitreten, Helden werden und fünfzig, hundert, tausend Japaner abschießen könnten, um berühmt und ordengeschmückt heimzukehren. In unserer Gruppe sprach niemand davon, ein Held zu werden. Bei uns standen tiefe Sorgen in den Gesichtern geschrieben – eine unausgesprochene Frage beschäftigte uns: Die Japaner sind eine farbige Rasse, da starrte uns wieder die alte Rassenfrage entgegen.

Ein Brief von Madeleine Gautier, Panassiés Sekretärin, datiert vom 7. Dezember: «Lieber Milton, endlich haben wir Ihre Adresse erhalten, und ich beeile mich, Ihnen zu schreiben, da Sie sehr traurig sein müssen. Sie ahnen nicht, wie wir uns aufgeregt haben, Hugues und ich, als wir die Nachricht vernahmen, was mit Ihnen los ist. Hoffentlich sind Sie nicht allzu niedergedrückt. Seien Sie überzeugt, das Schlimme hat auch sein Gutes. Wir bleiben Ihre Freunde. In der Schweiz kennen alle Sie, und nachdem Hugues und ich im September in Zürich waren, liebt man Sie dort noch mehr. Sie wissen ja, wie Hugues für Menschen und Dinge wirbt, die er selbst liebt. Es stimmt uns sehr betrübt, Sie in Schwierigkeiten zu wissen, gerade Sie, der mit seiner schönen Musik so vielen Freude bereitet hat. Sie können sich denken, wie sehr wir in Gedanken bei Ihnen sind. Wo ist die herrliche Zeit geblieben, als wir alle beisammen waren! Wie lange müssen Sie noch dort bleiben? Wir beide lieben Sie sehr...»

Wie glücklich bin ich, dachte ich, solche Freunde zu haben...

ETWAS Merkwürdiges fiel mir auf – viele Gefangene verschwanden still, manchmal für Wochen, und dann kehrten sie mit breitem Lächeln zurück, gesund und vergnügt aussehend. Ich schaltete mich in die unterirdische Telegraphie ein und erfuhr, daß Insassen von Hart und auch von Riker zum King's County-Spital gebracht wurden, wo man sie als Versuchskaninchen benutzte, um festzustellen, wie Marihuana eigentlich wirkte. Im Krankenhaus konnten sie auf Kosten der Stadt so viel Marihuana rauchen, wie sie wollten, ließen Platten abspielen, bekamen gut zu essen und unterhielten sich herrlich, während die Ärzte alle möglichen Untersuchungen vornahmen. Sie erzählten mir dann auch, daß die Ärzte sie von oben bis unten untersucht hätten, keinen Quadratzentimeter auslassend, ohne die geringste schädliche Wirkung zu finden. Ebensowenig vermochten sie den Beweis zu erbringen, daß Marihuana süchtig machte. Ich grollte erheblich; da mußte ich zwanzig Monate absitzen [dazu war ich endgültig verurteilt worden], weil man Zigaretten bei mir gefunden hatte, deren schädliche Wirkung die Stadtärzte nicht nachweisen konnten.

Zur gleichen Zeit fand ich in der Zeitung einen interessanten Artikel. Ein Richter vom Obergericht Bronx hatte die Stimme gegen das Verfahren der Stadt, harmlose Vergehen strafrechtlich zu verfolgen, erhoben, und sein ganzer Angriff war abgedruckt. Er sagte, es stünde schlecht um die Gesetzgebung, wenn man für einen bestimmten Verstoß auf der einen Seite der Straße in Westchester County ein Jahr Gefängnis bekäme und auf der andern Seite für genau das gleiche Vergehen drei Jahre. Er kritisierte das ganze Umerziehungs-Programm, weil die Umerziehung ein bis drei Jahre dauern sollte, wohingegen manche Gefangenen in Riker und Hart wegen des gleichen Vergehens in zwei bis drei Verfahren verwickelt wurden, so daß sie manchmal neun Jahre absitzen mußten.

Herrschaft, dachte ich, hier ist einmal ein vernünftiger Richter. Die andern dachten das ebenfalls; sofort setzte ein wilder Ansturm auf Freilassungsbefehle ein, damit sie bei diesem Richter appellieren konnten. Ich sah das Getümmel und fand, ich könnte mich daran beteiligen. Ich bekam einen Freilassungsbefehl und wurde vor den Richter geladen.

«Herr Richter», sagte ich, «ich verstehe mich nicht darauf, einen Prozeß zu führen; aber ich finde es sonderbar, daß ich im Gefängnis sitzen muß, wenn die Stadtärzte überhaupt keine schädliche Wirkung feststellen können.»

«Und die Wirkung bei Kindern?» fragte der Richter. «Befürworten Sie Marihuana bei jedem, auch bei Halbwüchsigen?»

«Ich habe nie etwas befürwortet», erwiderte ich. «Ich rauchte nur Marihuana, genau wie meine Freunde, und wir genossen die aphrodisische Wirkung. Natürlich sollen Kinder und Jugendliche kein solches Anregungsmittel in die Hand bekommen, ebensowenig wie Alkohol. Aber wenn ein Dreißig-, Vierzig- oder Fünfzigjähriger Anregung braucht, kann er sie durch Marihuana bekommen, ohne daß es ihm schadet.»

«Sie wissen doch, daß der Staat das Recht hat, Sie einzusperren?» fragte der Richter. «Ist ihnen das klar?»

«Gewiß, Herr Richter», antwortete ich; «aber ich bin wegen etwas eingesperrt worden, das die besten Wissenschafter nicht brandmarken können, einerlei, ob man mich als süchtig bezeichnet.»

Der Richter versenkte sich in meine Akten. Augenscheinlich fand er darin auch die Eintragung «Rasse: Neger»; denn plötzlich sah er aus, als hätte er einen Schlag ins Gesicht erhalten. Als er die Augen wieder hob, hatte er einen ganz anderen Ausdruck. «Junger Mann», sagte er ernst, «das schlimme ist nur, wenn ich Sie jetzt freilasse, gehen Sie mit allen übrigen Ihrer Rasse hin und stimmen für Roosevelts Wiederwahl.» Er könnte einen Scherz gemacht haben; aber es war Sommer 1942 – die Wahlen standen vor der Tür. Und zu denken, daß ich nie in meinem Leben an einer Abstimmung teilgenommen habe...

EINES Nachmittags trat die Entscheidung ein: Binnen zehn Minuten siedete und wallte die formlose Masse meines Lebens und nahm eine feste Gestalt an, die ich endlich erkennen konnte. Feuerwerk sprühte in meinem Kopf zischend und knallend auf, und jählings waren die verworrenen Fäden meines vergangenen Lebens zusammengezogen und zu einem sinnvollen Muster verwoben. Das war der Höhepunkt meines Daseins: Ich war endlich ein Mensch aus einem Guß, vielleicht noch etwas verbeult an den Rändern, mit ein paar sichtbaren Flickstellen, aber doch aus einem Stück. Das vollzog sich im Ablauf von Minuten. Es mag nach nichts Besonderem klingen, in kalten Buchstaben erstarrt; doch es ist mir seither an jedem Tag meines Lebens geblieben, und so wird es bis zu meiner Todesstunde bleiben...

Gewaltige Kräfte waren seit dem Tage meiner Verhaftung in mir am Werke gewesen: Das war der Wendepunkt. Ich war wach und aufgezogen; mein Kopf war wie ein verschmutzter Teich, der sich allmählich klärt, während der Schlamm zu Boden sinkt, der immer breiter wird, neue Dinge aufsaugt und neue Ufer sucht. Wenn ich mit dem Orchester probte, hatte ich das sonderbare Gefühl, einer großen neuen Entdeckung auf der Spur zu sein – mein umnebeltes Hirn drehte sich schäumend, wilde Gedanken tosten hindurch, und mir wurde schwindlig. So erging es mir meistens mit der Musik. Man vergesse nicht, zum erstenmal seit zwölf Jahren, zum erstenmal seit meinem Wegzug aus Chikago war ich frei, mich mit meinem ganzen Sein auf die Musik zu konzentrieren. Ich wurde neugeboren, machte heftige Wachstumsschmerzen durch; aber ich spürte, daß sich etwas Großartiges in mir vorbereitete, und dann war ich blitzartig erwachsen, gelangte zu voller Höhe, war ein fertiger Mensch, eine geschlossene Einheit von Kopf bis Fuß. Die Musik gab mir meinen Geist zurück. Derweil ich da saß und spielte, fühlte ich, daß mein Leben wieder einen Sinn hatte – ich schlug den richtigen Kurs ein, gerade und ehrlich. Es war kein Zufall, daß ich die Farbengrenze überquert hatte, daß ich mit meinen Kameraden Travis und Frankie Ward eingesperrt war, daß ich wieder ein gemischtes Orchester hatte und die mir eigene Musik dafür schreiben konnte. Die meisten Dinge, nach denen ich so viele Jahre gestrebt hatte, kamen mir jetzt entgegen – dort im Gefängnis auf der Insel Hart. Es konnte kein Zufall sein. Darin lag eine tiefe Bestimmung. Es mußte irgendwohin führen.

In meiner Musik war ein starker neuer Drive und Schwung. Travis' melodiöse Armstrong-Läufe weckten etwas tief in meinem Innern; Frankies rhythmische Schläge kitzelten mir die Haut – ich hatte das Gefühl, als sprächen sie mit mir, als sagten sie etwas, das mein ganzes Dasein ändern würde, und als müßte ich ihnen antworten, müßte ihnen die richtigen Antworten geben, sonst würde das Großartige nicht geschehen. Immer stärker blies ich in meine Klarinette, als ob mein Leben davon abhinge. Die ganze Zeit war ich gespannt und voller Erwartung. Nach jeder Probe war ich so ausgepumpt, daß mir die Knie versagten; der Schweiß brach mir am ganzen Körper aus, und im Magen hatte ich ein hohles Gefühl. All das führte zu etwas, das sich mit lautem Knall weit auftun mußte. Wir gerieten außer Rand und Band bei den Proben, strebten und rangen und wollten das Verheißungsvolle, das gerade außer Reichweite vor uns hing, pakken und festhalten. Frankie und Travis fühlten es auch. Diese Proben peitschten sie zu einem Fieber der Erregung auf. Hernach konnten wir kaum miteinander reden; die Worte überstürzten sich. Etwas Großes lag in der Luft.

Und dann kam an einem sonnigen Nachmittag die Explosion. Es wird sich nicht besonders anhören – wir marschierten mit dem Orchester einfach dahin und spielten das alte zikkische «Unser Direktor». Der Professor blieb stehen, um mit dem Wärter zu sprechen; aber wir setzten unseren Weg über die Insel fort. Da ich Orchesterchef war, übernahm ich die Leitung. Wir gelangten zum Elektrizitätswerk, wo die Neunte Abteilung arbeitete, die nur aus Farbigen bestand, und alle kamen wie stets herbeigelaufen, um uns zu hören.

Es befeuerte mich immer, meine Kameraden hier zu sehen; wir spielten für sie lauter und kräftiger, versuchten der Musik den lebhaften Rhythmus und Geist zu verleihen, den sie liebten. Es stimmte mich ein wenig verlegen, vor all diesen schwitzenden Gestalten zu paradieren, mit nichts als einer

Klarinette in der Hand – sie hielten Schaufeln in den Händen und waren erschöpft von dem Gebrauch, und ich hegte tiefe Achtung vor ihnen. Der Gedanke, den ganzen Nachmittag nur herumzumarschieren, während sie sich die Seele aus dem Leibe schwitzten, verlieh mir ein Gefühl der Minderwertigkeit, und da ich mich irgendwie rechtfertigen mußte, achtete ich auf jeden Schritt, den ich machte, nahm darauf Bedacht, rhythmisch und anmutig aufzutreten, aber nicht großspurig und albern. Ich dachte, wenn ich wenigstens mit weichen, anmutigen Bewegungen an ihnen vorbeizöge, jeden Trommelschlag fühlte und zeigte, daß ich ich ihn fühlte, müßte es sich auf diese Arbeiter übertragen, weil sie ein so feines Empfinden dafür hatten, wenn ein Mensch seinen Körper leicht beherrschte, einerlei, wo sie es sahen. Das würde meine Mitwirkung bei dieser dummen Parade ein wenig entschuldigen.

Ich schritt also dahin; der Marschrhythmus freute und beschwingte mich, und als ich alle meine Freunde beim Elektrizitätswerk sah, beschloß ich, die Ketten abzuwerfen und mich gehen zu lassen. Ich war plötzlich so aufgeregt und gespannt, daß man hätte meinen können, ich wollte einen Banküberfall unternehmen. Ich begann den Marsch auf meiner Klarinette zu improvisieren, all die geschriebenen Noten vergessend, die wir mit dem Professor geprobt hatten. Und dann – o Himmel – fiel ich in einen seltsamen Traumzustand, in eine Art Trance. Ich hatte keine Beherrschung mehr über mich; mein Körper vollführte seine leichten, entspannten Bewegungen; meine Finger flogen ohne den geringsten Druck, ohne Anstrengung meinerseits über die Klappen, irgendein anderer hatte die Führung übernommen und leitete alle meine Bewegungen, während ich mich nur mitziehen ließ und fühlte, daß alles gut und richtig zusammenstimmte. Ich erlebte die heitere, tragende Freude, von der religiöse Menschen manchmal erzählen. Es war ganz genau dieselbe heitere Freude, die ich als Kind in der New Orleans-Musik gespürt und die mich mein ganzes Leben lang behext hatte – immerzu hatte ich sie wiederfinden wollen und es nicht gekonnt. Frankie Ward ging hinter mir; der Funke sprang auf ihn über, er fiel ein und ließ eine Trommel ertönen, die nicht mehr die abgedroschene Sprache Sousas redete, sondern die zeitlose New Orleans-Sprache. Sofort belebte sich die ganze Schar und begann zu sprühen, als ob alle eine dreifache Dosis Thyroidextrakt bekommen hätten. Auch Travis, der mit der Trompete führte, wurde von der Flut mitgerissen; sein Ton wurde seelenvoll und vibrierend; er holte Atem, wo es ihm natürlich schien, und das ganze Orchester marschierte und spielte plötzlich in einem neuen Rhythmus. Jeder Schlag, den Frankie auf seiner Trommel dröhnte, erklang in vollkommenem Takt mit jeder Variation, die irgend jemand von meiner Klarinette aufnahm; meine Klarinette und die Trompete verschmolzen in einem gigantischen, harmonischen Orgasmus. Die Männer von der Neunten Abteilung lachten und stampften und jubelten.

Und wer war ich auf einmal? Ich war Jimmy Noone und Johnny Dodds und Sidney Bechet, schritt durch die Basin-Straße hochgemut und schön, alle Freude und Lebenslust durch meine Klarinette zum Klingen bringend. Der mächtige Schlagzeuger hinter mir, das waren Tubby Hall und Baby Dodds und Zutty Singleton alle zusammen; der Trompeter, der ein melodiöses Versteckspiel mit meiner Klarinette trieb, das waren King Oliver und Tommy Ladnier, ja und auch Louis, der eine und einzige Pops, der größte von allen. Und es war Fastnachtsdienstag; wir schritten am Kopf der fröhlichen Parade, spielten «High Society», «Didn't He Ramble», «Moose March», «Dusty Rag», «Muskrat Ramble», «Milneburg Joys», «When the Saints Go Marching In» und «We Shall Walk Through the Streets of the City» damals in der großen Zeit, als der Jazz geboren wurde, damals an der pulsenden Wurzel und Quelle aller Jazzmusik, ließen ihn frisch und neu auferstehen. Ganz plötzlich waren wir mitten im fröhlichen New Orleans am Mississippi-Delta mit seinen roten Laternen und Honkytonks, wo die herrlichste Musik der Welt ihren Anfang genommen hatte. Zwanzig Jahre war ich gewandert, hatte diesen schönen, sagenhaften Ort gesucht, und auf einmal hatte ich es geschafft – ich war daheim.

Zum erstenmal in meinem Leben spielte ich wahren authentischen Jazz, nicht Chikago, nicht Dixieland, nicht Swing oder Jump, nicht Debussy oder Ravel, sondern *Jazz*, einfach, direkt, schaukelnd und webend. Mein ganzes Leben lang hatte ich mich gesehnt, so zu spielen, und mein ganzes Leben lang hatte ich solche Angst gehabt, es nicht zu können [auch während der Aufnahmen mit Panassié], daß ich immerzu Nebenstraßen und Umwege eingeschlagen hatte, um dem Mißlingen auszuweichen, und all mein Unglück, meine Komplexe und Ausschweifungen entsprangen dieser Angst und Flucht. Jetzt hatte ich keine Angst mehr. Alle die hinter mir liegenden wirren Jahre bekamen auf einmal Sinn und fügten sich ins Bild: die Tage im Gefängnis, der ewige Refrain des Hungerleiders, das Vergessen im Opium, der Nervenzusammenbruch, die Flucht zum Marihuana, das Leben im Sumpf. All das gehörte zu meiner Erziehung, mußte mich formen und bilden, bis ich genügend zerschlagen und verwundet war, um in die New Orleans-Sprache zu verfallen und etwas darin sagen zu können. Diese zwanzig Jahre des Strebens und Irrens waren mir bis in die Fingerspitzen gegangen, so daß ich nun ganz plötzlich die Klappen der Klarinette fassen und die einzige Sprache in der ganzen weiten Welt herauspressen konnte, die mich mein Sprüchlein sagen ließ.

Und weiß man, wie mein Sprüchlein lautete? Ein ganz einfaches Wort: *Das Leben ist schön; es ist herrlich, am Leben zu sein!* Einerlei, wie oft man hungert, wie viele Tritte man abbekommt, einerlei, wie schwer man sich durchschlägt, es ist herrlich, am Leben zu sein, Freunde! Ich hatte meine Püffe abbekommen müssen, viele, viele, ehe ich das verstehen konnte. Die Schwarzen, neu befreit aus dreihundertjähriger Sklaverei, immer noch die verachteten Paria trotz ihrer «Befreiung», hatten es längst verstanden und vor vierzig, fünfzig Jahren schließlich eine revolutionäre Musik hervorgebracht, um der Welt diese Botschaft zuzurufen. Das sagte New Orleans in Wirklichkeit – es war eine Feier alles Lebenden und Atmenden. Es war eine Kampfansage an den Tod. Es war eine Weigerung, unterzugehen, ein eigensinniges Anklammern, ein Lobgesang auf den Blutkreislauf, ein Hosianna auf die Schweißdrüsen, ein Hymnus auf den Magen, der schmerzt, wenn er leer ist. Halleluja, Freunde, die Sonne scheint!

Ich wußte genau, was ich jetzt mit meinem Instrument zu sagen hatte, kannte alle Wörter der New Orleans-Sprache und konnte sie ausdrücken. Jimmy Noone und Johnny Dodds und Sidney Bechet hatten sie längst gekannt, und jetzt saßen sie mir unter der Haut, ließen meine Finger richtig arbeiten, so daß ich mein Sprüchlein sagen konnte.

Ja, dort und in diesem Augenblick entsprang ich meiner geistigen Galeere und kam unbelastet heim. Glatt und heiter breitete sich mein zukünftiges Leben vor mir aus, weil ich nicht nur wußte, was ich zu tun hatte, sondern auch wußte, daß ich es tun konnte.

KURZE Zeit vor meiner Entlassung hörte ich einmal im Schlafsaal Radio. Wir hatten ein Platten-Programm eingestellt, und man sendete Sidney Bechets «The Blues of Bechet»; dann wurde die andere Seite gespielt: «The Sheik of Araby». Ich kannte diese Platte nicht – sie mußte gemacht worden sein, während ich im Gefängnis saß –, und ich saß zitternd da, außerstande, meinen Ohren zu glauben.

Auf beiden Seiten wurden sechs Instrumente verwendet: Klarinette, Sopransaxophon, Tenorsaxophon, Klavier, Baß und Schlagzeug. Und alle sechs spielte Bechet! Natürlich war es eine Montage: Das eine Instrument war aufgenommen worden; dann hatte er ein anderes gespielt, während die erste Platte abgelaufen war, und so fort, bis er eine vollständige sechsköpfige Band gebildet hatte. Aber wenn man meint, das sei nur ein Gag, so lese man, was die Kritik im «Jazz Record Book» dazu sagte: «Diese Platte zeugt nicht nur

302

von der Vielseitigkeit eines Genies, sondern ist auch ein interessantes Experiment im Hinblick auf die Einheit des Stils. Man erlebt etwas Erstaunliches und Ungeheuerliches, wenn alle Partien mit den Intonationen und dem intensiven Vibrato gespielt werden, die für Bechet kennzeichnend sind.»

Einheit des Stils ist das richtige Wort. Diese Einheit des Stils erschütterte mich. Die beiden unglaublichen Nummern gehören zu den großartigsten New Orleans-Jazzstücken, die jemals aufgenommen worden sind, mit vollkommenem Zusammenschmelzen und Gleichgewicht zwischen allen sechs Instrumenten, und das hatte Bechet ganz allein vollbringen müssen! Das zeigte endgültig und beredsam, wie tief unser Jazz im Zeitalter der mechanischen Swing-Orchester gesunken war. Von den Musikern, die noch die Liebe zu reicher, melodiöser Erfindung und zur beschwingten Gemeinschaftsarbeit beseelte, waren nur noch so wenige übriggeblieben, daß Bechet mit sich selbst vorlieb nehmen mußte, wenn er für seine Aussage einen harmonischen, rhythmischen Hintergrund haben wollte. Jeder lebende Jazzmusiker müßte beschämt den Kopf senken, dachte ich, angesichts der Tatsache, daß Bechet so allein dastand, daß er sich selbst begleiten mußte, um sich das richtige Milieu zu schaffen.

An jenem Abend dachte ich viel an Bechet, besonders an die Freude, die ich bei den Aufnahmen mit ihm und Tommy Ladnier erlebt hatte. Ich ging im Schlafsaal auf und ab und träumte von musikalischen Einfällen, die wir nach meiner Entlassung zusammen ausarbeiten könnten. So glühend wünschte ich mir in diesem Augenblick, mit ihm zu spielen und Aufnahmen zu machen, daß die Sehnsucht wie ein körperlicher Schmerz an mir nagte. Er und ich erstrebten das gleiche, denselben reichen, bedeutungsvollen Stil, dieselben befriedigenden Verschmelzungen; wir mußten wieder zusammenkommen, das wußte ich, und diesmal wollte ich es noch besser machen. Dann fiel mir mein «Gone Away Blues» ein. Da war ja etwas, das wir zusammen tun konnten – mein Blues sollte ohne ein Solo, ohne eine Spur von künstlerischem

Egoismus aufgenommen werden und ein vollkommenes Beispiel für Zusammenarbeit werden! Für uns war das eine natürliche Forderung – davon war ich überzeugter denn je. Ich wurde ganz aufgeregt, als ich darüber nachdachte. Sidney Bechet war mein naturgemäßer Kollege, wenn er mich nur haben wollte.

Ich erinnerte mich an eine Geschichte, die Sidney mir einmal erzählt hatte. Damals spielte er mit einer Band in Paris. Wochenlang hatte er mit den andern Musikern gerungen und sich bemüht, sie zu einem einzigen Rhythmus zu bringen und einen musikalischen Hintergrund zusammenzuschweißen, so daß er mit seinem Spiel nicht allein wäre, sondern ein wirklicher kollektiver Geist geschaffen würde. Das war das tiefste Bedürfnis seines ganzen Wesens, eine musikalische Kollektivität; er lechzte danach, war davon besessen. Eines Abends wurde der Wortwechsel so heftig, daß ein Musiker, den Sidney angeschrien hatte, hinging, eine Pistole holte und einige Schüsse auf ihn abgab. Bechet wurde nicht getroffen, statt dessen ein paar unschuldige Umstehende. Beide kamen deswegen ins Gefängnis und blieben dort elf Monate. Sidneys Haare wurden während der Haft ganz weiß...

Dieser Fall nahm große Bedeutung für mich an, als ich nun darüber nachsann. Gemeinschaftsarbeit, Kollektivgeist, reiche, zusammenschmelzende Harmonie – das war Sidney Bechets ganzes Leben. Dafür mußte er kämpfen, und wenn er dabei umkam. So sehr brauchte er es, daß er sich in seiner Verzweiflung, um seine eigene Lauterkeit zu beweisen, schließlich hinsetzte und bei diesen beiden unglaublichen Aufnahmen alles allein machte. Welch eine unerhörte Moral stak hinter dieser virtuosen Leistung! Sie besagte: Das Leben wird neurotisch und bestialisch, wenn die Menschen keinen Frieden miteinander halten können, wenn sie mit Gefühlen und Persönlichkeit der andern nicht übereinstimmen, wenn Disharmonie und Mißklang die Welt beherrschen und jeder dem andern an die Kehle geht – nun denn, wenn man am Leben bleiben will, wenn man nicht so schlecht wie alle andern Bestien im Urwald werden will, bleibt einem nichts anderes übrig, als die Harmonie in sich selbst herzustellen, im Frieden mit sich selbst zu sein, das eigene Innere zu einen, während die zornige Welt in Pulver aufgeht. Mochte die harmonische Umgebung auch hin sein, Sidney konnte es doch schaffen. Er trug seine eigene Umgebung in sich herum. Daran konnte sich die Welt ein Beispiel nehmen.

Da war das große Geheimnis von Sidneys Genie und all unserer Musik, in einer einzigen konzentrierten Kapsel enthalten. Sidney bildete das überragende Beispiel eines Menschen, der in Frieden mit sich selbst lebte und alle Teile in Harmonie gebracht hatte. So mußte man sein, wenn man diese herrliche Musik spielen wollte. Laß dich wie die Welt ringsum in tausend Stückchen zerfetzen, und du kannst keine harmonische New Orleans-Musik aus deiner Seele ergießen – die heitere Freude ist dahin. Wenn du dich innerlich zersplittern und aufpulvern läßt, kannst du vielleicht «moderne» Musik machen, die ruckende Musik des Swings und Rip-bops. Das ist die manische Musik der Wirrköpfe, die sich selbst bekämpfen, sich auf dem Boden wälzen und Anfälle bekommen, während ihre zerbrochene Seele in ihrem Innern Krieg führt. Moderner Swing und Jump ist zügellos, wild, berserkerhaft – er ist die Agonie der zersplitterten, zerhackten Persönlichkeit. Er hat nichts mit dem New Orleans-Jazz gemein, der im Gegenteil voller Würde, ausgewogen zutiefst harmonisch, temperamentvoll, aber von geheimnisvoller Ruhe und Friedlichkeit durchdrungen ist – die Musik einer Persönlichkeit, die nicht in unzählige Stückchen zerplatzt.

Ja, man mußte ein Ganzes und in Harmonie mit sich selbst sein und die ganze Zeit Takt halten, während alle Teile Arm in Arm nebeneinander liefen, niemals übereinander stolperten. Das war nämlich der eigentliche Geist unserer Musik, der gemeinsamen Improvisation, und man mußte ihn in sich haben, in jedem Molekül, bevor man ihn hervorblasen oder hervortrommeln konnte. *Zusammenschluß* ist das Schlagwort für unsere Musik. *Schließt euch zusammen* ist das Schlagwort für alle, die diese herrliche Musik machen wollen. Der New Orleans-Stil ist in erster Linie nichts anderes als Brüderlichkeit und gegenseitige Hilfe in der Musik. Einige dich selbst, und dann kannst du mit den andern zusammen arbeiten. Und wenn du keine andern zur gemeinsamen Arbeit findest, kannst du es sogar ganz allein tun – wie der große Louis Armstrong, der am Ende seiner Phrasen Läufe hinzufügt, um die im Hintergrund fehlende Harmonie zu ersetzen, wie der große Sidney Bechet, der aus seiner erhabenen, harmonischen Seele ein ganzes Orchester schöpft.

Den Abend, an dem ich diese beiden Aufnahmen hörte, werde ich nicht vergessen. Auch das war ein aufwühlender Augenblick der Enthüllung und Erkenntnis. Er brachte meine Ausbildung in der Musik und in vielen anderen Dingen zum Abschluß.

AM 28. September 1942 wurde ich ins Büro gerufen, wo mich ein Mann von der New Yorker Behörde erwartete. Es war der Tag vor meiner Entlassung. Er stellte einige Fragen und händigte mir dann meine Karte aus: «Milton Mezzrow. Größe: 1 m 74; Gewicht: 165 Pfund; Rasse: Neger...» Am folgenden Tage bestieg ich die Fähre, winkte allen Kameraden am Kai zu und fuhr über den Fluß nach Manhattan. Geradeswegs nach Harlem begab ich mich, begrüßte alle Freunde und Freundinnen, richtete mich häuslich ein und packte meine Klarinette aus. Was Umerziehung betrifft... ich war so gut umerzogen, daß mir der Geschmack von Butter monatelang Übelkeit bereitete und eine einzige Parfümwolke mir den Magen umdrehte...

Ich arbeitete an «Gone Away Blues»; ich schrieb «Out of the Gallion» und mehrere andere Blues. Sogleich begann ich zu spielen – in zufälligen Formationen, für Engagements, die nur einen Abend dauerten, bei Jam Sessions in der 52. Straße und in Greenwich Village, in kleinen Nachtlokalen und Ballsälen. Ich reiste nach Harvard, nach Montreal und Toronto hinauf, nach Philadelphia und Washington, überallhin; ich spielte für den Sohn des türkischen Gesandten in den eleganten Räumen der Gesandtschaft, im Presseverein in Washington, für eine Studenten-Verbindung in Cambridge, für Gesellschaften der Journalisten, in der Aula von Hochschulen, für jeden, allenthalben. Meistens spielte ich mit Farbigen aus Harlem, manchmal mit Weißen, die dem New Orleans-Stil nahe kamen. Wenn ich viel Geld verdiente, gut und schön – aber es gab auch Zeiten völliger Pleite, und auch das war recht, niederdrücken ließ ich mich nicht. Wenn man sich kein Geld verschaffen kann, schaffe man sich Freunde. Ich schuf mir Freunde.

Ich stellte fest, daß ich mir überall Freunde geschaffen hatte, zum größten Teil dank meinen früheren Platten, besonders durch die Platten mit Panassié. Wohin ich kam, da stellten sich Handelsseeleute, Soldaten und Matrosen aus vielen verschiedenen Ländern ein, auch Schriftsteller, Kritiker, Maler, Studenten und Kollegen, die mich begrüßen wollten, mir sagten, daß sie die Platten, die ich mit Bechet und Tommy Ladnier gemacht hatte, in irgendeinem fernen Winkel der Erde aufgelesen hätten, und mich wissen ließen, wie sehr sie ihnen gefielen. Glühend wünschte ich, daß Tommy jetzt bei mir sein könnte, um den kleinen Ruhm zu genießen, den er so sehr verdient hatte und nun zu ernten begann...

Mein Leben in den Jahren zwischen 1930 und 1940 war doch keine Niete gewesen; mehrmals hatte ich in jenen Jahren versucht, mich zusammenzureißen und wenigstens ein paar Platten zu bespielen, und die Anstrengungen machten sich jetzt bezahlt. Ich erhielt viele freundliche Briefe aus verschiedenen Ländern, aus Australien, England, Südafrika, Java, Marokko und Belgisch-Kongo, von Jazzliebhabern aus der Untergrundbewegung in Frankreich, Belgien, Holland und Norwegen. Schon vor dem Krieg waren sie eingeträufelt. «Lieber Mezz!» hatte mir 1939 ein Zürcher geschrieben. «Der ganze Hot Club in Zürich geriet heute nachmittag aus dem Häuschen, als wir zum erstenmal Ihre beiden herrlichen Platten hörten, die Sie für ‚Swing‘ gemacht haben. Wir hoffen alle, daß wir uns auch Ihre vierzehn andern Aufnahmen aus Paris kommen lassen können. Ein großer Liebhaber des guten Jazz, wie Armstrong, Bechet und Sie ihn schaffen, sendet Ihnen die besten Grüße und Wünsche...» Alle diese jungen Menschen bewahrten sich ihr Interesse für die Musik, und ihre Briefe trafen immer häufiger ein, zum Teil wohl, vermute ich, weil Panassié und Madeleine Gautier sie ermunterten, mir zu schreiben, damit ich nach den Monaten im Gefängnis nicht zu schwermütig würde. «Lieber Milton», schrieb mir ein neunzehnjähriger britischer Student aus der Schweiz, als ich noch im Gefängnis saß, «soeben erhielt ich Ihre ‚neue Adresse' von Hugues, und ich möchte Ihnen schreiben, um Sie wissen zu lassen, daß der größte weiße Musiker der Welt trotz allem nicht vergessen ist...» Dann bekam ich ein ganzes Bündel Briefe von andern Hot Club-Mitgliedern aus allen Weltteilen, und alle lauteten ähnlich wie der folgende: «Von Hugues Panassié, mit dem ich befreundet bin, erfuhr ich Ihre Adresse, und ich muß Ihnen sagen, wie sehr ich Sie bewundere. Die meisten Ihrer Platten sind mir die allerliebsten, und ich glaube, es gibt keinen andern weißen Musiker, der den echten Jazz [vor allem Blues] mit solcher Ehrlichkeit und Inspiration wie Sie spielen kann...» Die Briefe trafen weiter ein. Ich wußte, daß das Lob übertrieben war; aber ich schätze die freundschaftliche Geste. Ich malte mir die Hot-Jazz-Gemeinde als ein erdumspannendes Netzwerk, als eine wirkliche einheitliche Weltorganisation ohne Manifeste und Statuten, und darin gab es auch einen Platz für mich, einen befriedigenden Platz, wo ich spielen konnte und Kontakt mit Menschen hatte, die meine Sprache redeten. Alles in allem war mir wohl zumute.

Schließlich kam ich zu Jimmy Ryan an der 52. Straße, wo ich fast ein ganzes Jahr blieb und in einem Trio spielte. Eines Abends erschien dort ein großer, hagerer, blonder junger Mann, der stundenlang still an seinem Tisch saß und nur der Musik lauschte. Ich hielt ihn für einen Jazzliebhaber von der Universität Harvard oder Yale; aber als ich mit ihm ins Gespräch kam, erfuhr ich, daß er John van Beuren hieß, keineswegs Student war, sondern Elektroingenieur, Spezialist für Radar oder etwas ähnliches, und daß er in Jersey eine Fabrik hatte, wo er Radar-Meßgeräte für den Staat herstellte. Er besaß alle Platten, die ich mit Ladnier und Bechet gemacht hatte. Er sagte, er fände sie ausgezeichnet und ich sollte noch mehr Platten mit solchen Leuten bespielen.

Wir unterhielten uns lange. Er war ein seltener Vogel, einer jener Wissenschafter, die weit über eine Retorte hinaussehen können. Er sagte mir, seiner Ansicht nach könne einem der Jazz, der echte, gemeinsam improvisierte Jazz, ebenso viel Spannung und Befriedigung vermitteln wie die Lösung eines schwierigen mathematischen Problems. «Wenn Sie eine Melodie anstimmen», sagte er, «klingt es, als wüßten Sie überhaupt nicht, worauf es hinauslaufen wird; Sie fliegen einfach in den musikalischen Raum hinaus. Dann kommen Sie alle wie durch ein Wunder zusammen, und die Spannung löst sich. Ich stelle mir vor, daß ein Mathematiker ein ähnliches Gefühl erlebt, wenn er sich mit einem Problem befaßt, blindlings arbeitet, sich den Weg ertastet, und dann schnappt die richtige Formel plötzlich ein, alles paßt zusammen, und das Ganze ist gelöst.» Ich hatte in der Höheren Schule Algebra geschwänzt, so daß ich ihm auf diesem Gebiet nicht sehr weit zu folgen vermochte; aber ich liebte seine Begeisterung und seine ernste Einstellung zur Musik. Ich sah ihn und seine Frau, die Jane hieß, häufig, besuchte sie oft und schwatzte die halbe Nacht mit ihnen über die Frage, was Jazz ist und was nicht.

Eines Tages rückte er mit allem heraus, was er auf dem Herzen hatte: «Mezz, wir beide hegen die gleichen Ansichten über Musik... wie wär's, wenn Sie sich mit mir und meinem Partner Harry Houck zusammentäten und ins Plattengeschäft einstiegen? Es besteht ein großes Bedürfnis nach einer Grammophonfirma, die sich auf die besten Blues und auf New Orleans-Musik konzentriert, solange die großen Musiker der alten Schule sie noch spielen...»

Danach entwickelte sich alles in schnellem Wirbel; ich weiß noch, ich sagte: «Ja, gewiß», und ehe ich mich's versah, saß ich mitten in der Stadt hinter einem Schreibtisch und gab mir Mühe, wie ein Kaufmann auszusehen. Kaufmann, ach, du meine Güte – ich war Präsident der Gesellschaft, und ich mußte sehr achtgeben, daß ich keine Socken trug, an denen die Löcher zu sehen waren. «King Jazz Co. Präsident: Milton Mezzrow» – ich habe Geschäftskarten, die es beweisen, und ich werde sie gern abgeben, wenn ich welche finden kann, die keine Flecken tragen. Je nun, ich habe sogar Bürostunden. Ich halte Audienz, ich stelle Leute an. Die Bank findet mich so solvent und ehrbar, daß sie mir Geld leihen will. Sehr bald werde ich Hauseigentümer sein, und ich werde Steuern zahlen wie alle braven Bürger. Ich hoffe nur, daß man im Lexikon berühmter Zeitgenossen meinen Namen richtig schreiben und die Daten meiner Gefängnis-Aufenthalte genau einsetzen wird, und man vergesse ja nicht «Rasse: Neger».

Wie verrückt machten wir Aufnahmen: Allein während der ersten Monate des Jahres 1945 entstanden über fünfzig Nummern. Und was glaubt man, mit wem ich Aufnahmen machte? Mit vielen prachtvollen Musikern, die mich in den großen Tagen im Südviertel von Chikago begeisterten – Big Sid Catlett und Kaiser Marshall am Schlagzeug; der wundervolle alte Pops Foster spielte Baß, derselbe, den ich verehrte, als ich in King Olivers historischer Band mitwirkte. Dann bekamen wir Papa Snow White für Trompete, Jimmy Blythe jun. und Fitz Weston für Klavier, lauter New Orleans-Musiker großer Klasse. Und am Sopransaxophon – Sidney Bechet! Sidney, das Ein-Mann-Orchester, persönlich! Eine der Nummern, die ich mit Bechet und den andern aufnahm, war «Gone Away Blues»; hernach kamen «Out of the Gallion» und viele andere an die Reihe, die für mich unerhörte Bedeutung hatten. Ich war der einzige Weiße in der Schar. Während dieser Aufnahme-Arbeiten ging ich die ganze Zeit auf Wolken... Wir engagierten auch ein großartiges Artistenpaar, nämlich Sox Wilson und seine Frau Coot

Grant, ausgezeichnete Blues-Sänger und -Komponisten alten Stiles, die mit Louis Armstrong, Sidney Bechet und Ma Rainy im Südviertel gearbeitet hatten und für uns urechte Blues schrieben. Pleasant Joe, ein Blues-Sänger, der vor drei Monaten aus New Orleans gekommen war, wurde unser Vocalist, und er machte seine Sache gut. Die Musik spielten wir gemeinsam, keine einzige Note vom Blatt; alles entquoll unserer Begeisterung und unserer herzlichen Zuneigung füreinander, und alles war New Orleans, vierzig bis fünfzig Jahre alt und stets neu. Und so wird es weitergehen, wir werden weiterspielen und aufnehmen, solange wir noch ein Fünkchen Atem haben und einen steten Herzschlag.

Ernest Borneman, der Anthropologe und Musikwissenschafter, schrieb die Kritiken über diese Platten im «Record Changer», und ich fiel beinahe um, als er sagte, daß die Blues, die ich mit Bechet aufgenommen hatte – diejenigen, welche im Gefängnis entstanden waren –, «weit zurückgingen über Louis, Bunk Johnson und Buddy Bolden hinaus bis zu den Wurzeln der Musik, zu den Zuckerrohr- und Reisfeldern, zu den Arbeitsliedern, den Sklavengaleeren und der Tanzmusik der Aschanti im Innern Afrikas und zu den Kanuliedern der Wolof und Mandingo am Senegal». Das tat mir wohl. Mein ganzes Leben lang hatte ich nach diesen Wurzeln gegraben. Vielleicht hatte ich endlich einige gefunden, wenn ich ihre Namen auch nicht kannte. Vielleicht war ich endlich ein wirklicher Jazzmusiker... Wenn ich jetzt diese Platten manchmal laufen lasse, die Augen schließe und die traurigen Melodien anhöre, kommen mir die Tränen, und ich denke: Vielleicht, vielleicht habe ich es geschafft. Immer wieder denke ich, eines Tages wird der gute alte Pops, der herrliche Louis Armstrong, diese weit zurückliegende Musik hören, und er wird verstehen, wie sehr ich in all den Jahren gekämpft habe, um ihm nahe zu kommen, und wir werden uns auf demselben Wege wiederfinden wie früher. Hoffentlich fallen ihm die Platten eines Tages in die Hände, und hoffentlich liest er auch dieses Buch. Dann wird er all die Dinge erfahren, die ich nicht über die Lippen brachte, weil ich damals die Worte nicht fand.

ICH spielte in einem Kellerlokal in Green Village bei einer Jam Session, als dort ein junger Weißer erschien. Er sagte mir, er verstehe nicht viel von Musik, er sei Schriftsteller, aber meine Platten liebe er sehr – das sei eine Art Jazz, die man nur noch selten zu hören bekomme. Er habe Lust, über mich einen Artikel für eine Zeitschrift zu schreiben – was ich von dem Gedanken hielte?

Sogleich begann er mehr Fragen zu stellen als ein Untersuchungsrichter, und bald redete ich wie besessen; stundenlang ging mein Mundwerk, und er saugte alles auf. Ich erinnerte mich all meiner Erlebnisse; in gewisser Weise schmerzte das, aber bei dem Kreuzverhör dieses jungen Mannes quoll alles hervor. Nie sah ich einen Menschen, der so begierig lauschte. Es schien ihm sogar Spaß zu machen.

Wir gingen dann zusammen in Harlem aus. Endlich rückte er eines Tages mit seinem Anliegen heraus. «Weißt du, Mezz», hob er an, und ich wußte, daß er mir einen Stoß versetzen würde, «du hast eine sehr interessante Geschichte zu erzählen – kein Mensch könnte ihr mit einem blöden Zeitungsartikel gerecht werden, und außerdem würde sie, wenn wir ehrlich wären, von keiner Zeitschrift im ganzen Lande gedruckt werden; man würde es nicht wagen, aus Angst, die Moral der Jugend zu verderben. Es muß ein Buch werden, ein dickes Buch, und du mußt es schreiben. Es ist wichtiger, als du ahnst.»

«Ich und ein Buch schreiben?» entgegnete ich. «Himmel, da könnte man ja ebensogut von einem Maurer verlangen, zur Abwechslung einmal feine Stickereien zu machen. Menschenskind, sämtliche Verfasser von Sprachlehrbüchern würden sich im Grabe umdrehen. Ich bleibe besser dabei, meine Geschichte mit meiner Klarinette zu erzählen.»

Aber er war hartnäckig, sprach immerzu von Schriftstellern, von denen ich nie gehört hatte, von André Gide,

B. Traven, Céline, Henry Miller und ähnlichen, und las mir Stellen aus ihren Büchern vor. Er sagte: «Mezz, du hast eine Geschichte zu erzählen wie diese Schriftsteller, und es lohnt sich, sie zu Papier zu bringen. Schau, du hast fast ein Vierteljahrhundert auf dem Rücken gelegen und zugesehen, wie das tolle Kaleidoskop des amerikanischen Lebens über deinem Kopf vorbeigewirbelt ist. Es gibt nicht viele Menschen, die ihr Land aus diesem Blickwinkel beobachten konnten, aus der Tiefe, und die die schleimige Unterseite des Felsens kennen – wenigstens haben sie es nicht für andere beschrieben. Es ist ein Stück Leben, wie man sagt, und es sollte niedergeschrieben werden. Natürlich wird es nicht die liebliche Folklore sein, aus der geschickte Poeten Festspiele machen, auch keine der epischen, verlogenen, kitschigen Phantasien über das Land der Freiheit. Man könnte es bei patriotischen Gelegenheiten zur Erbauung der Jugend im Radio nicht bringen. Vielleicht wird es sogar ein so abwegiges Buch werden, daß mit keinem Erfolg zu rechnen ist. Aber», fuhr er fort, sobald er wieder zu Atem gekommen war, «eine Tugend wird dein Buch haben: Es wird wahr sein, echt. Das Leben ist so, wie du es mir geschildert hast, nicht so, wie es in den Kitschromanen und Festspielen dargestellt wird. In Wirklichkeit ist deine Lebensgeschichte, Mezz, das schwere Schicksal des schöpferischen Künstlers in den Vereinigten Staaten. Es ist die Odyssee eines Individualisten durch ein Land, in dem die Bevölkerung nach einem unwandelbaren Muster fabriziert wird. Es ist die Saga eines Menschen, der Freunde gewinnen wollte in einem Urwald, wo jeder allzu sehr damit beschäftigt war, Geld zu verdienen und seinem eigenen Schatten auszuweichen. Das ist es und noch vieles andere dazu, und wenn du das Buch nicht schreiben willst, mußt du dich hinsetzen und es mit mir zusammen schreiben.»

Niemals wäre mir der Gedanke gekommen, daß ich in all diesen turbulenten Jahren eine Saga und eine Odyssee erlebt hatte. Meiner Ansicht nach hatte ich mich nur bemüht, den Kopf über Wasser zu halten, meinen Brotkorb hin und wieder zu füllen und vielleicht einen Schmetterling oder eine Seifenblase zu fangen. Nun stellte sich heraus, daß ich ein Symbol war! Du, meine Güte, das sieht ja aus, als müßte man auf jeden Schritt achten, den man macht; man kann gar nicht vorsichtig genug sein. Hätte ich gewußt, daß ich als ein Symbol gelten würde, anstatt bloß hungrig und geschlagen zu sein, dann hätte ich bestimmt einen anderen Weg genommen.

Ich war nicht überzeugt; aber mein Schriftsteller-Freund verstand sich so gut aufs Reden, daß ich schließlich nachgab. Wir steckten also die Köpfe zusammen, so heftig, daß wir bis in die Zehen erschüttert wurden, und wir ließen sie zwei ganze Jahre beisammen. So schrieben wir denn dieses Buch, wobei wir etliche Tonnen Gewicht verloren und mehrere Jahrzehnte Schlaf versäumten. Hier ist nun das Buch. Wem es nicht gefällt, der mache mir keinen Vorwurf. Es ist, wie gesagt, eine Lebensgeschichte, die sich in den Vereinigten Staaten von Amerika abgespielt hat.

NACHWORT
VON HENRY MILLER

Lieber Bernie Wolfe,

den heutigen Tag müßte ich im Kalender rot anstreichen; denn ich habe gerade das wirklich unerhörte, ganz herrliche Buch zu Ende gelesen, das Sie mit Mezzrow zusammen geschrieben haben – «Jazz-Fieber». Dieser Brief sollte eigentlich schon seit Monaten abgehen, seit ich den Band mit der freundlichen Widmung erhielt. Ich weiß selbst nicht, wie ich es so lange hinausschieben konnte; denn als ich zu lesen anfing, war es mir auf jeder Seite, die ich aufschlug, als zapfte ich in einer Goldmine eine neue Ader an. Ich muß zu meiner Entschuldigung sagen, daß ich in den letzten Monaten viele Erlebnisse hatte, größtenteils recht schmerzliche, und daß ich mich auch anderen Aufgaben widmete, die ich für wichtiger und ersprießlicher hielt – großer Irrtum! Hätte ich Ihr Buch sofort gelesen, so wären mir alle diese Dinge vielleicht nicht zugestoßen, und selbst wenn es doch der Fall gewesen wäre, hätten sie mir wahrscheinlich nichts ausgemacht.

«Jazz-Fieber» bringt uns eine mächtige und wichtige Freudenbotschaft, eine Botschaft ungemischter Freude. Es ist ein aufwühlendes Buch, und ich wundere mich nur, daß es nicht von allen Bürgern der Vereinigten Staaten [gewisse Weiße im Süden vielleicht ausgenommen] einstimmig begrüßt wird, weil das Buch ja den Frieden und das Glück, die Brüderlichkeit und die Musik verherrlicht. Ich las gerade eine Biographie von Ravel, den Mezz mehrmals erwähnt, und den ich als Musiker sehr schätze. Ich legte sie absichtlich beiseite, um Ihr Buch in Angriff zu nehmen. Eine Welt liegt zwischen den beiden Werken! Ravel ist Komponist – Ihr Buch aber ist ein großartiges Buch und Mezz ein Prachtkerl – er gehört zu den «cats»[1], auf die Amerika stolz sein kann, und an denen es sich ein Beispiel nehmen sollte. Während ich Ihnen schreibe, ist mir, als schriebe ich Mezz gleichzeitig; denn dieser Brief ist auch für ihn bestimmt. Ich könnte

[1] «Cat» bedeutet im Jargon des Jive, der Fachsprache des Jazz, im allgemeinen «Mann» und im besonderen «Jazzmusiker».

nicht sagen, wann Mezz seine Erzählung unterbricht, um Ihnen das Wort zu geben, und umgekehrt. Das ist übrigens auch ganz bedeutungslos. Denn Ihr habt aus Eurer Zusammenarbeit eine «Einheit» gemacht, um Mezz' Ausdruck zu gebrauchen; etwas Ganzes aus einem Guß. Dank euch werde ich meinen Wortschatz erneuern und erweitern – wenigstens hoffe ich's. Übrigens kann jeder amerikanische Schriftsteller der weißen Rasse aus Ihrem Buch eine große Lehre ziehen – er wird die einzig gültige Sprache lernen, die Sprache der menschlichen Aussage. Meines Wissens geschieht es hier zum erstenmal in der modernen Zeit, daß eine so herrliche Arbeit zur Bereicherung der englischen Sprache beiträgt. Vielleicht legen Sie sich darüber noch nicht Rechenschaft ab, aber Sie haben viel getan für die trostlose, abgedroschene Sprache der Weißen – ähnlich wie Dante für die italienische Sprache, Rabelais für die französische, Shakespeare für das klassische Englisch. [Vielleicht hat das Marihuana damit zu tun... ich verstehe davon nichts... reine Vermutung.]

Mezz rühmt die gemeinsame Arbeit – oh, Kinder, da habt ihr sie ja, und zwar ganz famos! Ich habe nie mit ihm gesprochen, habe ihn nie spielen gehört, bin aber überzeugt, daß das Werk ganz von seinem Geist geprägt ist. Von einem zarten und kraftvollen, feurigen, heiteren, anregenden, berauschenden Geist. Das ist der Geist der Musik, von dem Nietzsche in der «Geburt der Tragödie aus dem Geiste der Musik» spricht. Das ist auch der Geist, von dem Hermann Hesse spricht, wenn er im «Steppenwolf» Mozarts Namen nennt. Er ist so ansteckend, daß ich bis zum Hals darin eingetaucht bin, und alle die ernsten Sorgen, die ich zu haben glaubte [ehe ich Ihr Buch las], machen mir in Zukunft nichts mehr aus. Ich habe mich wiedergefunden. Im Handumdrehen. Dank Mezz und dank Ihnen, Bernie. Darum Heil!

Man muß Schriftsteller sein, um zu verstehen, wie schwer es ist, eine Zusammenarbeit gut zu bewerkstelligen. Ich nehme den Hut ab vor Ihnen, weil Sie die Schwierigkeit so großartig gelöst haben. Ihr Buch sollte allen Künstlern, die Lust haben, an ein gemeinsames Werk heranzugehen, als Beispiel dienen. Ich habe noch nicht gelesen, was die Kritiker dazu sagen. Für sie wäre es der geeignete Augenblick, ihr Vorhandensein zu rechtfertigen.

Als ich «Jazz-Fieber» las, sagte ich mir öfters: Dieses Werk sollte in allen Sprachen der Erdkugel gelesen werden, vor allem aber von den armen, kranken Weißen, die sich unter der Flagge des Mordes, des Todes und der Verwesung zusammengeschart haben. Aber ich glaube, um sich an der Sprache dieses Buches nicht zu versündigen, müßte man sich an Menschen wenden, die noch subtiler sind als die Übersetzer des «Ulysses».

Mezz hat recht, wenn er auf Bedeutung, Verbreitung und Reiz des «Jive» hinweist. Die Stellen, die von dieser neuen Sprache der Schwarzen handeln, könnten von Professor Henri L. Mencken geschrieben sein. Jeder Schriftsteller, wenigstens jeder amerikanische Schriftsteller, sollte verstehen können, was Mezz darüber sagt – und ganz von vorn wieder anfangen. Denn jeder Schriftsteller, der diesen Namen verdient, sucht das zu verwirklichen, was Mezz so beredsam erklärt. [Aber wie soll das gelingen, wenn man eine unvollkommene Sprache benutzt?] Offensichtlich wären nur wenige gewillt, einen solchen Preis wie Mezz zu bezahlen, um diese neue Schau, diese neue Wahrnehmung der Dinge zu erreichen. Darum ist Mezz in seiner Art ein Phänomen – Mezzerole, der Alleinige und Einzigartige –, und darum wäre ein Buch wie dieses niemals geschrieben worden, wenn Mezz nicht so gelebt hätte, wie er gelebt hat.

Einen Wunsch habe ich noch – daß Mezz und Louis Armstrong wieder zusammenkommen. Louis ist herrlich dargestellt – und das ist gerecht. Ich wollte nur, zum Schluß wären sie beisammen!

Ich kann gar nicht oft genug sagen, wie dankbar ich Ihnen für all das bin, was Sie über die Neger sagen. Diese so aufrichtige, so wahre Botschaft lohnt allein schon die Anschaffung des Buches. Ich selbst habe diese Fragen gelegentlich aufgeworfen; doch von jetzt an werde ich viel häufiger und viel nachdrücklicher darüber sprechen. Und wenn ich keinen Menschen habe, mit dem ich darüber reden könnte, werde ich mich zu irgendeinem armen Teufel von einem Weißen, der Trübsal bläst, an den Tisch setzen und zu ihm sagen: «Wenn du kein Geld verdienen kannst, schaff dir Freunde.» Und dann werde ich übers Radio die andere wunderbare Botschaft von Mezz verbreiten – da, wo er das Licht wiedersieht: «Das Leben ist schön; es ist herrlich, am Leben zu sein!» Wenn es den Menschen gelingt, sich von dieser Wahrheit zu überzeugen, und wenn sie sie in den schweren Stunden, die wir alle durchleben, anwenden lernen, dann kann es sein, daß sich alle die Katastrophen und Mißgeschicke, die uns die Zeitungen und die Politiker verheißen, vermeiden lassen.

Am schönsten – und auch am klassischsten – ist es, daß sich Mezz' Wiedergeburt mitten im Kern des Todes, der Ausartung und der Korruption vollzieht – während er noch als Gefangener auf der Insel Hart sitzt. Die meisten Menschen neigen dazu, sich selbst gefangen zu setzen, ohne Beistand juristischer Behörden. Selten sind diejenigen, welche begriffen haben, daß es der Freiheit gar nicht bedarf, um frei zu sein. Die übrigen ahnen nicht einmal, daß sich die innere Umwälzung im Nu vollziehen kann, wie es bei Mezzrow der Fall war und vor ihm bei manchen anderen, zu denen einige illustre Namen der Menschheitsgeschichte gehören. Jählings entdeckt man, wer man ist, und was man zu tun hat. Und von diesem Augenblick an haben der Ort, wo man sich befindet, und das, was ringsum geschieht, kaum mehr Bedeutung. Man hat in einer anderen Sphäre Zuflucht gefunden, wo man in Sicherheit ist, fühlt sich wohl in der eigenen Haut, strahlt Friede und Freude aus. Mezz hat das erlebt. Er schildert es uns. Hoffen wir, daß andere seinem Beispiel folgen werden.

Dieser Brief legt nur bescheidenes Zeugnis ab von meiner Bewunderung und Dankbarkeit. Aber er bringt mich auf einen Gedanken: Wie ich schon sagte, ich wünschte, Millionen Menschen läsen dieses Buch und empfingen die Botschaft, die es enthält. Zu diesem Zweck könnte man meinen Brief kopieren [ich mache mich sogleich daran] und ihn einem Freund schicken. Wenn er das Buch liest und meine Begeisterung teilt, könnte er meinen Brief einem andern Freund zustellen oder selbst einen schreiben und so eine neue Kette des guten Willens anknüpfen. Was meinen Sie dazu? Und ehe ich's vergesse – lassen Sie mich wissen, ob ich noch Platten finden kann, die Mezz bespielt hat, wenigstens diejenigen, die er besonders liebt. Dann werde ich mich jedesmal, wenn ich mein Lieblingsstück gehört habe [Ravels «Quatuor»], drei Minuten lang mit Mezzrow begnügen. Halleluja!

Immer Ihr Freund
HENRY MILLER

PERSONENVERZEICHNIS
UND SACHREGISTER